한국사

11

신라의 쇠퇴와 후삼국

국사편찬위원회

한국사 간행취지

우리 겨레가 앞으로 어떻게 살아갈 것인가 하는 문제는 우리들은 물론 우리와 더불어 살아가는 세계인들의 관심사일 것이다. 이에 대한 해답은 과거에 어떻게 살아왔는가 하는 우리 역사에 대한 인식을 통해 찾을 수 있을 것이라고 생각된다.

본 위원회에서는 이미 1970년대에 『한국사』 25권을 간행하여 해방 이후 한국사의 연구성과를 집대성함으로써 한국사에 대한 인식을 새롭게 한 바 있다. 그 이후 한국사회는 놀라운 성장과 발전을 이루었고 역사학계도 상당한 연구성과를 축적하였다. 이러한 변화에 발맞추어 한국사학계는 새로운 『한국사』 편찬의 필요를 느끼게 되었다.

이에 본 위원회는 일차적으로 한국사 연구지원비를 마련하여 역사학계로 하여금 1980년대 중반까지 연구성과가 미진하다고 생각되는 분야를 연구할 수 있도록 하였다. 이어서 1989년부터 1990년까지의 준비를 거쳐 1991년에는 '신편 한국사 편찬위원회'를 따로 구성하고 총 60권에 달하는 새로운 『한국사』를 편찬하기로 하였다. 그리고 다음과 같은 『한국사』 편찬의 목표를 세웠다.

① 한국의 역사와 문화에 대한 객관적 인식의 토대를 제공할 수 있는 한국사를 편찬한다.

② 민족의 창조적 문화활동과 민족사의 내재적 발전을 드러내는 한국사를 편찬한다.

③ 최근까지의 연구성과를 체계화하고 새로운 영역을 개척함으로써 한국사 연구의 지평을 넓힌다.

④ 한국사 연구와 관련하여 고고학·인류학·사회학·경제학 등 인접학문의 연구성과를 수용하여 한국사 인식의 폭을 넓히는 데 기여한다.

새로운 『한국사』를 펴내면서 우리 모두가 바라는 바는, 민족의 통일에 대비해야 하고 급격히 변화하는 시대상황 속에서, 한국사 연구자의 깊이 있는 연구를 도와주고 독자들의 역사인식을 드높일 수 있는 길잡이 구실을 할 수 있었으면 하는 것이다.

국사편찬위원회 위원장

목 차

개 요 1

I. 신라 하대의 사회변화

1. 중대에서 하대로 11
   1) 기로에 선 중대 전제왕권 11
   2) 혜공왕 말년(780)의 정변—중대의 종말 14
   3) 하대의 개막과 원성왕계의 성립 17
2. 귀족사회의 분열과 왕위쟁탈전 21
   1) 왕실가족에 의한 권력독점 21
   2) 무열왕계의 반발과 김헌창의 난 24
   3) 범진골 귀족세력 화합책의 시도 27
   4) 원성왕계 내부의 왕위계승쟁탈전 30
3. 정치개혁의 실패 35
   1) 율령의 개정을 통한 집권체제의 정비 시도 35
   2) 근시기구와 문한기구의 합체화에 의한 권력집중 시도 39
4. 골품제도의 퇴화 44
   1) 골품제의 사회적 기반의 축소 44
   2) 진골귀족의 분열 46
   3) 6두품세력의 성장 50

5. 수취체제의 모순과 농민층의 피폐 52

1) 귀족 및 사원의 농장경영과 왕경의 번영 52
2) 농민층의 피폐와 자영농민의 몰락 57

Ⅱ. 호족세력의 할거

1. 호족세력의 대두 배경 63

1) 호족의 개념 63
2) 호족세력의 대두 배경 67

2. 호족세력의 대두 70

1) 낙향귀족 출신의 호족 70
2) 군진세력 출신의 호족 77
3) 해상세력 출신의 호족 82
4) 촌주 출신의 호족 88

3. 장보고와 청해진 90

Ⅲ. 후삼국의 정립

1. 후삼국기의 신라 99

2. 후백제 104

1) 후백제의 성립 104
2) 후백제의 발전과 호족연합 110
3) 후백제의 대외정책 116
4) 후백제의 몰락 123

3. 태 봉 129

1) 궁예의 출신과 사회적 진출 129
2) 후고구려의 건국 134
3) 마진과 태봉의 중앙정치조직 145
4) 태봉의 몰락 155

Ⅳ. 사상계의 변동

1. 유교사상의 변화 169

1) 유교사상의 발달 169
2) 숙위학생의 활동 170
3) 유교사상의 변화 172

2. 불교의 변화 176

1) 교학 불교의 전개 176
2) 선종의 홍륭 187
3) 미륵신앙 206
4) 유·불·선 3교의 융합 211

3. 풍수지리·도참사상 220

1) 풍수지리설의 도입 220
2) 유식론적 선사상의 성립 221
3) 지방호족 중심의 국토 재구성안 223
4) 삼국도의 작성과 비보사상 226
5) 도참사상의 전개 228

개 요

Ⅰ

신라 下代는 한국사에 있어서 고대사회의 종말기로 여러 가지 사회모순이 노출된 시기였다. 이 때는 당나라에서 송나라로 바뀌는 5대 10국의 정치적 분열기였으므로 중국의 정치적 영향이 신라에 크게 미치지 못하였기 때문에, 신라 스스로 변화를 가져오는 시기에 해당한다. 당시는 신라 정부가 정치·사회적 혼란으로 통제력을 상실하면서 지방세력인 호족이 할거하는 지방분권적 분열기로서 이어서 후삼국의 정립을 보게 되었다. 따라서 나말여초의 사회변동은 한국 중세사회로의 전환에 따른 진통으로서 큰 의미를 갖는다.

Ⅱ

신라는 통일 후, 神文王을 거쳐 聖德王과 景德王까지는 이른바 中代 전성기로서 太宗武烈王系 왕권의 안정기였다. 그러나 宣德王 때부터 시작된 하대에는 이른바 元聖王 계통의 진골귀족들이 자기항쟁과 왕위쟁탈전으로 정치적 시련이 시작되었다. 특히 惠恭王 때는 金周元(무열왕계), 金良相(선덕왕), 그리고 金敬信(원성왕)이 각축을 벌여, 혜공왕 말년(780)의 정변으로 혜공왕은 피살되고 선덕왕이 등장하였다. 그러나 그는 실제로 성덕왕의 외손자였고, 그 자손이 왕위를 계승하지 못하였으며 文武王과 같이 東海火葬의 유언을 남기고 있어 넓은 의미로는 무열왕계라고 말할 수 있다. 따라서 실질적인 하대의 개막은 원성왕 때부터이다.

신라 하대는 원성왕의 후손들에 의해 侍中·兵部令·上大等 등 이른바 宰相職이 독점되었으며 왕통도 이들에 의해서 배타적으로 계승되었다. 따라서 憲德王 14년(822)에 일어난 金憲昌의 난은 이러한 원성왕계 왕위독점에 대한 무열왕계의 도전이었다. 이 김헌창의 난에 많은 지방세력이 협조한 사실로서 원성왕계의 권력독점에 대한 불만을 나타내고 있지만, 반면에 이 반란진압 과정에서 범원성왕계 진골의 연결된 모습을 보이기도 하였다.

神武王 이후, 禮英 계통의 양파(祐徵派와 悌隆派)의 갈등은 지방세력인 張保皐 세력의 득세로 새로운 양상을 띠게 되었다. 장보고의 난(846)으로 중앙귀족의 재결합 내지는 재편성이 시도되었으나, 그것은 오래 가지 못하였다. 이러한 정치적 혼란 속에서도 율령개정을 통한 집권체제의 정비는 줄기차게 시도되었다. 讀書出身科의 제정(788)이후, 哀莊王의 公式 20여 조의 반포(805), 興德王의 격식 수정(834)과 執事省의 개칭을 포함한 개혁정치, 그리고 文聖王 때의 관제개혁 등이 그것이다. 이러한 하대의 일련의 정치개혁은 국왕의 전제적 집권을 위한 시도로써 洗宅(中事省)과 같은 近侍機構의 기능강화로도 나타났다. 특히 세택과 宣教省 등이 집사성의 기능약화 및 변질에 따라 內朝로서 詳文司(翰林臺 ; 瑞書院)와 함께 새로운 왕권의 측근기관으로 무력화된 왕권을 부흥시켜 나가고자 하였다.

왕권의 부흥은 6두품 계열의 유교정치이념과 궤를 같이하고 있었으나, 전반적인 골품제도의 붕괴와 진골귀족의 자기분열로 성공될 수는 없었다. 무엇보다도 왕족이나 귀족계층에서 직계와 방계의 차이가 확대됨으로써 혈족 내부의 대립·분열은 첨예화되어 갔다. 이러한 귀족가문의 分枝化 현상은 골품제의 해체와 왕위쟁탈전으로 더욱 가속화되어 신라사회의 전반적인 해체에 촉매체가 되었다. 이에 더하여 6두품세력의 성장은 신라 해체의 커다란 요인으로 작용하였다. 이러한 분위기 속에서 귀족층은 방대한 농장을 경영하였으며, 지방의 호족세력은 경제적·군사적 특권을 통해 농민지배를 강화하게 됨에 따라 전통적인 촌락공동체가 붕괴되고 유민화되면서 광범한 농민의 반란으로 이어졌다.

Ⅲ

신라 말기 중앙정계가 혼란한 가운데 지방에서 豪族세력이 대두하였다. 이들 지방세력은 將軍·城主·賊帥 등으로 칭해지는 바, 일정한 영역에서 군사·경제·정치적으로 배타적 지배권을 행사하는 독자적인 세력집단이었다. 이러한 호족들은 대체로 진골귀족의 자기분열과 도태작용에서 패퇴하여 낙향한 가계나, 村主계열의 재지세력, 軍鎭·海上勢力 출신들이었다.

落鄕貴族 출신의 경우는 왕경인의 5소경과 9주의 치소 등으로의 집단적인 徙民과 진골이 분지화나 도태과정에서 낙향하여 자신의 연고지(田莊)를 기반으로 성장하여 지방세력화 하였다. 예를 들면 淸州호족(金·孫·慶·韓氏 등)·忠州호족(劉·金·朴·崔·張氏 등)·金海호족(金仁匡)·溟州호족(金周元) 등이 있다. 재지세력의 경우는 대체로 촌주출신으로서 그들 자신이 촌정에 참여하면서 吏職者와 더불어 지방관을 보좌하는 과정에서 세력을 확대시켜 나갔다.

하대에 신라 중앙정부가 점차 지방통제력을 상실해 감에 따라서 변경을 수비하던 浿江鎭이나 淸海鎭과 같은 軍鎭세력이 독자적인 지위를 확보하게 되었다. 이들은 신라정부의 군사적 체제를 통해 자신의 지위를 확보하게 되었으며, 平山朴氏나 黃州皇甫氏, 그리고 張保皐 등이 그 대표적 존재였다. 그 외에 중국과의 해상무역을 통해 성장한 해상세력이 있었다. 王建家門(예성강 연안), 王逢規家門(진주), 李彦模 세력(김해) 그리고 장보고 세력 등이 그들이다. 이들은 해상무역을 통해 경제적 기반을 확대하였으며, 독자적인 대외활동을 통해 자신들의 지위를 강화시킬 수 있었다.

이들 호족세력은 중앙통제를 벗어나면서 자신들의 官班制를 통해 일정한 지역에 대한 정치적·경제적·군사적 지배권을 행사하고 있던 독자적인 세력으로서 신라말·고려초의 사회변동을 주도한 지배세력이었다.

Ⅳ

나말의 극심한 혼란은 후삼국의 정립으로까지 이어졌다. 후삼국기 신라에서는 김씨 왕통과 박씨 왕통(神德王·景明王·景哀王)이 엇갈리면서 그 정치적 권위를 잃어갔으며, 이미 진성여왕대에 전국적인 농민봉기가 야기되었다. 元宗·哀奴(상주)를 비롯하여 梁吉·弓裔(원주), 箕萱(죽산), 그리고 甄萱(전주) 등이 각기 정치적 슬로건을 내세우고 거병하였으며, 곧이어 후삼국으로 나타났다. 무엇보다도 신라 왕실의 권위는 무너졌으며, 견훤·궁예의 신라진공이 가속화되어 3국간의 영토는 수시로 바뀌어 갔다. 이러한 분위기 속에서 신라의 민심은 점차 고려로 향하게 되었고, 결국 敬順王의 고려 귀부로 신라는 종말을 고하였다.

이러한 신라의 붕괴과정 속에서 세력가들의 대토지 사유화가 촉진되었고, 경주의 金入宅과 四節遊宅에서 보듯이 귀족들의 사치·방탕은 극에 달하였으며 농민들의 유민화와 몰락이 촉진되었다. 호족들은 각 지방에서 군사·토지(농장)를 지배하여 독자적 세력권을 형성함으로써 신라멸망에 결정적 타격을 주었다.

이와 같이 신라가 붕괴하는 한편에서 견훤은 眞聖女王 8년(892)에 후백제를 세웠다. 상주호족인 阿慈介의 아들인 견훤은 신라 중앙군(京軍)으로서 경주에 진출할 수 있었으며, 신라 서남해의 防戌軍으로서 출세가 가능했다. 견훤은 서해안의 해상세력이나 草賊勢力을 자신의 군사적 기반으로 흡수한 후, 이어 나주를 거쳐 내륙지방으로 진출하여 900년에는 본격적인 국가체제를 갖추게 되었다. 견훤은 충청도를 중심으로 한 중·북부지역을 공략하였으며, 경상도지방으로 그 세력을 확장하기 시작하였다.

이와 같이 견훤은 무력적 정복을 추진하는 동시에 호족세력을 연합시키기 위해 婚姻政策으로 朴英規(승주)와 池萱(무주)과 결연하였으며, 자신도 호족의 딸을 부인으로 맞아들이고 있었다. 또한「歸附」형식으로 견훤은 각처의 호족과「호혜적인 관계」를 통해 호족연합정책을 추진하였다.

견훤은 대외정책적인 면에서 적극적인 태도를 취하여 유리한 입장에 있었다. 견훤은 신라왕조의 권위와 체제를 어느 정도 유지하면서 親新羅政策을 추구하여 중국·일본과의 외교문서에는 신라지방관의 지위를 사용하기도 하였다. 경애왕을 제거한 것도 그가 고려와 결합하여 후백제에 대항하려 하였기 때문이었으며, 경순왕을 세워서 신라에 대한「존왕의 의」를 나타내기도 하였다. 그러나 견훤의 대고려정책은 시기적으로 성격을 달리하였다. 고려 건국 이전에는 서남해안 일대(특히 나주지방)에서 왕건과 대립하였으며, 고려 건국 이후 920년대 중반기까지는 인질의 교환을 통하여 대체로 친선관계가 유지되었다. 그러나 926년 이후 眞虎(후백제)와 王信(고려) 등 인질의 사망으로 양국은 정면대결로 파국을 맞게 되었다. 한편 견훤은 중국(五代)과의 외교도 적극적으로 추진하였다. 견훤은 吳越과 우호관계를 맺었으며 後唐이나 契丹과도 외교관계를 통해 국제적 지위를 높이려 하였다. 그리고 일본과의 외교에도 노력을 기울였으나 일본측의 소극적인 태도로 성과를 거두지 못하였다.

후백제는 군사적인 면에서 고려와 신라를 압도하고 있었고 대외정책적인 면에서도 오월이나 후당과의 외교를 통해 그 지위를 인정받는 등 유리한 국면에 놓여 있었다. 그러나 930년의 고창전투에서의 패배로 대세가 왕건에게로 기울게 되었으며, 견훤 부자간의 갈등으로 후백제는 내분에 휩싸이게 되었다. 견훤의 금산사 유폐와 탈출, 박영규의 투항 이후 황산전투에서 결국 후백제는 멸망하였다.

이 때 弓裔는 泰封을 세웠다. 궁예는 몰락한 진골귀족가문의 후예로서 반신라적 인물이었던 것으로 추측된다. 眞表의 미륵신앙을 통해 농민층의 기반을 갖고 있던 궁예는 箕萱에 투신하였으나, 곧 梁吉의 휘하에서 새로운 활로를 찾게 되었다. 이어 溟州에서 金周元系와의 연대와 許越·開淸 등 굴산선문의 협조로 자립할 수 있는 기반을 마련한 후 895년에 철원 일대에서 건국의 터를 확립하였다. 더구나 平山의 호족인 朴遲胤의 귀부로 패서호족과 제휴가 이루어졌으며, 해상무역으로 경제적 기반이 큰 王建家의 협조로 태봉을 세울 수 있었다. 즉 궁예는 박지윤의 군사력과 왕건가의 경제력을 바탕으로 양길세력을 격파한 후 중원지방까지 진출할 수 있었다.

궁예는 처음에 廣評省體制를 통해 호족연합정권을 유지하였다. 그러나 왕권을 강화하려는 궁예는 內奉省·元鳳省 그리고 物藏省 등의 기능강화와 徇軍部의 기능을 확대하였다. 마진에서 태봉으로의 국호 변경(904)은 바로 전제왕권 확립을 위한 정치개혁의 표시라 하겠다. 궁예는 신정적 전제주의를 추구하는데 미륵신앙을 이용하였고, 일부 승려집단과 군인출신 그리고 청주세력을 기반으로 하였다.

그러나 915년 부인 康氏와 두 아들 靑光菩薩과 神光菩薩을 살해한 후 반궁예세력에 대한 대대적인 정치적 숙청이 이어졌다. 이 사건은 반궁예세력을 더욱 확산시켜 918년 전문적인 군인출신인 洪儒·裵玄慶·申崇謙 등과 일부 청주세력이 합세하여 궁예로부터 등을 돌려 정변을 일으킴으로써 궁예는 결국 정치주도권을 상실케 되었다.

V

나말에는 사상계에도 상당한 변화가 일어나고 있었다. 우선 유교사상의 변화이다. 중대 무열왕계 왕권은 통일 후 강력한 전제왕권을 뒷받침하는 유교정치이념으로 율령정치의 기틀을 마련하였다. 이러한 유교정치이념은 왕권의 전제화를 이루는 근거로 삼게 되었다.

신라 하대에 이르러 宿衛學生으로 일컬어지는 도당유학생들이 증가하면서 많은 유학자들이 배출되어 유교사상에 대한 이해의 수준을 한층 높이는 반면 불교·풍수사상·도교 등과의 융합이 시도되었다. 6두품계열이 중심이 된 이들은 당의 賓貢科에 합격한 문인인 동시에 당 문화를 신라에 적극 전수한 중개인이었다. 이들은 골품제의 모순을 제기하는 동시에 실력 위주로 인물발탁을 위한 科擧制度와 國史編纂의 필요성을 주장한 전환기의 知的集團이었다.

다음으로 불교의 변화이다. 신라말에는 선종이 크게 유행하여 禪宗 위주의 불교관이 제시되고 있었다. 따라서 교학 불교는 위축될 수밖에 없었으나 義湘의 華嚴宗을 비롯하여 法相宗 등이 꾸준히 그 세력을 유지하고 있었다. 전자는 의상과 法藏의 갈등과 조화로 유지되었으며, 후자 역시 太賢과 眞表

의 대립으로 지속되었다. 나말의 불교계는 결국 선종이 중심적 지위를 차지하였다. 교종 불교나 중앙귀족과 일정한 연관을 지닌 北宗禪보다 道義의 南宗禪이 禪門九山으로 확대되면서 나말의 교단은 지방으로 확장되었다.

선종9산의 성립과정에서 實相山門의 경우처럼 왕실과 관계를 맺는 경우가 있었지만, 9산선문은 대체로 호족의 세력기반을 배경으로 성립하였다. 이들 선종산문은 광대한 토지와 門徒를 소유하며 강력한 지방세력으로 군림하게 되었다.

선종사상은 진성여왕대을 전후로 하여 크게 변화하고 있었다. 그 이전은 개인주의적인 면이 강하였으며 왕실과 지방호족의 쌍방에 관계를 갖고 있었다. 그러나 그 이후는 祖師禪의 우위를 강조하면서 왕실보다는 지방호족 쪽으로 기울어졌으며, 「一心」을 중심으로 한 「外化」를 주장함으로써 지방의 대호족들이 군소세력을 포섭 동화해 나아감을 합리화하였다.

불교의 변화에서 또 한 가지 주목할 것은 彌勒의 출현과 末法信仰이다. 특히 미륵신앙(미륵상생경 · 미륵하생경 · 미륵성불경)은 轉輪聖王의 治世觀과 얽혀 사회모순 극복의 이념으로 승화되었다. 더구나 미륵신앙의 사회개혁론과 말법사상은 그 이상과 중생제도에서 일치점을 찾아 禪師들의 의식 속에 침투되었던 것이다. 때문에 이러한 불교사상의 변화는 弓裔의 이상세계관으로 연결될 수 있었으며, 현실사회 개혁의 과제로 농민반란이나 민간신앙과 일정한 유대를 갖게 된 것이다.

신라말에는 선종의 흥융이나, 미륵신앙 및 말법사상의 유행과 같은 불교자체의 변화 이외에 崔致遠의 〈四山碑銘〉에서 제시하고 있듯이 儒 · 佛 · 仙 3교의 융합이 이루어지고 있었다. 이와 같이 나말여초 사상계에 일어나고 있었던 변화는 호족세력의 할거 등 혼란이 가중되는 속에서도 새로운 질서를 모색해 나가는데 일정한 역할을 하였을 것이다.

Ⅵ

신라 하대의 후반기는 한국고대사의 시련기로서 고려왕조 출범을 위한 진통기였다. 진골왕족의 자기항쟁으로 골품제의 권위를 스스로 부정하는 결과를 가져와 결국 고대적 신분제도인 골품제가 무너지면서 6두품계열의 성장을 가져왔다. 이러한 중앙정계의 혼란과 골품제도의 동요에 따른 지방세력의 등장은 낙향귀족·촌주계열을 비롯하여 해상·군진세력 등 이른바 豪族勢力의 할거로 나타났다. 이들은 자신의 군사력과 경제력으로 신라를 분해하였으며, 전통적인 族的紐帶를 타파함으로써 농민규합의 길을 열게 하였다.

이들 호족들은 지방 말단행정에서 익혀온 경험을 기반으로 官班制라는 관직제도를 성립시켜 고려왕조의 관료제 성장에 기여하였다. 특히 호족들은 자신의 지위를 정당화시킨 풍수사상과 선종을 통해 지방문화를 한 차원 높여주었고 지방행정에서 요구되는 문자해독이나 유교적 소양을 가짐으로써 나말의 정치적 혼란을 극복할 수 있었다. 또한 6두품계열의 탈골품적 풍조는 유교정치이념의 조류와 함께 고려왕조 건설에 기여할 수 있었으며, 신라에서 고려에로의 이행과정에서 문화연계가 가능하여 과거제도와 국사편찬의 필요성 내지 타당성을 제시하게 되었다.

후삼국의 흥망은 새로운 통일국가 지향의 과정으로 기능하였다. 특히 궁예와 견훤은 신라의 권위와 전통을 해체하는 선구적 역할을 다함으로써 왕건 등장의 배경을 이루었으며, 왕건은 다양한 방법으로 호족세력을 포용하였고, 宿衛學生을 통한 유교정치이념의 추구, 선종의 유행, 유·불·선 3교의 융합 등 사상계의 변화 속에서 새로운 질서를 모색하여 고려는 나말의 혼란을 수습하고 새로운 통일왕조로 등장하게 되었다.

〈申瀅植〉

Ⅰ. 신라 하대의 사회변화

1. 중대에서 하대로
2. 귀족사회의 분열과 왕위쟁탈전
3. 정치개혁의 실패
4. 골품제도의 퇴화
5. 수취체제의 모순과 농민층의 피폐

Ⅰ. 신라 하대의 사회변화

1. 중대에서 하대로

1) 기로에 선 중대 전제왕권

《三國史記》의 찬자는 新羅本紀에 대한 기술을 끝맺으면서 신라 사람들이 자신의 역사를 上·中·下의 3代로 시대구분했다는 설을 싣고 있다. 이에 의하면 천년왕국인 신라의 전 역사 가운데 삼국을 통일하기까지의 최초 700여 년간이 상대에 속하며, 이에 후속하는 260여 년간의 통일기는 다시 중대와 하대로 나뉜다.

그런데 중대와 하대는 惠恭王 말년(780)의 정변을 경계로 하고 있다. 이 정변에 의해서 太宗武烈王의 후손인 혜공왕은 거듭되는 내란 끝에 마침내 피살되어 새로운 왕통이 등장하게 되었다. 하지만 중대와 하대의 구분은 단순히 왕통의 변화에만 그치는 것이 아니었다. 그것은 신라 국가의 運祚에 치명적인 낙인을 찍은 큰 사건이었다. 뒤에서 보게 되듯이 하대는 신라가 삼국통일의 여세를 몰아 정력적으로 이룩한 고도로 중앙집권화된 정치·사회체제가 동요하기 시작하고 이에 수반하여 중대 문화의 황금시대가 이울고 쇠퇴의 길로 접어드는 그 자체 거대한 변혁을 의미하고 있다.

주지하듯이 중대는 654년 金春秋가 眞德女王의 뒤를 이어 태종무열왕으로 즉위함으로써 개막되었다. 그가 즉위할 무렵 신라는 치열해진 삼국항쟁의 소용돌이 속에서 힘겨운 국가보위전쟁을 치르고 있었다. 善德女王 11년(642) 백제와 고구려에 의한 대공세가 있은 뒤로부터 신라는 줄곧 군사적인 위기상태에서 벗어나지 못했고, 동왕 16년 정월에는 上大等 毗曇에 의한 내란이 일어나 관군과 반란군이 도성 안에서 서로 격돌하기까지 했었다. 무열왕은 이

같은 국가적인 위기 국면을 타개하기 위하여 지금까지의 수세에서 일약 공세로 전환했다. 바야흐로 지금까지의 국가보위전쟁은 삼국통일전쟁으로 대전환을 맞게 되었다.

신라는 무열왕과 그 아들 文武王 양대에 걸쳐서 백제와 고구려를 멸망시키고, 끝에 가서는 연합군으로 끌어들인 唐軍을 한반도에서 몰아냄으로써 삼국통일의 대업을 이룩했다. 이 때가 바로 문무왕 16년(676)이었다. 이제 진정 三韓은 一家가 되었으며, 太平이라고까지는 할 수 없어도 小康이라고 말할 수 있는 형편이 되었다. 신라는 이 때부터 혜공왕 16년(780)의 파국이 도래할 때까지 1백여 년간 국제평화와 안녕, 그리고 일찍이 누려보지 못한 정치적 안정과 번영을 누렸다.

중대의 정치적 안정을 확고하게 보장하고 있었던 것은 다름 아닌 왕권이었다. 사실 이 시기에 들어와 왕권은 크게 강화되었다. 상대등 비담을 대표자로 하여 일어난 眞骨귀족세력의 반란을 실질적으로 진압한 김춘추·金庾信 일파는 자신들이 옹립한 진덕여왕 때에 야심적인 정치개혁을 단행했다. 그것이 바로 진덕여왕 5년(651)의 관제개혁이었다. 이 때 종래 왕실의 家臣的 성격이 농후했던 稟主를 執事部로 개편하여 王政의 기밀사무를 맡게 한 것은 매우 주목되는 사실이다. 이에 따라 그 장관인 中侍(景德王 때 侍中으로 개칭함)는 병렬적으로 할거하고 있는 중앙의 제1급 행정관서인 여러 部·府를 유기적으로 통제하게 됨으로써 국가권력은 집사부를 통하여 국왕에 一元的으로 귀속하세 되었나. 더욱이 중시에게는 행정상의 失策뿐 아니라 국토를 기습적으로 강타한 천재지변의 발생에 대해서까지도 왕을 대신하여 책임을 지게 함으로써 왕권의 안전핀과도 같은 구실을 맡게 하였다.[1]

현재 학계에서는 중대를 흔히 專制王權의 시대라고 부르고 있다.[2] 신라가

---

1) 李基白, 〈新羅 執事部의 成立〉(《震檀學報》 25·26·27, 1964 ; 《新羅政治社會史硏究》, 一潮閣, 1974, 151~153·164~167쪽).

2) 李基白, 《韓國史新論》 新修版(一潮閣, 1990), 107~108쪽.
전제왕권이 다만 中代에만 국한되어 나타난 현상이 아니라, 中古말(즉 上代말부터 下代의 귀족연립정치에서도 지속된 정치형태였음을 강조하는 어떤 논자는 이 전제왕권이란 왕의 一人독재라기 보다는 오히려 관료제도의 뒷받침을 받으면서 소수의 귀족·외척세력의 정치적 지지와 타협 아래 존속될 수 있는 체제였다는 견해를 제시하고 있다. 이에 대하여는 申瀅植, 〈統一新羅 專制王權의 性

이 시대에 들어와 일종의 전제왕권을 구축할 수 있었던 요인으로는 첫째로 태종무열왕·문무왕 부자의 집념과 노력에 의해 통일의 대업이 달성됨으로 해서 무열왕 계통의 권위가 크게 상승된 점, 둘째로 삼국통일을 전후한 시기에 왕권 강화에 沮害되는 일부 유력한 진골귀족을 성공적으로 제거한 점, 셋째로 통일전쟁 기간 중에 결속을 강화한 지방세력과의 유대를 한층 긴밀하게 함으로써 국가권력의 지지기반이 王京 6部로부터 전국적으로 확대된 점, 넷째로 앞서 지적했듯이 집사부를 중심으로 하여 권력을 집중시키는 한편 儒敎政治理念을 도입하여 국왕에 대한 충성도가 높은 관료제도를 발전시킨 점등을 들 수 있다.

그렇지만 이러한 전제적 왕권에도 근본적인 한계가 있었다. 중대의 권력 구조가 骨品體制에 토대를 두고 있다는 바로 그 사실 때문이었다. 골품체제는 기본적으로 진골귀족 萬能의 정치·사회적 체제였으며 국왕이라고 하더라도 진골의 신분을 결코 초월할 수 없게 되어 있었다. 사실 진골귀족들의 국왕에 대한 對等性의 의식은 中古시대 이래 매우 뿌리 깊은 것이었다. 그런 까닭으로 삼국통일 뒤에도 진골귀족들은 자기들 위에 군림하는 전제군주가 아니라 자기들의 특권을 보장하는 대표자로서의 국왕을 요구했다. 그런데 국가의 역량이 한층 증대된 통일기에 들어와 역대 국왕은 권력집중을 통한 전제정치의 기반을 다지기 시작했고, 이는 필연적으로 진골귀족에 대한 통제를 강화함으로써만 달성할 수 있었다. 이처럼 그 자체 골품체제에 기반을 두면서 그 체제의 기본원리를 파괴하지 않으면 안되었던 데에 중대 왕권이 당면한 정치적 딜레마가 도사리고 있었다.

한편 삼국통일 후 약 1세기간은 국내적으로 안정되고 국제적으로도 평화가 깃든 시대였다. 그리하여 국민들은 오랜만에 전쟁의 공포에서 벗어나 안정과 평화를 누릴 수 있었다. 그러나 안일한 시대적 분위기 속에서 사회적 모순이 차츰 쌓여 간 것도 사실이다. 통일 전 1백 년간에 걸쳐 가혹한 생존 전쟁을 치르는 동안 농민층은 매우 피폐해졌고, 이에 따라 사회의 分化작용이 소리 없이 진행되었다. 사실 농민들은 국가보위전쟁과 삼국통일전쟁의 役

格〉(《統一新羅史硏究》, 三知院, 1990) 참조.

軍으로서 그토록 장기간에 걸쳐 국가에 봉사했으며, 또한 중대의 번영을 떠받치는 사실상의 주역이었음에도 불구하고 생활의 진보는 이에 뒤따르지 못했으며, 오히려 唐制를 모방한 律令政治가 강화됨에 따라서 조세와 課役에 한층 더 시달리게 되어 피폐한 모습을 나타내게 되었다. 더욱이 농민의 궁핍에 기생하는 高利貸자본이 발달하고 성덕왕 때에 장기간 전국을 휩쓴 大災害로 말미암아 조정의 적극적인 구호 노력에도 불구하고 농민층은 광범위하게 몰락해 갔다. 삼국통일 시기를 전후하여 일부 사람들 사이에서 유행하기 시작한 아미타 淨土신앙이 8세기 중엽 무렵에 이르러 민중 사이에 공감을 얻어 널리 유행한 것도 이와 같은 사회상을 배경으로 나타난 현상이었다.3)

2) 혜공왕 말년(780)의 정변 — 중대의 종말

중대의 역대 군주들은 권력집중을 목표로 하여 불교의 華嚴的인 세계관을 상징적으로 제시하면서 和平世界의 실현을 선전하고 약속했다. 하지만 그것은 신라를 위한 영속적인 질서를 보장할 수는 없었다. 사실 聖德王 때까지는 이기적인 진골귀족들을 억누르는 데 어느 정도 성공하여 표면상 화평의 세계를 謳歌하기도 했었다. 다만 그것은 왕실과 진골귀족세력 사이의 현존하는 긴장을 억제하는 데 불과했을 뿐이며, 긴장 그 자체를 해소시키는 데 성공한 것은 결코 아니었다. 따라서 화평세계의 허상이 노출되고, 또한 이를 선전했던 국가권력이 쇠퇴의 조짐을 보이기만 하면 그 긴장은 거세게 폭발적으로 분출될 위험성을 안고 있었다.

이러한 불길한 징후는 景德王의 치세 후반부터 노출되기 시작했다. 왕은 본디 야심에 불타는 고집이 센 전제군주였다. 왕은 진골귀족 중심으로 운영되는 和白會議體를 견제하여 국왕 중심의 전제적 정치체제를 달성하려고 했다. 즉 신라 정치 전통의 핵심이라 할 수 있는 화백회의체에 대신하여 중국

---

3) 李基白, 〈淨土信仰의 諸樣相〉(《新羅思想史硏究》, 一潮閣, 1986) 참조. 다만 아미타신앙을 계층간의 대립이라는 측면에서 파악하려는 경향에 반대하는 어떤 논자는 신라 중대의 정토사상 및 아미타신앙은 厭世的 성격보다는 현실긍정적인 성격이 강하게 나타나고 있다는 견해를 제시하고 있다. 이에 대하여는 金英美, 〈新羅 中代의 阿彌陀信仰〉(《新羅佛敎思想史硏究》, 民族社, 1994) 참조.

적인 군주제도를 확립하려고 했다. 그러자면 유교정치이념을 적극 도입하고 아울러 국왕에 대한 충성도가 높은 관료제도를 발전시킬 필요가 있었다. 律令體制를 제대로 정착시키기 위해서는 무엇보다도 유교사상으로 무장된 관료집단의 양성이 요구되었다.

이와 같은 목적을 달성하기 위해서 경덕왕이 주력한 것은 國學의 진흥이었다. 주지하듯 국학은 진덕여왕 5년(651)의 정치개혁 때에 唐의 제도를 모방하여 설치한 최고 학부였다. 다만 국학은 하급관료와 無位者를 대상으로 유학을 교육하는 기관이었으므로 진골귀족보다는 하급귀족, 특히 六頭品이 이에 가장 흥미를 보였다.[4] 따라서 그간 큰 발전을 보지 못했다. 이에 경덕왕은 6년(747) 정월 국학에 博士와 助教를 두어 유교경전을 가르치게 하였다. 더욱이 경덕왕은 국학에 文廟를 설치하여 소위 廟學制를 확립하기까지 했다. 경덕왕의 후계자인 혜공왕이 즉위 원년(765)에 국학에 行幸하여 교수관인 박사로 하여금 《尙書》를 강의케 한 것이나, 동왕 12년 2월 다시금 국학에 가서 강의를 들은 것은 경덕왕 父子의 국학에 대한 비상한 관심을 보여준다. 어쩌면 국왕의 幸學 때에는 문묘에서 釋奠祭를 거행했을 개연성이 크다.[5]

중국식의 복잡한 儀禮主義的인 제도국가를 지향한 경덕왕의 시도는 진골귀족들의 반발을 초래했다. 화백회의체의 의장인 上大等 金思仁은 경덕왕 15년 2월 왕의 개혁정치에 제동을 거는 상소를 올렸다. 비록 그는 당시 잇따라 발생하고 있던 災異현상을 표면상의 이유로 내걸었으나, 실상 유교정치사상에서는 재이현상 자체를 국왕의 失德에 대한 하늘의 견책으로 설명했던 것이다.[6] 하지만 경덕왕은 자신의 개혁정치를 포기하지 않았다. 그러자 김사인은 이듬해 정월 신병을 구실로 상대등직에서 물러났다. 이에 경덕왕은 심복인 金信忠을 후임으로 임명했다. 본디 상대등은 국왕과 거취를 같이 하도록 되어 있었으므로 국왕에 의한 상대등의 견책성 교체란 신라의 정치적 전통에 비추어 볼 때 매우 異例的인 일이었다. 경덕왕의 先代 왕들은 화백회의체

---

4) 李基白, 〈新羅 骨品體制下의 儒教的 政治理念〉(《大東文化研究》 6·7, 1970 ; 위의 책, 226~231쪽).
5) 高明士, 《唐代東亞教育圈的形成》(臺灣國立編譯館, 1984), 336쪽.
6) 李熙德, 〈古代의 自然觀과 儒教政治思想〉(《韓國古代自然觀과 王道政治》, 韓國研究院, 1994) 참조.

를 잘 조종하려고 했을 뿐이었는데 경덕왕은 상대등 교체라는 강경책으로 나온 것이다.

경덕왕은 상대등을 교체한 직후 한편으로는 진골귀족에 대한 정치적 타협을 모색한 듯하다. 일찍이 삼국통일 직후인 神文王 9년(689)에 혁파한 바 있는 祿邑을 16년(757) 3월에 부활한 것은 그 때문이 아니었을까라고 짐작된다. 하지만 왕은 이 해 12월 전국 9州 및 그 예하의 117郡·293縣의 이름을 모두 漢式으로 고치는 개혁을 단행했다. 이어 1년쯤 지난 뒤인 18년 정월부터 2월에 걸쳐 거의 모든 관청 및 관직의 이름을 역시 한식으로 고쳤다. 신라 고유의 지명과 관명을 한자 어휘로 개명한 아 漢化政策이 함축하는 의의는 매우 크다고 생각된다. 왜냐하면 그것은 중대 왕권이 골품제의 속박에서 벗어나고자 줄기차게 시도한 專制化 경향의 상징적인 표현이었기 때문이다.[7]

경덕왕대 후반기는 국제정세도 불리하게 작용했다. 경덕왕 14년 중국에서 安祿山의 반란이 일어나 唐과 긴밀한 관계에 있던 신라 朝野에 큰 충격을 주었다. 일찍이 당과의 친선을 도모할 목적으로 만든 望德寺 13층탑이 마침 안록산의 난이 일어난 바로 그 해에 진동하고 開合하여 며칠 동안 쓰러질 듯하였던 사실을 놓고 신라인들이 안록산의 난과 결부시켜 해석했다는《新羅國記》의 기사를 보더라도 이 점 충분히 짐작할 수 있다.

진골귀족과의 권력투쟁에 지칠 대로 지친 경덕왕은 만년에 의욕을 잃고 宴樂에 탐닉했다. 그 결과 왕의 정치개혁을 지지하던 측근의 寵臣들까지도 하나씩 둘씩 그의 곁을 떠나갔다. 경덕왕 22년 8월에는 왕당파의 거두인 김신충마저 상대등직에서 물러나 怨歌를 지어 실의의 말년을 자위했다. 심한 고독 속에서 경덕왕은 재위 24년 6월 세상을 떠났다.

경덕왕의 뒤를 이어 태자이던 乾運이 즉위하여 혜공왕이 되었다. 즉위 당시 왕은 8세였다. 이에 母后가 섭정했지만 선왕 때부터 노출되기 시작한 진골귀족들의 불만을 억제하기에는 너무나 무력했다. 왕이 즉위한 이듬해 정월 두 해(二日)가 출현하여 불길한 장래를 예고했는데, 과연 동왕 4년(768) 7월에 귀족들의 반란이 일어났다. 이 때 一吉飡 大恭은 그 아우인 阿飡 大廉과 함

7) 李基白, 〈新羅 惠恭王代의 政治的 變革〉(《社會科學》 2, 1958 ; 앞의 책, 1974, 246~247쪽).

께 무리를 모아 왕궁을 33일간이나 포위한 끝에 진압되었다. 《三國遺事》에 이 때 王都 및 5道 州郡의 96角干이 서로 싸워 크게 어지러워졌다고 한 것을 보면 내란은 전국에 걸친 대란이었음을 짐작할 수 있다. 한편 《新唐書》 新羅傳에는 이 때의 대란이 3년만에 진정되었다고 기술하고 있는데, 이는 혜공왕 6년(770) 8월에 일어난 대아찬 金融의 반란까지를 연속적인 것으로 오해한 때문인 듯하다.

이처럼 대공의 반란은 비록 진압되었지만 이는 결국 혜공왕대의 동란을 예고하는 적신호였다. 그 뒤 조정은 안정을 찾지 못한 채 끊임없이 동요했다. 그러던 중 혜공왕 10년 9월 金良相이 상대등이 되면서 정치상의 실권은 反王派의 수중으로 넘어갔다. 그러나 친왕파의 반발도 만만치 않았다. 11년 6월의 金隱居의 거병이라든지 8월의 廉相 등의 거병은 모두 親衛 쿠데타의 성격을 띠는 것이었다.[8] 하지만 이같은 국왕의 권력 만회의 시도는 모조리 실패로 돌아가고 김양상 일파는 12년 정월에 경덕왕이 고친 百官의 칭호를 17년만에 모두 복구시키는 극적인 조치를 취했다. 이는 단순히 경덕왕의 개혁정책에 대한 부정에 그치는 것이 아니었다. 실로 이와 같은 조치는 중대적인 것에 대한 부정을 뜻하는 대사건으로 보는 것이 옳을 듯하다.[9]

혜공왕 16년 2월 김양상 일파와 대립하고 있던 金志貞이 무리를 모아 궁궐을 포위했다. 국왕은 그의 거병을 내심 반겼을 터이다. 그러자 失權의 위기에 몰린 김양상은 金敬信 등의 협력을 얻어 이 해 4월 君側의 惡漢을 숙청한다는 구실 아래 군대를 일으켰다. 그들은 김지정의 군대를 토벌한 뒤 혜공왕까지 시해하였다. 이로써 중대는 최후의 막을 내리게 되었다.

3) 하대의 개막과 원성왕계의 성립

혜공왕 16년 정변의 승리자인 상대등 김양상은 新王으로 즉위했다. 그가 곧 宣德王이었다. 그는 奈勿王의 10세손으로 중대 왕실의 입장에서 보면 傍系혈족에 지나지 않았다. 다만 그의 조부인 元訓이 성덕왕 원년(702) 9월에

---

8) 李基白, 위의 책, 232~236쪽.
9) 李基白, 위의 책, 244~247쪽.

집사부中侍에 임명되면서 중대 왕정에 참여하게 되었다.[10] 더욱이 그의 아버지 孝方이 성덕왕의 딸과 혼인하면서 주목받는 가문으로 떠올랐다. 김양상은 이같은 가문의 후광에 힘입어 그의 외삼촌인 경덕왕 때 정계에 진출, 이윽고 동왕 23년(764) 정월 阿湌으로 집사부시중에 취임하여 혜공왕 4년(768) 10월까지 비교적 장기간 재임했다. 시중을 지낸 뒤에도 그는 계속 요직에 있었다. 혜공왕 7년 12월에 제작이 완료된 성덕대왕신종의 銘文을 보면 그는 당시 肅正臺(司正府의 개명)와 修城府(京城周作典의 개명)의 장관직(令)을 겸임했다. 앞에서 보았듯이 그는 혜공왕 10년 9월 伊湌으로 상대등이 되어 정치상의 실권을 장악했고, 이를 발판으로 하여 혜공왕 16년의 정변을 주도했다. 혜공왕과 외사촌 관계였던 그가 언제 어떠한 계기로 반왕파로 돌아섰는지는 잘 알 수가 없다.

신라 中古시대에 확립된 정치적 전통에 비추어 볼 때 상대등은 태자와 같은 정당한 왕위계승자가 없을 경우 왕이 될 수 있는 잠재적인 제1후보자였다.[11] 다만 法興王 18년(531)에 상대등직이 설치된 이래 실제로 상대등이 즉위한 예는 없었다. 그런데 김양상은 상대등직에서 왕위에 오른 것이다. 이처럼 하대의 출발 그 자체가 하나의 이변이었음을 알 수 있다. 하지만 뒤에서 보게 되듯이 하대를 통해서 태자가 없을 경우 상대등이 즉위하는 것이 거의 일반적인 관례처럼 되고 말았다. 이러한 점만 보더라도 하대라는 시대가 권력구조면에서 중대와 크게 다르고 또한 중고시대와도 달랐던 것을 충분히 짐작할 수 있다.

그러나 선덕왕대는 어찌 보면 일종의 과도기와 같은 느낌을 준다. 왕의 재위기간이 만 5년이 채 되지 못했을 뿐 아니라 그가 죽은 뒤 왕통이 바뀌어 결국 一代에 그쳤기 때문이다. 무엇보다도 그는 내물왕계라고는 하지만 부친이 성덕왕의 사위가 됨으로 해서 중대 말기 정계에서 두각을 나타낼 수 있었다. 그러니까 그는 母系로 본다면 결코 중대 왕실을 배반한다거나 더욱이 부정할 처지는 되지 못했다. 그가 재위 5년(784) 4월 왕위를 禪讓하려고

10) 李基東, 〈新羅 下代의 王位繼承과 政治過程〉(《歷史學報》 85, 1980 ; 《新羅骨品制社會와 花郞徒》, 一潮閣, 1984, 147쪽).

11) 李基白, 〈上大等考〉(《歷史學報》 19, 1962 ; 앞의 책, 1974, 99~100쪽).

한 것이라든지, 병석에서 내린 遺詔에서 자신은 본래 왕위에 야심이 없었으나 여러 사람들의 추대를 뿌리칠 수 없어 부득이 즉위하게 되었다고 토로한 것은 솔직한 심정에서 우러나온 것으로 짐작된다. 그는 재위 중에 중국의 祀典을 모방하여 社稷壇을 설치했는데, 이는 혜공왕 때 始祖廟에 대신하여 중국식의 5廟제도를 확립하려고 한 것과 같은 맥락에서 종래의 神宮에 대체하려 한 것인 듯하다.12)

선덕왕이 짧은 재위 기간 중에 시행한 주요 治績으로 주목되는 것은 다름 아닌 서북변경지방의 개척사업이었다. 왕은 2년(781) 7월에 신하를 보내어 浿江 이남의 州郡을 安撫했고 그 이듬해 2월에는 친히 漢山州에 巡幸하여 民戶를 浿江鎭에 옮기게 했다. 그런 다음 그 이듬해 정월에는 일찍이 執事侍郎을 역임한 阿飡 金體信을 大谷鎭(황해도 平山)軍主 곧 초대 浿江鎭典 장관(頭上大監)에 임명하여 본격적인 서북변경지방 개척사업에 착수했다. 이 패강진의 개척과 경영은 신라가 성덕왕 34년(735)에 唐으로부터 소위 패강 이남의 땅에 대한 영유를 정식으로 승인 받은 직후부터 차츰 추진하기 시작한 북방진출의 일단의 성취라고 할 수 있다. 이는 당시 渤海의 영도 확장, 특히 그 남하정책으로 인한 변경 위협에 자극된 바도 적지 않겠으나, 그보다는 오히려 변경개척을 통해서 농경지를 확보함으로써 피폐해진 농민층을 구제하기 위한 사회경제적 동기가 크게 작용한 것으로 생각된다.13)

선덕왕이 재위 6년 정월 13일 병으로 죽자 상대등직에 있던 金敬信이 즉위하니 곧 원성왕이었다. 그런데 이 왕위계승은 순조롭게 이루어진 것이 아니었다. 《三國史記》 元聖王本紀와 《三國遺事》 元聖大王條에 의하면 아들이 없는 선덕왕이 죽자 신하들은 처음 김경신보다 서열이 높은 上宰相 金周元을 추대했다고 한다. 그러나 이 때 마침 폭우가 내려 閼川이 범람, 그 북쪽에 살고 있던 김주원이 왕궁에 이를 수 없게 되자 다시금 귀족회의가 열려 김경신을 왕으로 추대했다고 한다. 김경신은 비록 현직 상대등이었으나 당시의 공인된 서열로는 次宰相이었을 뿐이다. 김주원은 태종무열왕의 6세손으로 일찍이 혜공왕 13년(777) 10월에 侍中에 취임하여 혜공왕 16년의 정변 때까

12) 崔光植, 《고대 한국의 국가와 제사》(한길사, 1994), 205~209쪽.
13) 李基東, 〈新羅 下代의 浿江鎭〉(《韓國學報》 4, 1976 ; 앞의 책, 221쪽).

지 재직했다. 당시는 상대등 김양상(선덕왕)이 실권을 잡고 있었을 때이므로 그는 반왕파와 행동을 같이 했을 터이다. 어쨌든 김주원을 배제한 김경신의 즉위에 모종의 계략 내지 억지가 작용했을 것이 틀림없다.[14] 김주원이 江陵에서 은퇴생활에 들어간 것이라든지, 뒷날 그의 아들 金憲昌이 부친이 왕위에 오르지 못한 것을 이유로 반란을 일으킨 것을 보더라도 이 점을 충분히 짐작할 수 있다.

원성왕은 내물왕의 12세손으로 선덕왕의 경우와 마찬가지로 중대 왕실에서 보면 방계혈족이었다. 다만 그의 증조부인 義寬(官)과 조부인 魏文이 중대 초기에 벼슬하면서 진골귀족사회에서 일정한 위치를 차지하게 되었다. 즉 의관은 삼국통일전쟁 기간 중에 장군으로 활약했고 뒤에 그 딸은 신라에 歸服해 온 報德國王 安勝과 혼인했다. 또한 위문은 성덕왕 11년(712) 3월 집사부 中侍에 취임하여 1년 반 가량 재임한 일이 있다.[15] 하지만 정작 원성왕 개인의 경력으로는 상대등밖에는 달리 알려진 것이 없다. 즉 그는 혜공왕 16년(780) 4월 伊飡으로서 김양상이 거병할 때 적극 가담하여 큰 공을 세웠고, 김양상이 즉위하면서 곧바로 상대등에 임명되었다.

즉위 당시 이미 고령에 달했던 원성왕은 비록 음험한 성격이기는 했으나 정치적으로는 노련한 인물이었다. 그는 중대 말기부터 귀족들 사이에서 造塔·造寺 등 佛事활동이 성행한 데 주목, 즉위하자마자 政法典(일명 政官)을 정비하여 불교 교단에 대한 국가의 적극적인 통제 의지를 내비쳤다.[16] 하긴 그는 개인적으로는 불교에 깊은 관심을 갖고 있었다. 그러나 정치 이데올로기 면에서는 중대의 군주들과 마찬가지로 유교정치를 지향했다. 그가 재위 4년(788) 봄에 讀書三品科를 실시한 것은 그 현저한 例證이다. 독서삼품과는 國學 학생을 대상으로 하여 유교경전의 해독 수준에 따라 이를 上·中·下

14) 李基白, 앞의 책(1974), 119~120쪽.
15) 李基東, 앞의 책, 151쪽.
16) 郭丞勳, 〈新羅 元聖王의 政法典 整備와 그 意義〉(《震檀學報》 80, 1995), 33~61쪽. 다만 이와는 달리 정법전의 설치를 종래 국가가 직접 불교계에 대해 통제를 가하던 방식에서 벗어나 승려들에 의한 자율적 운영을 인정한 획기적 조치로 보는 견해도 있다. 이에 대해서는 朴南守, 〈사원성전과 불사의 조영체계〉(《新羅手工業史》, 신서원, 1996) 참조.

세 등급으로 구분하는 제도였다. 이는 일종 국학의 졸업시험과 같은 성격을 띤 것이었는데,[17] 어쩌면 그 시험성적에 따라서 仕官하는 것을 제도화한 조치가 아니었을까고 생각된다.[18] 《삼국사기》에 "前日에는 弓術로써 인물을 뽑더니 이 때에 이르러 개혁했다"고 한 것을 보면 그 때까지는 국학 수료자에 대한 확고한 관리 임용규정이 없었던 듯하다. 뒤에 소성왕 원년(799) 3월에 菁州 居老縣(현 巨濟)을 學生祿邑으로 지정한 것은 국학에 녹읍을 지급한 것으로 이해되며 역시 국학 진흥책의 일환으로 볼 수 있다.

〈李基東〉

2. 귀족사회의 분열과 왕위쟁탈전

1) 왕실가족에 의한 권력독점

앞에서 보았듯이 하대는 중대 전제왕권에 반삼을 품은 내물왕 계통의 汎眞骨귀족 연합세력에 의해 개막되었다. 또한 여기에는 金周元과 같은 태종무열왕 계통의 일부 왕족도 가담했다. 혜공왕대의 대란 때에 전국의 96角干이 서로 무기를 들고 싸웠다고 한 데서 알 수 있듯이 이미 중대 말기에 정계에 진출하고 있던 진골귀족의 수효는 상당한 수준에 이르고 있었다. 그런데 이제 그 12代祖가 내물왕이라고 자처하는 원성왕 계통이 등장하면서 진골귀족의 족적인 기반은 한층 더 확대되었다. 이처럼 양적으로 확대된 진골귀족들에게 권력을 적절히 배분하는 것이 하대 왕권이 직면한 제1차적 과제였다.

원성왕은 즉위와 동시에 장남 仁謙을 태자로 책봉하여 왕위계승권자로 확정시켰다. 그러나 동왕 7년(791) 정월에 태자가 죽자 그 이듬해 8월 차남인 義英을 다시금 태자로 삼았다. 그런데 의영마저 동왕 10년 2월에 죽고 말았다. 그러자 왕은 인겸의 장남인 俊邕을 그 이듬해 정월 태자로 책봉했다.

17) 李基白, 앞의 책(1986), 230쪽.
18) 木村誠, 〈統一新羅の官僚制〉(《東アジア世界における日本古代史講座》 6, 學生社, 1981), 148~152쪽.

왕에게는 셋째 아들 禮英이 있었으나 준옹을 책봉할 당시 살아있었는지 어떤지는 확실하지 않다. 원성왕이 재위 14년(798) 12월 29일 죽자 결국 장손인 준옹이 즉위하여 昭聖王이 되었다. 그러나 소성왕은 오래 재위하지 못했다. 왕은 재위 1년 반 만인 800년 6월에 죽었다. 이에 태자인 淸明이 즉위하여 哀莊王이 되었다. 당시 왕은 13세였고 따라서 숙부인 兵部令 彦昇이 섭정으로 취임했다.

하대의 권력구조와 정치과정을 볼 때 무엇보다도 특징적인 현상은 왕실가족에 의해서 정치권력이 송두리째 장악되어 있는 점이다. 그것은 준옹과 언승 형제가 조부인 원성왕 때 띠고 있던 관직을 보면 곧 알 수 있다. 즉 준옹은 아버지 인겸태자가 아직 살아있을 때인 원성왕 5년(789) 唐에 사신으로 다녀와 大阿飡이 되었고, 그 이듬해 波珍飡으로 宰相이 되었으며, 아버지가 죽은 직후인 원성왕 7년 10월에는 侍中이 되었다가 그 이듬해 8월 숙부인 의영이 태자로 책봉될 때 신병으로 물러난 뒤 곧 병부령에 취임했다. 그리고 의영이 죽자 태자에 책봉되었다. 한편 언승은 역시 아버지 인겸태자의 在世時인 원성왕 6년에 대아찬이 되었고 동왕 7년 정월 아버지가 죽은 직후 반란을 일으킨 전 시중 悌恭을 제거한 공로로 迊飡에 승진했으며, 그 뒤 동왕 10년 2월 시중에 취임했다. 그리고 그는 형이 태자로 책봉된 해에는 伊飡으로 재상이 되었고 곧 이어 원성왕 12년 4월에는 병부령에 올랐다.

앞에서 본 것처럼 언승은 병부령의 자격으로 조카인 애장왕의 즉위와 동시에 섭정이 되었는데, 동왕 2년(801) 2월에는 종전까지 內省의 一局에 지나지 않던 御龍省을 독립시켜 일종 攝政府를 만들고 스스로 그 장관(私臣)에 취임했다. 그는 곧 이어 상대등에 올라 정치의 실권을 완전히 장악했다. 이처럼 원성왕과 그의 후계자들은 태자를 정점으로 하여 매우 좁은 범위의 근친왕족들이 상대등을 비롯하여 병부령·재상·어용성사신·시중 등 요직을 독점하는 권력구조를 만들어냈다. 실로 이러한 요직은 모두 재상제도의 테두리 속에 포괄되는 것으로, 재상제도가 갖는 권력집중의 기능은 이미 원성왕 때에 확립된 것을 알 수 있다.[1] 이는 흔히 전제왕권이라고 불려지고 있는

1) 木村誠, 〈新羅の宰相制度〉(《人文學報》 118, 東京都立大, 1977), 25~33·35~38쪽.

중대의 권력구조 아래서도 찾아보기 힘든 권력집중 현상이었다. 그러므로 골품제국가의 정치적 모순은 전시대에 비하여 한층 더 격화될 수밖에 없었다.

애장왕대의 정치는 당연히 섭정을 맡고 있던 숙부 언승에 의해 주도되었다. 이 왕대의 주요 치적으로서는 율령의 개정과 五廟制度의 확립을 들 수 있다. 애장왕 6년(805) 8월 조정은 公式 20여 조를 頒示했는데, 그 구체적인 법규의 내용은 잘 알 수가 없다. 다만 관리의 인사를 담당하는 位和府의 長·次官 직명이 이 해에 종래의 衿荷臣·上堂에서 각기 令·卿이라는 漢式名으로 개정된 것이라든지 또는 四天王寺成典을 비롯한 奉聖寺·感恩寺·奉德寺·奉恩寺成典 등 寺刹 관계 관청의 장·차관직 역시 애장왕 때 위화부의 경우와 같은 명칭으로 바뀐 것으로 미루어 볼 때 애장왕 6년을 기하여 漢化政策이 시도된 것을 짐작할 수 있다. 비록 그 개혁의 규모에 있어서는 경덕왕 18년(759)의 官號개혁에는 미치지 못하는 것이지만 어쨌든 개혁의 기본방향만은 경덕왕 때와 마찬가지로 한화정책을 통해 국왕의 권력집중을 꾀한 것이라고 이해할 수 있다.

다음 5묘제도에 있어서는 애장왕 2년 2월 근본적인 개혁이 단행되었다. 즉 종래 永世不變의 廟主로 되어 있던 태종대왕·문무대왕을 5묘에서 탈락시키는 한편 애장왕의 高祖까지의 직계존속을 이에 대치했다. 비록 태종·문무 양 대왕을 위해서는 따로 二廟를 세웠으나, 어쨌든 이로써 명실상부한 5묘제가 확립된 것이다. 사실 중대 왕통을 단절시킨 선덕왕은 5묘제를 정할 때 태종·문무 양 대왕의 존재 때문에 자신의 직계존속으로는 오로지 아버지만을 太廟에 入祔시켰을 뿐이며, 원성왕도 그 즉위년(785) 2월에 5묘를 다시 정할 때 태종·문무 양 대왕을 여전히 存置시키게 됨으로써 겨우 자기의 아버지와 할아버지만을 5묘에 입부시킬 수 있었다.[2)]

우여곡절 끝에 마침내 애장왕 2년 완성된 5묘제가 그 뒤 원성왕계 혈족집단에 끼친 영향은 매우 컸다. 왜냐하면 이로써 왕위계승에 있어 直系상속이 무엇보다도 중요하게 인식되었고, 나아가 이러한 직계 존중은 자연히 傍系와의 차별성을 강조하는 결과를 낳게 되어 내물왕계 혹은 태종무열왕계라고

2) 邊太燮, 〈廟制의 變遷을 通하여 본 新羅社會의 發展過程〉(《歷史敎育》 8, 1964), 56~76쪽.

하는 광범위한 씨족 연대의식을 약화시키게 됨은 물론, 원성왕계 내부의 혈족집단 자체를 점차 가족 규모의 작은 단위로 分枝化시킨 요인이 되었기 때문이다. 실로 830년대 후반의 苛烈한 왕위계승쟁탈전의 遠因은 여기에 있었다고 할 수 있다.[3)]

2) 무열왕계의 반발과 김헌창의 난

애장왕 때 섭정으로서 정치상의 실권을 쥐고 있던 彦昇은 애장왕 10년(809) 7월 19일 아우인 秀宗과 함께 난을 일으켜 왕을 시해하고 新王으로 즉위했다. 그가 곧 憲德王이다. 왕은 정치적으로 야심이 많았으나 불행하게도 즉위한 지 오래지 않아 극심한 사회경제적 위기에 직면했다. 즉 가뭄과 물난리가 連年 잇따라 발생하여 일찍이 경험한 적이 없는 식량기근을 야기시켰고, 이에 따라 많은 유민이 발생한 것이다. 그러나 조정은 미증유의 재난과 기근을 당하여 거의 속수무책일 따름이었다.

사실 식량기근은 비단 헌덕왕 때만 있었던 현상은 아니다. 여느 시대와 마찬가지로 신라통일기를 통해서 水災와 旱災는 마치 전염병처럼 만연했다. 그렇지만 국가권력이 강대했던 중대 전반기에는 그래도 이같은 위기를 잘 극복했다. 가령 성덕왕 때는 흉년이 들면 곡식을 풀어 이에 적극적으로 대처할 만한 역량이 있었다. 당시 거듭된 재해로 말미암아 기근이 들자 조정에서는 생계가 어려워진 貧民을 救恤하기 위해 동왕 6년(707) 정초부터 7월말까지 7개월 동안 한 사람에게 粟 3升씩을 지급하여 모두 30만 500石을 방출할 정도였다. 하대 초창기인 원성왕 때만 하더라도 조정은 비록 제한된 범위에서나마 賑恤策을 쓸 수가 있었다. 즉 동왕 2년(786) 9월 京都에 기근이 들자 粟 33,240石을 내어 賑給했고, 10월에 다시 粟 3만 3천石을 내어 나눠주기도 했다. 그 뒤에도 동왕 5년 정월, 6년 5월, 12년 봄에 漢山州·熊川州 등 지방과 서울에 기근이 들자 粟穀을 내어 구제했다.

그러던 것이 헌덕왕 때가 되면 사정이 악화될 대로 악화되어 있었다. 왕

3) 李基東, 〈新羅 下代의 王位繼承과 政治過程〉(《歷史學報》 85, 1980 ; 《新羅骨品制社會와 花郎徒》, 一潮閣, 1984, 154쪽).

은 2년(810) 2월 使者를 파견하여 국내의 堤防을 수축하게 하는 등 농업과 관계가 깊은 수리시설에 관심을 기울이기도 했다. 그런데 6년 5월 나라 서쪽 지방에 홍수가 나자 왕은 관리를 보내어 수해를 입은 州郡의 인민을 위로하는 한편 1년간 조세와 貢物을 면제하는데 그쳤다. 그 이듬해 8월 서쪽 변경 州郡에 큰 기근이 발생하여 도적 떼가 봉기하자 군대를 보내어 討平에 주력할 뿐 적극적인 대책을 세우지 못했다. 동왕 9년(817) 10월에 굶어 죽은 사람이 많이 발생하자 왕은 주군에 명하여 창고의 곡식을 내어 구제케 했다고 하지만 그 성과는 잘 알 수 없다. 다시 11년 3월에 草賊이 곳곳에서 일어나자 조정은 그 진압에 힘을 쏟았을 뿐이다. 12년 봄과 여름이 가물은 결과 겨울에 기근이 발생, 그 이듬해 봄에는 기근에 견디지 못해 자식을 팔아 自活하는 사람이 발생하기까지 했다고 기록되어 있다. 한편《舊唐書》신라전에 의하면 헌덕왕 8년 신라에 기근이 들자 唐의 浙東지방에 건너와 먹을 것을 구한 자가 170명이나 되었다고 한다. 또한 이 시기 일본측의 기록을 보더라도 811년(헌덕왕 3년) 8월부터 824년 5월까지 전후 13회에 걸쳐 모두 826명의 신라인이 일본열도에 漂着 당도한 것으로 집계되고 있다.4)

이처럼 사회경제적 형편이 악화되어 만성적인 식량기근이 발생하고 더욱이 헌덕왕 7년과 동왕 11년 두 차례에 걸쳐 초적이 봉기하는 등 민심이 매우 흉흉해진 기회를 이용하여 熊川州都督으로 있던 金憲昌이 대규모의 반란을 일으켰다. 김헌창은 金周元의 아들이었다. 비록 김주원 자신은 선덕왕 6년(785) 원성왕과 왕위계승을 둘러싸고 경쟁을 벌이다가 실패하여 강릉으로 은퇴했으나 그의 두 아들은 원성왕계의 조정에 참여할 수 있었다. 그것은 김주원이 태종무열왕계로서는 이례적으로 혜공왕 말년에 반왕파에 가담하여 혜공왕 16년(780)의 정변에서 큰 공을 세웠기 때문이었다. 사실 하대 왕실은 태종무열왕계를 정치에 참여시킴으로써 정변의 합법성을 보장받으려 한 듯하다. 이에 따라 김헌창의 형으로 짐작되는 宗基는 원성왕 6년(790) 정월부터 이듬해 10월까지 시중직을 역임했고, 그 아들 璋如도 헌덕왕 8년 정월 시중에 취임하여 1년간 재임했다. 김헌창 자신도 헌덕왕 5년 정월 武珍州도독에

4) 佐伯有淸,〈朝鮮系氏族とその後裔たち〉(《古代史の謎を探る》, 讀賣新聞社, 1973), 197~198쪽.

취임한 뒤 이듬해 8월 시중으로 영전되었고, 동왕 8년(816) 정월에는 조카인 장여에게 시중직을 넘기고 菁州도독으로 전출되어 장기간 근무하다가 동왕 13년 4월 다시 웅천주도독으로 전보되었다.[5]

김헌창은 헌덕왕 14년 3월, 37년 전에 아버지 김주원이 왕위에 오르지 못하고 그 대신 원성왕이 즉위한 것은 불법이었다고 하면서 웅천주의 治所를 본부로 하여 반란을 일으켰다. 그는 국호를 長安, 연호를 慶雲이라 하여 반란의 기치를 높이 세웠다. 그의 반란군은 최초 武珍·完山·菁·沙伐의 4州 도독과 國(中)原·西原·金官의 3 小京 仕臣 및 그 밖에 여러 군현의 수령을 협박하여 반란세력으로 끌어들이려 했다. 그러나 곧 청주도독 向榮이 탈주에 성공하고 完山州長史 崔雄 등이 왕경으로 달려와 반란 사실을 고함에 따라 조정은 곧바로 반란 진압의 태세를 갖추게 되었다.

당시 조정은 반란에 기민하게 대처했다. 특히 왕의 동생으로 반란이 일어나기 직전 상대등에서 副君으로 승격한 金秀宗의 활약이 컸다. 조정은 一吉湌 張雄을 선발대장으로 파견하여 반란군의 주력을 추적하게 하고 곧 이어 잡찬 衛恭·파진찬 悌凌이 이끄는 本隊를 출동시켰다. 그런 다음 다시 이찬 金均貞·잡찬 金雄元·대아찬 金祐徵(김균정의 아들)으로 하여금 3軍을 통솔, 본격적인 진압에 나서도록 조치했다. 이 때 明基와 安樂 두 화랑도 각기 종군을 신청한 뒤 반란 토벌에 종사했다. 당시 중앙군의 반란 진압상황을 보면 장웅의 선발대는 최초 반란군의 一隊를 道冬峴에서 포착, 이를 격파하고 조금 뒤에 도착한 위공·제릉의 본대와 합류했다. 군 주력은 三年山城(報恩)의 반란군을 격파한 다음 속리산 방면으로 진출하여 반란군의 支隊를 섬멸했다. 한편 3군 주력부대는 반란군의 지대를 星山에서 격파한 뒤 모든 토벌부대와 합세하여 반란세력의 근거지인 熊津으로 향했다. 진압군은 웅진에 도착하여 반란군과 격전을 벌여 크게 이겼고 이어 웅진성 공격에 들어갔다. 성을 포위

---

5) 《三國史記》 권 10, 新羅本紀 10, 애장왕 8년 정월조에 "伊湌 金憲昌(一作貞) 爲侍中"이라 한 것을 근거로 하여 이를 김헌창의 경력으로 보는 견해가 있으나(井上秀雄, 《古代朝鮮》, 日本放送出版協會, 1972, 237쪽 및 《新羅史基礎硏究》, 東出版, 1974, 388·461쪽), 이는 金憲貞의 경력으로 보는 것이 옳다고 생각된다. 이에 대해서는 李基白, 〈新羅 下代의 執事省〉(《新羅政治社會史硏究》, 一潮閣, 1974), 177쪽 및 李基東, 앞의 책, 156쪽, 주 33 참조.

한 지 10여 일에 성이 함락되기 직전 김헌창이 자살함으로써 반란은 마침내 진압되었다. 이 반란에 연좌되어 죽음을 당한 김헌창의 宗族과 黨與는 모두 239명에 달했다.

그 뒤 헌덕왕 17년(825) 정월에 김헌창의 아들 梵文이 高達山의 산적 壽神 등 1백여 명과 더불어 또다시 반란을 일으켰다. 그들은 수도를 平壤(지금의 서울 부근)에 정하려고 북한산성을 공격했으나 漢州도독 聰明이 거느린 군대에 의해서 곧바로 진압되었다. 이처럼 두 차례에 걸친 김헌창 부자의 반란은 모두 실패로 돌아갔다. 하지만 그것이 앞으로 닥쳐올 사태의 진전에 끼친 영향은 매우 컸다. 첫째로 이 반란은 豪族세력의 지방할거적 경향을 크게 촉진시켰고, 둘째로는 830년대 후반 원성왕계 내부의 왕위계승쟁탈전을 유발하는 한 심리적 요인이 되었다.

3) 범진골 귀족세력 화합책의 시도

헌덕왕이 재위 18년(826) 10월에 죽자 副君의 자리에 있던 그의 동생 金秀宗이 즉위했다. 그가 바로 興德王이었다. 즉위 당시 50세였던 왕은 다정다감한 성품이었지만,[6] 한편으로는 비범한 지략과 결단력을 갖춘 인물이었다. 왕의 정치적 경험 또한 매우 풍부했다. 왕은 애장왕 5년(804) 정월 28세의 젊은 나이로 집사부시중이 되어 3년간 재임했다. 동왕 6년 8월에 공포된 공식 20여 조 제정에 그가 직접 관계했을 것이 틀림없다. 왕은 그 뒤 헌덕왕 11년(819) 2월 상대등에 취임했다가 동왕 14년 정월 副君이 되어 月池宮에 들어갔다. 이 부군제도는 전례가 없는 것으로 어쩌면 태자에 준하는 위치였을 것으로 짐작된다.

흥덕왕이 즉위할 무렵 국내외 정세는 무척 다사다난했다. 대외적으로는 唐제국이 安史의 대란(755~763)을 겪은 뒤 藩鎭의 발호를 제어하지 못해 지방통치가 크게 느슨해졌고, 이 틈을 타서 중국의 해적선이 서해상에 창궐했

6) 흥덕왕릉비의 斷石에 '壽六十是日也'라 한 것이 보이는데, 이는 정녕 왕릉의 주인공인 흥덕왕 자신의 享年을 가리킨 것으로 볼 수 있다. 이에 대해서는 閔泳珪, 〈新羅興德王陵碑斷石記〉(《歷史學報》 17·18, 1962), 626쪽 참조.

다. 이들은 신라의 對唐 항로를 위협했을 뿐 아니라 신라의 무역선을 약탈했다. 더욱이 중국 해적선들은 신라의 근해에 출몰하여 서부 변경지역 주민을 납치하여 노예로 매매하기까지 했다. 또한 文王 때에 국력을 크게 확장한 渤海는 9세기에 들어와 적극적인 남하정책을 추진하여 신라의 北邊을 위협했다. 특히 발해 역사상 최대의 전성기를 연출한 宣王이 즉위하면서 신라는 발해의 남침 위협에 시달리게 되었다. 한편 일본과는 오래 전부터 공식적인 외교관계가 끊긴 상태였다. 그런데 발해는 동해상을 통해서 일본과 긴밀한 교섭·통상관계를 줄곧 유지하고 있었다.

이제 시야를 대외관계에서 국내 문제로 돌려보면 심각한 위기상황이 소리없이 양성되고 있었다. 중앙의 진골귀족세력은 바야흐로 그 최대의 전성을 누리고 있었으나, 김헌창의 난에서 보았듯이 귀족 상호간의 사회 연대성은 여지없이 파괴되어 그 자체 심한 분열의 낌새를 드러냈다. 한편 지방 호족세력이 성장하여 차츰 割據的 성격을 띠게 됨에 따라 집권체제는 약화의 길을 걷지 않을 수 없었다. 더욱이 중앙귀족과 지방 세력가들의 농장 경영이 발달함에 따라 自營小農民은 광범하게 몰락했다. 그리하여 진골귀족세력의 연대성을 회복하고 律令체제를 강화하는 일이 흥덕왕의 정치적 과제가 되었다.[7]

흥덕왕 정권은 어떤 의미에서는 국왕과 동생인 상대등 金忠恭의 兩頭체제였다고 할 수 있다. 흥덕왕은 즉위할 당시 이미 50세의 고령이었고 건강 또한 그리 좋지 않았다. 더욱이 즉위한 지 2개월만에 왕비를 잃고 상심한 나머지 再娶까지 단념한 왕에게는 왕위를 물려줄 자식조차 없었다. 그리하여 고독한 나날을 보내야 했던 왕이 믿고 政事를 의논할 상대는 동생인 충공밖에는 달리 없었다. 충공은 헌덕왕 14년(822) 정월 상대등에 오른 뒤 政事堂에서 직접 정무를 총괄해 왔고, 흥덕왕이 즉위한 뒤에도 이례적으로 유임되었다. 그는 흥덕왕과는 대조적으로 아들 金明 외에 여러 명의 딸이 근친왕족들과 혼인하여 가족적으로도 매우 번성했다. 딸 중의 하나인 貞嬌는 헌덕왕의 太子妃가 되었고, 다른 딸은 憲貞의 아들 悌隆과 혼인했으며 또 다른 딸은 均貞의 후처가 되어 誼靖(憲安王)을 낳았다.

---

7) 李基東, 〈新羅 興德王代의 政治와 社會〉(《國史館論叢》 21, 國史編纂委員會, 1991), 97~131쪽.

하대에 들어오면서 근친왕족들이 국가의 樞要의 직을 독점한 것은 앞에서 본 바와 같다. 이는 왕실가족의 분열을 막는 동시에 일반 진골귀족세력을 견제하는데 효과적이었다. 흥덕왕은 근친왕족 우대의 관례에 따라 숙부인 禮英의 자손들을 요직에 등용했다. 왕의 사촌형제 가운데 헌정은 이미 오래 전에 건강이 악화되어 죽은 듯한데, 다만 균정만은 아직 건재했다. 균정은 헌덕왕의 처남으로 일찍부터 조정에서 중시되었다. 그는 헌덕왕 4년(812) 봄에 侍中이 되었다가 동왕 6년 8월 김헌창과 교체할 때까지 재임했다. 그 뒤 김헌창의 반란이 일어났을 때 그는 3군으로 편성된 진압부대의 主將으로 활약했다. 또한 앞에서 본 것처럼 그는 전처가 죽은 뒤 충공의 딸과 재혼하기까지 했다. 이같은 특수한 인연으로 그는 결국 흥덕왕 10년(835) 2월 병으로 죽은 충공의 뒤를 이어 상대등이 될 수 있었다. 한편 균정의 전처 소생인 우징도 김헌창의 반란 때 부친과 함께 나란히 진압군 사령관의 일원으로 출동할 만큼 이미 성장해 있었다. 그는 흥덕왕 3년 정월 대아찬의 관등으로 집사부시중이 되었다가(재임 중인 829년 執事省으로 개명됨) 동왕 6년 정월 지진이 발생한 뒤 일단 사임했다. 그러나 그는 동왕 9년 정월에 다시 시중에 취임했다. 이는 신라 역사상 전무후무한 일이다. 다만 그는 1년 뒤 부친이 상대등이 되자 물러났다. 그의 후임 시중이 바로 19세의 金明이었다. 그러니까 흥덕왕은 사촌동생인 균정을 상대등에 기용함과 동시에 시중에는 조카인 김명을 임명하여 仁謙太子系와 禮英系의 세력균형을 꾀한 듯하다.

근친왕족뿐 아니라 유서깊은 태종무열왕계의 후손, 그 중에서도 특히 하대의 개창에 적극 협력한 김주원 일가에 대한 정치적 배려가 또한 요망되었다. 비록 김헌창이 반란을 일으켰다가 敗死하고 말았으나 반란에 가담하지 않은 김종기 집안 사람들에 대해서는 정계에 등장시켜 화합을 과시할 필요가 있었다. 당시 김종기의 두 아들 장여와 貞茹는 이미 시중 등 요직을 역임하고 은퇴한 뒤였다. 그리하여 그 다음 세대의 사람들이 발탁되었다. 정여의 아들 金陽(808~857)은 흥덕왕 3년 固城郡太守로 출발하여 흥덕왕 재위 10년 기간 중에 中原小京大尹・武州도독에까지 올랐으며, 璋如의 아들 金昕(803~849)은 헌덕왕 14년 당에 사신 겸 宿衛學生으로 다녀온 뒤 南原태수를 거쳐 康州도독에까지 승진했다.

홍덕왕은 또한 金庾信 집안의 후예들에 대해서도 어떤 정치적 배려를 하지 않았을까 짐작된다. 김유신을 興武大王으로 追封한 시기에 대해서는 異說도 있으나 역시 홍덕왕 때로 봄이 옳을 듯하다. 당시는 김헌창의 난을 겪은지 얼마 안되는 때였고, 한편 서해상의 항해의 안전을 위해서 변경 해안지대에 軍鎭을 설치하여 군사력을 집중하는 일에 전념하고 있던 때였다. 더욱이 홍덕왕 때에도 예외 없이 가뭄과 기근이 잇따라 발생하여 국내 치안이 위협받고 있었다. 이러한 형편이었으므로 朝野에 군사적 기풍을 진작시킬 필요가 있었고, 나아가 爲國盡忠의 모범으로써 선전하는 데 김유신이 적합하다고 판단했는지도 모른다. 무엇보다도 당시 될 수 있는 한 근친왕족 이외에 일정한 범위 안에서 전통적인 가문 출신들을 정치에 참여시키려고 애쓰고 있던 정치적 분위기로 미루어 볼 때 김유신에 대한 대왕 추봉조치는 그 집안 사람들에 대한 일종 우대책의 일환으로 볼 여지가 많다고 생각된다.

4) 원성왕계 내부의 왕위계승쟁탈전

김헌창의 반란으로 말미암아 초래된 귀족사회의 분열 현상을 극복, 이를 再縫合하려는 홍덕왕의 범진골 귀족세력 화합책은 어느 정도 효과를 거두기도 했다. 다만 홍덕왕 10년(835) 2월 왕위계승의 제1후보자였던 상대등 충공의 돌연한 죽음은 근친왕족 간의 세력균형에 적신호가 되었다. 왕은 후임 상대등에 사촌동생인 균정을 임명했다. 당시 소생이 없는 왕의 처지에서 보면 상대등 임명은 곧 후계자 지명이나 다를 바 없었다. 어쩌면 왕은 후임 상대등으로 될 수 있으면 인겸태자 계통에서, 즉 자신의 조카들 가운데서 지명하고 싶었을지도 모른다. 그러나 홍덕왕 10년 당시 그의 조카로는 충공의 아들인 대아찬 김명밖에는 없었다. 다만 김명은 당시 19세로[8] 부친의 자리를 승계하기에는 연령과 정치적 관록이 크게 부족했다. 따라서 왕으로서는 비록 예영 계통이기는 하지만 그 자신 시중 경력과 軍功을 갖추었을 뿐 아니라 또한 조카사위이기도 한 균정 외에 달리 상대등 후보자를 찾을 수 없었다.

---

8) 金明(민애왕)은 桐華寺 毘盧庵 3층석탑에서 발견된 舍利壺의 銘文에 의하면 839년 정월 23일 23세로 죽은 사실이 보여 835년 현재 19세였던 것을 알 수 있다.

왕은 이처럼 상대등직을 균정에게 양보함과 동시에 김명을 시중에 임명하여 예영 계통에 대한 일종 견제를 꾀했다.

그로부터 2년이 채 지나지 않아서 흥덕왕은 재위 11년(836) 12월에 60세로 죽었다. 왕은 먼저 죽은 왕비와 합장할 것을 유언으로 남겼을 뿐 후계자에 대해서는 아무런 언급도 없었다. 이러한 경우 상대등직에 있는 균정이 즉위하는 것이 순리였다고 할 수 있다. 물론 균정 자신도 이를 당연한 것으로 생각했고 주변에는 강력한 지지세력도 확보해 놓고 있었다. 즉 시중을 역임한 아들 우징을 비롯하여 妹婿인 禮徵 그리고 무주도독을 역임한 김주원계의 金陽 등이 그를 옹립했다.

그러나 시중직에 있던 김명이 균정의 즉위에 강력히 반발하고 나섰다. 그는 아찬 利弘, 裴萱伯 등을 자파로 끌어들여 균정의 조카이며 동시에 자신의 妹夫이기도 한 悌隆을 왕으로 추대했다. 이 제륭의 경력은 알 수가 없는데, 다만 그의 아버지인 헌정은 애장왕 10년(809) 왕을 시해할 때 시중의 직에 있었고 헌덕왕초에는 國相·兵部令兼修城府令의 요직에 있었다. 헌정은 헌덕왕 11년 정월에 신병으로 보행조차 할 수 없었던 것으로 미루어 볼 때 그 뒤 멀지않아 죽은 듯하다. 따라서 제륭은 흥덕왕 11년 당시에는 이미 독립된 家를 거느리고 있었을 것이 틀림없다.

균정과 제륭을 옹립하려는 두 파의 대립은 闕內에서의 무력대결로까지 발전했다. 균정은 지지자들로부터 왕으로 추대 받아 積板宮에 들어가 族兵의 호위를 받고 있었다. 그러자 제륭을 추대하는 김명·이홍 등이 군대를 끌고 와서 궁을 포위했다. 김명 일파의 병력이 수적으로 우세했다. 결국 이 流血劇에서 균정이 살해되는 비운을 맞았다. 김양은 배훤백이 쏜 화살에 다리를 맞아 절뚝거리며 포위망을 뚫고 피신했다. 이에 왕위계승쟁탈전은 제륭 일파의 승리로 돌아갔다. 제륭은 즉위하여 僖康王이 되었다. 그는 즉위와 동시에 시중 김명을 상대등에, 아찬 이홍을 시중에 각각 임명했다. 하지만 정치적 실권은 김명이 장악했다. 결국 동왕 3년(838) 정월 김명과 이홍은 쿠데타를 일으켜 희강왕을 몰아냈다. 찬탈자들이 군대를 일으켜 왕의 측근에 있던 자들을 죽이자, 왕은 무사하지 못할 것을 깨닫고 스스로 궁중에서 목매어 자살했다. 이에 22세의 김명이 새로운 왕으로 즉위했다. 그가 곧 閔哀王이었다.

민애왕 정권은 꼭 1년간 존속했다. 그 동안 왕의 적대세력은 淸海鎭(莞島)에 속속 집결했다. 홍덕왕 3년(828) 4월 장보고의 건의를 받아들여 청해진의 설치를 허가할 당시 우징은 집사부 시중직에 있었으므로, 청해진과는 특수한 인연이 있었다고 짐작된다. 희강왕 2년(837) 5월에 우징이 가족과 殘兵을 거느리고 청해진에 가서 大使 張保皐(일명 弓福)에게 의지하자 6월에 예징・良順 등이 도망하여 우징과 합류했고, 민애왕 원년(838) 2월에는 김양이 군사를 모집하여 역시 청해진으로 들어가 거사 모의에 참여했다. 한편 고려시대의 승려 天因이 쓴 〈天冠山記〉[9]에 의하면, 이 때 화엄종 승려인 洪震은 평소 알고 지내던 우징이 완도에 피신하자 서로 연락을 취하면서 長興 天冠寺에서 華嚴神衆의 威力을 빌어 우징을 도왔다고 한다. 민애왕의 찬탈 소식은 장보고의 궐기를 촉구하는데 절호의 명분을 제공했다. 우징은 민애왕이 자신의 아버지를 죽인 원수일 뿐 아니라 국가적으로는 임금을 죽인 역적이라고 장보고를 끈질기게 설득했다. 마침내 장보고는 우징을 도와 민애왕 정권을 타도하기로 결심했다. 그는 군사 5천 명을 오랜 친구인 鄭年에게 주어 우징 일파의 擧兵에 합류하도록 지시했다.

우징 일파의 叛軍은 김양을 총사령관으로 하여 궐기했다. 그는 민애왕 원년 12월 平東장군이 되어 정년을 비롯한 閻長・張弁・駱金・張建榮・李順行 등 여섯 장수와 함께 출동했다. 이 때 金亮詢(良順)이 武州 군대를 이끌고 來會했다. 반란군이 무주 鐵冶縣(羅州郡 南平面)에 다다르자 소성은 州의 大監 金敏周로 하여금 맞아 싸우게 했다. 낙금과 이순행은 기병 3천으로 돌격을 감행하여 정부군을 거의 섬멸했다. 반군은 경주를 향해 신속하게 이동했다. 해가 바뀌어 민애왕 2년 윤정월 19일에 반군은 達伐(대구)에 이르렀다. 왕은 이찬 大昕, 대아찬 允璘・嶷勛 등을 명하여 군사를 이끌고 가서 막게 했다. 그러나 정부군은 반군의 상대가 되지 못했다. 정부군은 一戰에 참패하여 죽은 자가 절반이 넘었다. 이 때 왕은 경주 서쪽 교외에 있다가 주위의 신하들이 모조리 달아나자 홀로 月遊宅으로 피신했다. 이 달 23일 민애왕은 반란군 병사에 의해 피살되었다. 우징은 반란군에 추대되어 왕으로 즉위했다. 그가

9) 徐居正, 《東文選》 권 68.

바로 神武王이었다.

신무왕은 일찍이 헌덕왕 14년(822) 김헌창의 반란 때 왕군의 군사령관으로 진압에 공을 세웠고, 그 뒤 두 차례나 시중을 역임하는 등 정치·군사상의 풍부한 경험을 갖고 있었다. 무엇보다도 부친 균정이 왕위계승쟁탈전에 敗死한 뒤에는 新興 청해진의 군사력에 착안, 이를 이용하여 왕위계승쟁탈전에 재도전하는 등 그의 정치적 식견은 결코 凡常하지 않았다. 또한 격전 끝에 민애왕을 타도한 승리자로서 그가 敗者側에 대하여 취한 아량과 관대한 조치는 그의 王者로서의 자질을 잘 보여준다. 그는 피살된 故王을 禮로써 장사지냈으며 또한 달벌전투에서 민애왕의 10만 군을 지휘한 바 있는 敗將 이찬 대흔, 대아찬 嶷勛 등에 대해서도 너그러운 조치를 취했다. 그리하여 이들은 산 속으로 들어가 은퇴생활을 즐길 수 있었다.[10] 이처럼 신무왕은 그 뛰어난 정치적 재간으로 큰 기대를 모았으나 재위 반년 만인 이 해 7월 23일 죽고 말아 경륜을 펴 볼 수가 없었다. 이에 태자이던 慶膺이 즉위하니 곧 文聖王이었다.

문성왕대초에는 父王 옹립의 최대 공신인 장보고와의 사이에 納妃 문제, 노예무역 문제를 둘러싸고 차츰 마찰이 생기기 시작하여 긴장감이 돌기도 했다. 다만 조정이 機先을 제압하여 동왕 3년(841) 혹은 8년에 염장으로 하여금 장보고를 암살하게 하는 데 성공함으로써 위기국면에서 벗어날 수 있었다. 이로써 왕실은 일단 안정을 찾게 되었으나, 동왕 9년 5월에는 신무왕 옹립에 큰 공을 세운 전 시중 김양순이 파진찬 興宗 등과 더불어 반란을 꾀하다가 伏誅된 일이 있고, 다시 동왕 11년 9월에는 이찬 金式이 대흔 등과 더불어 역시 반란을 꾀하다가 복주되는 등 왕위계승쟁탈전의 후유증은 완전히

10) 大昕은 김양의 從兄인 金昕(字는 泰)과 이름이 같고 또한 839년 정월 당시의 김흔의 직책 내지 임무와도 일치하고 있다. 다만 다른 점이라면 대흔이 849년 9월 반란을 꾀하다가 伏誅된 반면 김흔은 小白山에서 승려들과 놀다가 847년 8월 27일 山齋에서 병으로 죽은 점이다. 또한 대아찬 嶷勛은 智證大師 道憲(824~882)이 17세 되던 해(840)에 그를 僧籍에 넣어 준 韓粲(대아찬) 金嶷勳과 관등과 인명이 같아 동일인으로 짐작된다. 그렇다면 그 역시 김흔의 경우와 마찬가지로 산중에서의 은퇴생활이 허용되었음을 알 수 있다(李基東, 앞의 책, 167~168쪽).

청산된 것이 아니었다. 문성왕 17년(855) 4월 근친왕족들이 주동이 되어 경주 남산 昌林寺에 無垢淨塔을 건립한 것도 당시 잇따른 내란과 재난 속에서 국가의 安泰를 빌기 위한 염원에서였다.

문성왕은 재위 19년 9월 숙부인 상대등 誼靖(義正·義琮·祐靖 등으로 표기됨)을 후계자로 지명하고 죽었다. 이에 의정이 즉위하니 곧 憲安王이었다. 그는 신무왕의 異母弟로 어머니는 충공의 딸이었다. 그는 흥덕왕 11년(836) 정월에 唐에 謝恩使 겸 宿衛로 파견된 바 있으며, 문성왕이 즉위한 직후에 시중을 역임하고, 동왕 11년(849) 정월에는 상대등에 취임하여 즉위 당시까지 재임했다.[11)]

문성왕·헌안왕 양대에는 장래에 대하여 밝은 전망을 내릴 수 있는 사실도 있었다. 그것은 지난날 왕위계승쟁탈전에서 서로 무기를 들고 싸웠던 헌정·균정 양계가 타협점을 찾았기 때문이다. 이에 따라 문성왕의 여동생과 희강왕의 아들 啓明이 혼인했다. 계명은 문성왕 10년에 김양의 뒤를 이어 집사성시중이 되었고, 그 아들 膺廉은 헌안왕의 사위가 되었다가 왕위를 잇게 되었다. 바로 景文王이었다.

이처럼 경문왕의 즉위로 왕통은 균정계에서 헌정계로 넘어갔는데, 이는 균정계 진골귀족의 입장에서 볼 때 큰 불만이었던 듯싶다. 경문왕대에 세 차례나 일어난 왕족들의 반란 음모는 어쩌면 이에서 비롯된 것이 아닐까 생각된다. 즉 동왕 6년(866) 정월에 왕자 晸을 태자로 책봉한 뒤 이 해 10월 이찬 允興이 동생들인 叔興·季興과 더불어 역모를 꾀하다가 발각되어 일족이 주살되었고, 8년 정월에는 이찬 金銳·金鉉 등이 역시 역모를 꾀하다가 주살되었다. 그런데 김예는 문성왕의 從弟로서 동왕 17년 昌林寺에 無垢淨塔을 건립할 당시 熊州 祁梁縣(牙山郡 新昌面) 현령이었다. 또한 경문왕 14년 5월 이찬 近宗이 역모를 꾀해 궁궐을 범하자 왕은 禁軍을 동원하여 이를 격파했는데, 그 역시 근친왕족이 아니었을까 짐작된다.

〈李基東〉

11) 헌안왕의 경력에 대한 고증은 李基東, 위의 책, 169~171쪽 참조.

3. 정치개혁의 실패

1) 율령의 개정을 통한 집권체제의 정비 시도

신라는 법흥왕 7년(520)에 중국 律令을 도입 수용하기 시작한 이래 기존의 族制的인 사회조직과 마찰하지 않는 범위 안에서 국가체제를 확립해 갔다. 말하자면 그것은 처음부터 제한적이고도 타협적인 율령제 수용이었다고 할 수 있다. 이는 율령을 수용할 당시인 中古시대의 왕권이 상대적으로 미약했던 데에 그 근본원인이 있었다. 한편 골품제도는 이 율령의 보장을 받음으로 해서 신라사회 전체 속으로 차츰 조직화·체제화하는 방향으로 전개 확산되어 갔다. 실로 골품체제가 성공적으로 정착하게 된 裏面에는 이처럼 율령제도의 뒷받침이 있었던 것이다.1)

그런데 삼국통일 후 율령제도를 기반으로 하여 왕권강화를 꾀하려던 야심적인 군주들에게 있어서 진골귀족의 절대적인 우월성을 법적으로 보장한 골품제도는 개혁정치의 질곡이 되지 않을 수 없었다. 경덕왕이 필사적으로 추구한 漢化政策이란 필경 이 골품제도를 어떤 형태로건 간에 극복하여 율령제를 그 본래의 정신대로 정착시키려는 노력이었다. 하지만 그것은 그간 율령제도의 뒷받침을 받아 이미 강고한 토대를 구축한 골품체제의 장벽에 부딪쳐 끝내 성공을 거둘 수 없었다.2)

시대가 바뀌어 중대가 끝나고 하대가 개막되었다. 하대는 비록 태종무열왕계로부터 소외당한 범진골귀족 연합세력에 의해서 개창되었지만, 앞에서 보았듯이 이데올로기 면에서는 유교사상에 토대를 둔 율령체제 강화라는 중대의 정치적 지향에는 아무런 변화가 없었다. 원성왕이 동왕 4년(788) 讀書三品科를 제정하여 國學 출신자의 진출을 제도적으로 보장한 것이라든지, 소성

1) 李基東, 〈新羅의 骨品制度와 日本의 氏姓制度〉(《歷史學報》 94·95, 1982), 138~139쪽.

2) 李基東, 〈新羅 中代의 官僚制와 骨品制〉(《震檀學報》 50, 1980;《新羅骨品制社會와 花郎徒, 一潮閣, 1984, 128~141쪽).

왕이 동왕 원년 국학에 祿邑을 지급한 것 등은 그 현저한 징표라고 할 수 있다.

그 뒤 애장왕 6년(805) 8월에 조정은 公式 20여 조를 개정 반포했다. 《三國史記》 권 38, 職官志 上에는 그 내용의 일부가 실려있는데, 이에 의하면 관리의 인사를 담당하는 位和府를 비롯한 四天王寺成典 이하 모든 성전의 장·차관 직명이 衿荷臣·上堂과 같은 신라 고유의 이름으로부터 중국식의 令·卿으로 개칭되었다. 이와 동시에 例作府·船府·賞賜署 등 여러 관청의 大舍 이하 史 등 하급 관직에 대한 일부 감원조치가 단행되었다. 이 공식 개정이 단행될 당시의 집사부시중이 김수종으로, 뒤에 흥덕왕이 되었다.

앞에서 보았듯이 흥덕왕은 김헌창의 난으로 말미암아 초래된 진골귀족사회의 분열 현상을 극복하고자 그 화합책을 모색했다. 왕은 이에서 그치지 않고 하대에 들어와 느슨해진 신분체제 및 집권체제를 정비·강화하기 위해 일련의 개혁정치를 꾀했다. 왕의 개혁의지는 무엇보다도 동왕 9년(834)에 반포된 敎書 내용을 통해서 잘 알 수가 있는데, 安康에 있는 왕릉비의 斷石 명문에도 '格式是皆'라는 구절이 보여 흥덕왕 때 格式의 편찬 내지 수정작업이 진행되었음을 말해주고 있다.

흥덕왕 때의 官制개혁과 관련하여 주목되는 것이 동왕 4년 종래의 집사부를 집사성으로 개칭한 점이다. 이는 그 명칭으로 미루어 볼 때 당의 三省制를 모방한 조치로 일단 이해된다. 다만 명칭을 고친 배경에 대해서는 견해가 엇갈리고 있다. 어떤 연구자는 시중직 자체의 변질이 집사부의 성격을 변하게 한 결과 部를 폐지, 집사성으로 승격시킨 것으로 보았다. 즉 하대에 들어오면서 선덕왕을 비롯한 여러 왕이 시중을 역임했고, 9명의 상대등이 시중을 지낸 사람들이었기 때문에 시중→상대등→국왕으로의 승진의 길이 열리게 되어 집사부의 정치권력이 강화된 결과 이를 집사성으로 고쳐 다른 상급관청을 지배하는 당의 尙書省과 비슷한 기능을 갖는 위치로 승격시킬 필요가 있었다는 견해이다.[3] 그러나 이와는 달리 집사부는 당의 門下省의 기능과 비슷하며 그 장관인 시중은 문자 그대로 門下侍中과 비교될 수 있다는 견해

3) 井上秀雄, 〈三國史記にあらわれた新羅の中央行政官制について〉(《朝鮮學報》 51, 1969 ; 《新羅史基礎硏究》, 東出版, 1974, 262~263쪽).

도 있다. 즉 이에 의하면 원성왕 5년(789) 9월 집사부의 하급관리가 현령 인사에 대하여 論駁한 사실로 미루어 볼 때 집사부의 기능은 문하성과 비교될 수 있다고 한다.[4)]

집사부와 그 후신인 집사성이 당의 3성 가운데 과연 어느 관청과 비슷한가 하는 점은 여전히 의문이다. 다만 경덕왕 18년(759) 신라의 대부분의 관청 이름을 唐風으로 고칠 때도 의연히 종래의 명칭을 고수한 바 있는 집사부가 흥덕왕 때 이르러 중국식으로 개칭된 것은 매우 흥미있는 점이다. 이는 이때에 이르러 신라조정이 중국식의 國制(statecraft)를 단순히 모방하려 한 때문이라기보다는 뭔가 당시의 현실에 적극적으로 대응하려 한 데서 취해진 조치일 것으로 생각된다. 다 아는 것처럼 경덕왕 때 관청 이름과 관직이름을 중국식으로 고친 것은 同王代의 한화정책을 상징적으로 보여주고 있으며, 이는 곧 경덕왕의 개혁정치의 핵심으로 이해되고 있다. 그렇다면 흥덕왕 때의 집사성으로의 개명도 이와 같은 역사적 맥락에서 파악될 수 있는 것이다.

흥덕왕의 개혁정치를 단적으로 보여주는 것이 동왕 9년(834)에 반포된 교서의 내용이다. 교서의 첫머리에 "사람은 上下가 있고, 지위는 尊卑가 있으며 명칭과 法式은 같지 않고 의복도 다르다. 그런데 지금 풍속이 점점 각박해지고 백성들은 다투어 사치·호화를 일삼고 다만 外來品의 珍奇한 것만을 숭상하고 도리어 토산품의 야비한 것을 싫어하니, 예절이 참람해 지는 데 빠지고 풍속이 파괴되는 지경에 이르렀다. 이에 舊章에 따라 嚴命을 베푸는 바이니, 그래도 만일 고의로 범하는 자가 있으면 國法을 시행할 것이다"로 되어 있는 그 구체적인 내용은 《삼국사기》 권 33, 잡지 2, 色服·車騎·器用·屋舍조에 상세히 보인다. 당시는 소위 金入宅의 전성에서 잘 알 수 있듯이 골품제의 사회적 규범이 해이해지고 특히 귀족층의 사치풍조가 만연했을 때이므로 이 교서는 지배층의 紀綱을 바로잡는 데 그 일차적인 목적이 있었을 것으로 짐작된다.

---

4) 木村誠, 〈統一新羅の官僚制〉(《東アジア世界における日本古代史講座》 6, 學生社, 1981), 144~145·156·162쪽. 李丙燾는 비록 논거를 제시하지는 않았지만, 집사부가 중국의 門下省과 같은 행정기관이라고 지적한 바 있다(《三國史記》 國譯篇, 乙酉文化社, 1977, 575쪽, 주 2 참조).

그러나 이 교서는 풍속관계 규정 이상의 보다 깊은 뜻을 내포하고 있는 것이 아닐까고 생각된다. 즉 교서에 보이는 진골 이하 六頭品·五頭品·四頭品·平人·百姓에 이르기까지의 다섯 신분등급별 풍속관계 규정 속에는 이에 구속되지 않는 특정한 집단의 존재가 느껴지는데, 이는 바로 국왕을 정점으로 한 왕실가족인 듯하다. 그러므로 홍덕왕이 이같은 교서를 내린 정치적 의도는 풍속의 정치적 규제, 골품제의 사회적 기초를 구성하고 있는 同族집단에 대한 정치적 재평가, 지방에 거주하는 여러 집단에 대한 정치적 재편성과 더불어 무엇보다도 중국 황제의 지위에 대응하는 초월적 존재로서의 국왕의 創出에 있었다고 해석할 여지가 많다.5)

그렇다면 홍덕왕의 개혁정책이 과연 성공을 거둘 수 있었는가 하는 의문이 생긴다. 당시 홍덕왕이 성취해야 할 최대의 정치적 과제는 앞에서 지적한 것처럼 진골귀족의 連帶性을 회복하는 일과 집권체제의 정비를 통한 왕권의 강화였다. 그런데 앞의 목표를 달성하기 위해서는 진골귀족의 절대적優位를 보장해야 했으며, 후자의 목표를 위해서는 무엇보다도 율령체제를 공고하게 다질 필요가 있었다. 특히 율령체제를 강화하기 위해서는 신라 고유의 색채를 짙게 띠고 있는 관료기구에 대한 개혁이 불가피했다. 그런데 그 신라적 특질의 張本이 다름 아닌 골품체제였다. 요컨대 홍덕왕이 동시에 추구한 정치적 목표인 율령체제 강화와 골품체제 확립의 노력은 그 자체 양립할 수 없는 相剋的인 대립물이었다. 바로 이것이 홍덕왕이 직면한 정치적 딜레마였던 것이다.6)

생각해 보면 홍덕왕의 개혁은 自營小農民의 보호라고 하는 이 시대의 가장 긴요한 정치적 과제를 해결하는 데는 거의 힘이 미치지 못했다. 또한 권력구조의 결함을 바로잡는 데도 일정한 한계가 있었다. 하대에 들어와 관례화되다시피 한 근친왕족 중심의 권력구조는 타파되지 않은 채 그대로 유지되는 형편이었다. 더욱이 진골귀족세력의 대화합을 모색하는 가운데 추진된

5) 武田幸男, 〈新羅骨品制の再檢討〉(《東洋文化硏究所紀要》 67, 東京大, 1975), 116~136·207~210쪽.

6) 李基東, 〈新羅 興德王代의 政治와 社會〉(《國史館論叢》 21, 國史編纂委員會, 1991), 126쪽.

율령체제 강화의 노력은 그 자체 진골귀족의 정치적·경제적인 양보 없이는 달성될 길이 없었다. 그러므로 흥덕왕이 비록 교서를 내려 진골귀족들에 대해 法度에 맞는 생활규범을 제시했다고 하더라도 실제로 그러한 규범을 강제할 수 없는 한 개혁조치는 필경 위선으로 드러날 수밖에 없었다.

2) 근시기구와 문한기구의 합체화에 의한 권력집중 시도

홍덕왕 9년(834)의 교서에서 볼 수 있듯이 왕은 節儉을 숭상하고 勤政과 개혁에 남다른 열의를 갖고 있었으나, 재위 11년 12월에 그가 죽자마자 곧바로 근친왕족들 사이에서 왕위계승쟁탈전이 일어났다. 그리하여 2년여의 짧은 기간 중에 두 명의 왕과 한 명의 왕위계승권자가 희생되었다. 이로 미루어 볼 때 홍덕왕의 범진골귀족 화합책은 다만 왕실과 진골귀족 사이의 현존하는 긴장을 억제하는 현상유지적 측면이 강했을 뿐 진정한 의미에서 긴장 자체를 해소하는 데까지는 미치지 못했던 것을 잘 알 수가 있다. 이는 결국 개혁정치의 기초가 허약했음을 폭로하는 것에 다름 아니지만, 무엇보다도 신라 국가를 위해 불행했던 것은 왕위계승쟁탈전으로 말미암아 홍덕왕이 줄곧 추구한 정치개혁의 노력이 끝내 물거품으로 돌아가게 된 점이다.

신라는 그 뒤 문성왕 때 안정을 되찾아 소강상태에 들어갔는데, 이 때를 경계로 하여 관제개혁을 통한 집권체제 강화작업이 다시금 시도되었다. 그것은 특히 화랑 출신으로 유학에 대해서도 상당한 교양을 갖춘 경문왕이 즉위하면서 보다 적극적으로 추진되었다. 경문왕은 15세 때 화랑자격으로 臨海殿에서 열린 궁중연회에 참석하여 아들이 없는 헌안왕의 下問에 현명하게 답변함으로써 왕의 마음을 끌게 되고, 이것이 기연이 되어 왕의 사위가 되었다가 왕위를 계승한 인물이다. 그런데 그가 화랑으로 전국 각지를 돌아다닐 때 목격한 것이라고 헌안왕에게 답한 세 가지 美行이란 필경 유학에 대한 지식을 갖고 둘러댄 것이다.7) 경문왕은 즉위 후 동왕 3년(863) 2월 국학에 巡幸

7) 李基東, 〈新羅 下代의 王位繼承과 政治過程〉(《歷史學報》 85, 1980 ; 李基東, 앞의 책, 172쪽). 한편 김응렴이 말한 세 가지 美行을 讓·儉·恭의 세 가지 德目으로 간주하고 이는 전적으로 孔孟思想에 근원을 두고 있다고 논단한 글도 있

하여 박사 이하의 교수관으로 하여금 經義를 講論케 한 다음 각자에게 물품을 하사한 일이 있었는데, 이로써 왕의 유학에 대한 관심이 매우 컸음을 짐작할 수 있다. 뒤에 그의 아들인 헌강왕도 동왕 5년(879) 2월 국학에 순행한 일이 있다. 어쩌면 이는 父王의 영향 때문이었을 것이다. 참고로 《삼국사기》 신라본기에 보이는 국왕의 국학 순행 기사를 보면 혜공왕 때의 2회와 경문왕·헌강왕 父子의 그것이 전부이다.

그런데 《삼국사기》 신라본기와 職官志는 흥덕왕 때 이후의 관제개혁에 대해서 완전히 침묵을 지키고 있다. 하지만 오늘날 비교적 풍부하게 남아 있는 9세기 후반경의 金石文 자료에는 이 사실이 어느 정도 반영되어 있다. 즉 경덕왕 18년(759)에 漢式으로 고쳤다가 혜공왕 12년(776) 정월에 복구된 바 있던 관청 및 관직 명칭이 대체로 850년대에 이르면 경덕왕 때 고친 이름으로 다시금 등장하기 시작했다. 이를테면 관청 이름에 있어서는 穢宮典이 珍閣省으로, 領客府가 司賓府로, 內省이 殿中省으로, 司正府가 肅正臺로 나타나고 있으며, 관직명의 경우 가장 독자적인 명칭을 고집하고 있던 兵部의 차관직인 大監이 侍郞으로, 大舍가 郎中으로, 弩舍知가 司兵으로 나타난다. 또한 倉部의 경우에도 차관직인 卿이 시랑으로, 대사가 낭중으로, 租舍知가 員外郎으로 나타난다. 한편 8세기말에 설치된 浿江鎭典의 경우 장관직명인 頭上大監이 9세기말경 여러 금석문에 예외 없이 중국식 명칭인 都護로 되어 있다.

이 9세기 후반의 관청 및 관직 명칭에 대한 漢式개명이 내포하는 정치적 의의는 8세기 중엽 경덕왕 때의 제1차 한식개명과 같은 차원에서 파악될 성격의 것이라고 할 수 있다. 즉 경덕왕 때의 官號개혁이 태종무열왕 이래의 전제주의적 경향의 집중적인 표현이었다면, 그보다 대략 1백년 뒤인 9세기 중엽에 점진적으로 단행된 제2차 관호개혁은 제1차 개혁 때와 똑같은 의의

다(高明士, 《唐代東亞敎育圈的形成》, 臺灣國立編譯館, 1984, 308~309쪽 참조). 이와 관련하여 신라 말기에 진골귀족들 사이에서 유교경전의 지식을 갖고 作名하는 일까지 유행했음을 想起할 필요가 있다. 이를테면 崔致遠이 지은 〈鳳巖寺智證大師寂照塔碑文〉에는 원성왕의 昆孫으로 헌강왕 때 建功鄕令직에 있었던 金立言의 존재가 보이는데, 그이 이름은 《左傳》 襄公 24년조에 나오는 죽어도 不朽한 세 가지 사항, 즉 立德·立功·立言의 입언에서 취한 것이 분명하다고 생각된다. 이로써 왕실가족들이 불교식 이름을 쓰던 중고시대와는 판이한 시대적 분위기를 느낄 수 있다.

를 지니는 것으로 생각된다. 무엇보다도 희강왕 원년(836)부터 민애왕 2년(839)에 걸쳐 격렬한 왕위계승쟁탈전을 치르는 과정에서 국왕의 권위가 크게 실추되었으므로 이를 회복하기 위해서 경덕왕이 시도한 것과 마찬가지로 관호의 한식개명에 집착한 듯하다.

당시 추진된 관호개혁에서 주목되는 것은 다름 아닌 洗宅과 같은 근시기관의 기능강화 현상이다.[8] 1975년 경주 안압지 발굴 때 나온 50여 점의 경덕왕 때 木簡 가운데 보이는 유일한 관청이 세택이었는데, 이는 경덕왕 18년(759) 百官의 칭호를 한식으로 고칠 때 中事省으로 개명되었다. 하지만 그 뒤 혜공왕 12년(776)에 종전의 세택으로 복구되었다. 〈昌林寺無垢淨塔願記〉에 의하면 문성왕 17년(855) 당시까지는 세택이란 명칭이 사용되었는데, 〈皇龍寺九層木塔刹柱本記〉를 보면 경문왕 12년(872) 11월 25일 이전에 이미 세택이 중사성으로 다시금 바뀐 것을 확인할 수 있다. 그 이래 신라의 멸망에 이를 때까지 중사성의 명칭은 변함없이 사용되었다.

중사성은 국왕 직속의 그것과 東宮 직속의 그것이 각각 따로 존재했는데, 여기에는 中使들인 舍人 혹은 中舍人이 소속되어 있었다. 이 사인을 신라 사람들은 內養이라고도 불렀는데 국왕이나 태자에 대한 侍從이 그 본래의 임무였던 듯하다. 하지만 9세기 후반경에는 사인이 文翰기관인 崇文臺의 郞과 같은 學士職을 띠고 있어 단순한 시종 임무보다는 오히려 詔誥를 작성한다거나 혹은 태자에게 유학을 강의하는 비서관 내지 文翰官의 역할을 수행한 것이 아닐까고 짐작된다.

그런데 이 시기 중사성과 비슷한 기능을 갖고 있던 또 하나의 관청이 주목된다. 즉 宣敎省이 바로 그것이다.[9] 이 관청은 중사성과는 달리 《삼국사기》 직관지에는 실려 있지 않고 다만 9세기 후반의 금석문에만 보이고 있다. 그러므로 9세기에 들어와 신설된 것으로 짐작되는데, 그 시기는 늦어도 헌안왕 4년(860) 이전이 분명하다. 이 선교성이 등장하는 금석문의 내용을 보면, 이 관청은 국왕의 명령을 받아 迦智山寺를 직접 관장한다거나 혹은 智證大

---

8) 李基東, 〈羅末麗初 近侍機構와 文翰機構의 擴張—中世的 側近政治의 志向—〉(《歷史學報》 77, 1978 ; 앞의 책, 233~241쪽).

9) 李基東, 위의 책, 241쪽.

師 道憲과 같은 선종 계통의 승려를 본래의 山寺로 호송한다거나 하는 등의 특수한 임무를 수행했다. 이 점 선교성은 중사성과 마찬가지로 국왕 직속의 관청인 것을 암시하고 있다. 어쩌면 선교성은 그 명칭으로 미루어 볼 때 발해의 宣詔省에 상당하는 것이 아닐까고 생각되는데, 만약 그렇다면 국왕의 교서를 작성 선포하는 관청이었을 개연성이 크다.

중사성의 기능강화라든가 선교성의 신설은 근본적으로 집사부의 변질에 연유하는 것이었다. 앞에서 보았듯이 집사부는 진덕여왕 5년(651) 국왕 직속의 관청으로 설치되어 그 뒤 중대 전제왕권의 전성기에 왕권의 안전판과도 같은 역할을 수행했다. 그러나 시간이 지남에 따라 차츰 집사부를 거점으로 하는 새로운 세력의 성장을 초래하여 이윽고 중대 말기에 이르면 왕권에 제약을 가하는 요소로까지 발전했다.[10] 그리하여 상대등과 집사부 장관인 시중은 같은 성격의 상하 관직으로 변모해 버리고 말았다.[11] 경문왕 2년(862) 정월에 시중이 된 魏珍은 동왕 14년 정월 현직에서 곧바로 상대등직에 승진되기까지 했다.

이처럼 집사성이 창설 당시의 취지대로 왕명을 직접 받드는 행정기관의 성격에서 변질되자 국왕 직속의 새로운 관청이 필요해졌다. 왕권 회복기에 해당하는 9세기 중엽에 있어서 그 필요성은 더욱 절실한 형편이었다. 그 결과 종래 국왕의 단순한 시종기관에 불과했던 세택을 다시금 중사성으로 개명하고 이에 국왕 비서실의 기능을 부여함으로써 일종 內朝를 형성하는데 중추적 역할을 맡도록 했다고 짐작된다. 소위 내조의 領袖는 국왕 자신으로, 국왕은 중사성을 통해 측근의 세력집단을 형성하고 이제는 外廷이 된 집사성의 실권을 차츰 여기에 흡수해 간 것으로 생각된다.

당시 중사성과 같은 근시기구가 대두하고 있을 무렵 문한기구들이 승격 내지 확장된 사실은 주목되는 현상이다.[12] 신라 문한기관의 기원을 살펴보면 본디 당에 대한 事大外交의 문서를 담당한 詳文司에서 출발했다. 여기에 소

10) 李基白, 〈新羅 執事部의 成立〉(《震檀學報》 25·26·27, 1964 ; 《新羅政治社會史研究》, 一潮閣, 1974, 167~170쪽).
11) 李基白, 〈新羅 下代의 執事省〉(위의 책), 182~185쪽.
12) 李基東, 앞의 책, 247~256쪽.

속된 詳文師는 성덕왕 13년(714) 2월 通文博士로 개칭되었는데[13], 이는 그 뒤 경덕왕 때 百官의 명칭을 漢式으로 고칠 때 翰林郎으로 바뀌었다. 이 때 상문사가 翰林臺로 개칭되었음은 말할 나위도 없다. 혜공왕 7년(771) 12월에 만들어진 성덕대왕신종 명문을 보면, 당시 한림대는 唐制를 모방한 실로 정연한 관청이었음을 알 수가 있다. 즉 여기에는 한림랑과 待詔 등이 소속되어 있었다. 본디 외교문서를 작성하는 데는 한문과 유학에 대한 지식이 요구되었는데, 이는 진골귀족 출신보다는 오히려 6두품 귀족들의 기호에 맞는 것이었다. 잘 알려진 것처럼 强首나 薛聰 이래 6두품 출신들은 유학에 근거하여 그 학문적인 식견을 갖고 정치적 진출을 꾀했다.

그런데 9세기 후반의 금석문 자료들을 검토해 보면 한림대는 880년경을 전후한 시기에 瑞書院으로 개명되고 동시에 한림랑 대신에 學士 및 直學士 제도가 설치되었음을 확인할 수 있다. 그리고 역시 같은 시기에 崇文臺가 崇文館으로, 그 소속 관원인 郎이 직학사로 바뀌었다. 특히 崔致遠·朴仁範 등 대표적인 중국 유학생들이 서서원 학사직에 등용되고 있는 점에서 이 서서원이 당시 문한기구의 중심적 존재였음은 의심할 바 없다. 무엇보다도 주목되는 것은 이 문한기구가 근시기구와 서로 긴밀하게 연결되어 사실상 合体化된 단일기관과 같은 느낌을 주고 있다는 사실이다. 경문왕 때 명필로 활약한 姚克一이 숭문대랑에 春宮中事省의 中舍人직을 兼帶한 것이라든지 金薳이 숭문관 직학사직에 병부랑중을 겸한 사실, 그리고 최치원이 侍讀 겸 翰林學士에 兵部侍郎과 知瑞書監事를 겸직한 것 등은 그 뚜렷한 예증이라 할 수 있다.

9세기 중엽 이후 근시기구를 확장하면서 내조의 강화에 집착해 있던 국왕들은 진골귀족세력의 포위망 속에서 벗어나려고 몸부림쳤다. 그런데 이는 바로 6두품 출신의 정치적 입장과 합치되는 점이었다. 그들은 진골귀족 萬能의 골품체제에 대해 불만을 품고 있었으므로 그들이 결탁해야 할 대상은 국왕밖에는 달리 없었다. 한편 국왕의 입장에서 볼 때 6두품 출신 유학자들이 주

13) 그 외교사적 의의에 대해서는 濱田耕策, 〈新羅聖德王代の政治と外交—通文博士と倭典をめぐって—〉(《旗田巍古稀記念 朝鮮歷史論集》上, 龍溪書舍, 1979, 221~222쪽) 참조.

장하는 유교정치이념은 왕권강화를 이론적으로 뒷받침해 주었다. 바로 여기서 6두품 출신 유학자를 주축으로 한 문한기관이 확장되어 간 원인을 찾을 수 있다.

경문왕과 그 아들 憲康王은 유학 내지 문학에 조예가 깊었는데, 이는 필경 유학지식을 갖춘 사람들과의 긴밀한 접촉에 연유하는 것이었다. 최치원이 지은 崇福寺 비문에 의하면 경문왕 5년(865) 4월에 당의 懿宗이 보낸 사신 胡歸厚를 응대하는 자리에서 왕이 도성의 아름다운 경치를 시로 읊어 사신을 크게 당황하게 한 일이 있었다고 한다. 더욱이 그의 후계자인 헌강왕은 尙州 深妙寺 비문을 짓는다거나 혹은 月池宮에서 智證大師 道憲과 어려운 禪問答을 하는 등 일류 교양인이요 문인이었다. 헌강왕이 9년(883) 2월 三郎寺에 거둥하여 문신들로 하여금 각각 詩 1首씩을 짓게 한 것도 그의 문인 기질을 잘 보여준다. 이는 태자 시절 학사들로부터 큰 영향을 받았기 때문일 것이다. 그러나 국왕을 영수로 한 내조의 강화는 진골귀족의 연대성을 파괴할 뿐이었고, 또한 문인 취향의 나약해진 국왕의 개성으로서는 차츰 농도가 짙어가는 위기 국면에 적극 대처할 수 없었다.

〈李基東〉

4. 골품제도의 퇴화

1) 골품제의 사회적 기반의 축소

주지하듯 골품제는 개인의 혈통의 尊卑에 따라서 정치적인 출세는 물론 혼인, 가옥의 크기, 의복의 빛깔이나 심지어는 牛馬車의 장식에 이르기까지 일상생활 전반에 걸쳐서 여러 가지 특권과 제약이 가해지는 제도였다. 신라가 연맹왕국의 틀을 깨고 중앙집권적인 귀족국가를 형성할 무렵인 6세기초, 王京에 거주하는 6部人을 지배체제 속에 편제할 필요가 있었는데, 그 때 이들 신분의 등급을 정하기 위한 평가의 기준이 된 것이 혈연적·族的인 기반이었다. 이렇게 왕경 지배자공동체의 배타적인 신분제로 출발한 골품제도는 法興王 7년(520)에 律令을 반포할 때 법제화된 이래 삼국통일을 거쳐 신라의 멸망에 이를 때까지 변함없이 정치와 사회를 규제하는 大本으로서 기능했다.

처음 골품제도는 聖骨과 眞骨이라는 2개의 骨과 六頭品으로부터 一頭品에 이르는 6개의 두품을 포함하여 모두 여덟 개의 신분 계층으로 되어 있었다. 그런데 삼국통일 직전에 성골이 소멸하여 결국 진골과 6개의 두품만이 남게 되었다. 골품제도는 비록 왕경인만을 대상으로 하여 특권을 부여한 신분제였으나, 그렇다고 해서 지방세력자를 완전히 배제한 것은 아니었다. 골품제의 정치적 기능 가운데 가장 중요한 것이 관등을 조정하는 일이었는데, 지방사회 말단의 세력자들인 村主계층에게는 6세기초부터 6부인에게 준 京位에 준하여 外位를 부여했다. 그런데 삼국통일전쟁이 최고조에 달했을 무렵 조정은 村主層에 대한 軍功 포상의 일환으로 경위를 주기 시작했다. 또한 백제와 고구려가 멸망된 직후 조정은 그 지배층을 포섭할 목적으로 이들에게 경위를 부여했다. 그리하여 삼국통일 직후 외위는 소멸되고 그 대신 경위로 일원화되었다.

이처럼 통일기에 들어와 지방 촌주계층에 대한 관등상의 차별대우가 폐지되었다. 그러나 촌주계층은 경위를 부여받았으면서도 정치참여는 여전히 배제되었으므로 골품제에 정식 포섭된 것은 아니었다고 할 수 있다. 이것은 삼국통일 후 지방촌락으로부터 왕경으로 이주해 온 사람들의 경우도 마찬가지였을 것으로 짐작된다.[1] 景德王 14년(755) 2월에 筆寫작업이 끝난 白紙墨書寫經《大方廣佛華嚴經》권 50의 끝에 실려 있는 跋文에 의하면 이 작업에 종사한 大京(경주) 출신 7명 가운데 오로지 經題筆師인 同智大舍의 골품(6두품)만이 明記되어 있을 뿐 나머지 사람들은 관등 이외에 신분이 기재되어 있지 않다.

통일기 골품제의 변화로서 주목되는 것은 첫째로는 3두품에서 1두품에 이르는 下位 3계층이 골품신분으로서의 자립성을 상실한 결과 平人 혹은 百姓 신분으로 떨어진 점과 둘째로는 지방 촌주층이 眞村主와 次村主로 분화되어

1) 木村誠, 〈統一新羅の骨品制—新羅華嚴經寫經跋文の硏究—〉(《人文學報》185, 東京都立大, 1986), 77~92쪽.

각각 5두품과 4두품에 준하는 대우를 받게 된 점이다. 이러한 사실은 신라의 모든 주민을 대상으로 한 풍속 규정의 내용을 담은 興德王 9년(834)의 교서에 보이고 있다. 그런데 여기에 보이는 평인과 백성이 과연 같은 계층인지 어떤지는 의문이다. 두 계층이 모두 4두품 아래에 위치하고 있는 것은 명백하지만, 다만 홍덕왕의 교서 내용을 상세히 검토해 보면 평인이 色服 부분에만 규제를 받고 있는데 비해서 백성은 車騎·器用·屋舍의 세 부문에 걸쳐 규제를 받고 있고, 또 평인이 4두품에 접속하는 계층인 듯 기술된 데 비해서 백성은 평인의 아래에 위치한 듯한 느낌을 주고 있다. 이처럼 생각할 때 평인은 관등을 갖고 있으면서도 골품제에 정식 포섭되지 않는 계층, 백성은 농민을 포함한 일반 주민으로 볼 수 있다.2)

이러한 골품제의 계층구성은 신라 말기에 이르기까지 대체로 유지되었을 것으로 생각된다. 그것은 최치원이 지은 〈聖住寺朗慧和尙白月葆光塔碑〉에 "나라에 5品이 있으니 聖而요 眞骨이요 得難이라. (이 중 득난은) 貴姓의 얻기 어려움을 말한다. 文賦에 혹 구하기는 쉬우나 얻기는 어렵다고 했는데 따라서 6두품을 말하는 것이다. 수가 많은 것을 귀히 여기는 것은 마치 1命에서 9命에 이르는 것과 같다. 다만 그 4품·5품은 족히 말할 바가 못된다"라고 한 것을 보면 잘 알 수 있다. 최치원은 聖而(성골)를 포함하여 나라에 5품이 있다고 한 것이지만 이미 오래 전에 성골이 소멸된 만큼 당시에는 진골 이하 6두품·5두품·4두품의 네 신분계층만이 존재한 셈이다. 이는 골품제의 사회적 기반이 그 만큼 축소되었음을 반영하는 것으로 이해된다.

2) 진골귀족의 분열

골품제에 입각한 신라사회에서 최대의 특권을 누리고 있던 신분계층은 진골이었다. 실로 신라사회는 진골 만능의 사회였다고 할 수 있다. 중앙의 제1급 관청의 장관직(令)을 비롯하여 州의 都督, 군부대의 지휘관인 장군직은 모두 진골출신이 독점했다. 이 점은 신라의 멸망 때까지 변함없이 지속되었

2) 木村誠, 위의 글, 95~97쪽.

다. 다만 하대에 들어오면서 김헌창의 난이나 흥덕왕이 죽은 뒤에 벌어진 왕위계승쟁탈전에서 볼 수 있듯 진골귀족 상호간에 권력투쟁이 끊이지 않았다. 이렇게 된 데는 다음과 같은 몇 가지 요인이 복합적으로 작용했다.[3)]

첫째로 이 시기 진골귀족의 수효가 크게 증가한 점을 들 수 있다. 혜공왕 때의 대란이 王都 및 5道 州郡의 소위 96角干의 相戰이었다고 하는 《三國遺事》 기사에서 알 수 있듯이 이미 중대말에 官界에 진출하고 있던 진골귀족의 숫자는 상당한 수준에 이르고 있었다. 그런데 그 10대조 혹은 12대조가 내물왕이라고 자처하는 선덕왕·원성왕에 의해 하대가 개창되면서 진골귀족의 족적인 기반 확대와 더불어 그 양적인 증가·확산의 경향은 더욱 촉진되었다. 이는 왕의 자손이라면 누구라도 世代數에 제한을 받지 않고 진골귀족의 신분을 유지할 수 있었던 골품제의 원리상 피할 수 없는 현상이기도 했다. 이처럼 진골귀족의 숫자가 늘어나게 되면 근친왕족이라 할지라도 관계 진출에 제약을 받지 않을 수 없게 된다. 이를테면 文聖王 17년(855) 昌林寺 無垢淨塔을 건립하는데 관계한 왕의 從弟 金銳의 경우 비록 그 官歷 연수는 알 수 없으나 당시 관등이 舍知, 관직이 縣令에 지나지 않았다. 또한 왕의 從叔들인 金繼宗·金勳榮 역시 州의 長史 혹은 현령 따위 하위 관직에 있었다. 이와 같은 사실은 당시 진골귀족이 포화상태에 다다른 것을 암시하고 있다. 한편 진골귀족의 증가와 병행하여 자체 내부의 도태작용이 수반된 것도 사실이나, 이는 일부 논자들이 생각하는 것처럼 일정한 세대수를 단위로 한 일종 친족법적인 적용에 의한 것이 아니었다.[4)] 진골귀족들은 서로간의 권력투쟁에서 패배함으로써만 몰락할 뿐이었다.

둘째로 하대에 들어와 왕실가족 및 진골귀족 집단 내부에서 血族관념의 分枝化 경향이 더욱 촉진되어 매우 좁은 범위의 사람들만을 포함하는 家系(lineage)가 정치적·사회적 행동에 있어서 하나의 기초단위가 된 점을 들 수 있다. 이같은 혈족집단의 分家·新立의 경향은 이미 중고시대 이래 진행되어 온 것이며,[5)] 중대 太宗武烈王계 내부에서도 이러한 경향이 진행되고 있었다

3) 李基東, 〈新羅 下代의 王位繼承과 政治過程〉(《歷史學報》 85, 1980 ; 《新羅骨品制社會와 花郎徒》, 一潮閣, 1984, 177~183쪽).

4) 李基東, 〈新羅 骨品制 研究의 現況과 그 課題〉(위의 책), 30~34쪽.

는 것은 중대 왕통을 타도하려는 범내물왕계 진골귀족의 연합투쟁에서 金仁問계로 짐작되는 김주원이 金良相(宣德王)과 보조를 같이 한 데서 시사 받을 수 있다. 5묘제도가 확립된 하대에서는 무엇보다도 直系상속이 존중된 결과 직계와 傍系의 차이가 점차 顯示化함으로 해서 이러한 경향이 더욱 촉진되었다고 생각된다. 그리하여 元聖王계 내부에서도 왕위계승을 둘러싸고 원성왕의 두 아들 仁謙과 禮英, 양 계통의 대립이 있었고, 왕통이 인겸계에서 예영계로 넘어간 뒤에는 다시 예영의 두 아들 金憲貞·金均貞, 양 계통의 알력이 있었다.

이처럼 당시 근친왕족들은 원성왕의 공동 자손이라는 의식에서 연합의 자세를 취하면서도 제각기 독립적인 家系 의식을 갖고 있었다. 그것을 잘 보여주는 것이 願刹 건립인데, 김균정은 흥덕왕 3년(828) 7월 경북 迎日郡 神光面 飛鶴山 소재 法光寺에 3층석탑을 건립할 당시 이 절의 檀越, 즉 施主者였다. 이와 같은 祈福的 성격의 造塔은 당시 귀족 사이에 유행하고 있었는데, 김균정이 법광사의 단월이었다는 것은 곧 이 절이 그의 가계에 속한 원찰이었음을 암시하고 있다.[6] 한편 대구 桐華寺 비로암에 헌덕왕의 아들로 알려진 心智(心地)大德에 의해 景文王 3년(863)에 閔哀王의 供養塔이 만들어진 것으로 미루어 볼 때[7] 이 절은 민애왕의 부친인 忠恭의 집안, 혹은 포괄적으로 인겸태자 계통과 깊은 인연을 맺고 있던 사람들의 원찰이었을 가능성이 크다고 생각된다. 왕실 혈족집단 내부의 대립 현상은 흥덕왕이 죽은 뒤 곧바로 일어난 왕위계승쟁탈전 때 극명하게 드러났다. 실로 이 쟁탈전은 원성왕의 여러 손자를 시조로 하는 가계들의 연합과 대항 속에서 진행되었던 것이다.[8]

사실 이러한 현상은 비단 왕실가족에만 국한된 것은 아니었다. 하대의 개

---

5) 李基東, 〈新羅 奈勿王系의 血緣意識〉(《歷史學報》 53·54, 1972; 위의 책, 63~89쪽).

6) 黃壽永, 〈新羅 法光寺 石塔記〉(《白山學報》 8, 1970; 《韓國의 佛敎美術》, 同和出版公社, 1974, 200~202·210~211쪽).

7) 黃壽永, 〈新羅 敏哀大王 石塔記—桐華寺 毘盧庵 三層石塔의 調査—〉(《史學志》 3, 1969; 위의 책, 216~229쪽, 특히 228쪽).

8) 李基白, 《新羅政治社會史硏究》(一潮閣, 1974), 181쪽.

창 이래 70여 년 이상의 오랜 기간에 걸쳐 몇 사람의 시중을 배출한 바 있는 김주원 집안도 이 시기에 分枝化의 경향을 보였다. 憲德王 14년(822) 김주원의 아들 김헌창이 반란을 일으켰다가 실패로 돌아감에 따라 그 종족·당여가 239명이나 주살되었음에도 불구하고 그의 형인 金宗基 집안은 그 뒤 계속 건재하여 그 손자들인 金陽·金昕 등은 830년대 후반의 왕위계승쟁탈전에서 중요한 역할을 했다. 특히 주목되는 것은 종형제 관계인 김양과 김흔의 정치적 입장이 각기 달라 김양이 민애왕을 타도한 金祐徵(神武王)쪽의 최대의 공신인데 반해서 김흔은 민애왕 쪽의 군사령관으로 달벌방어전에 出陣한 점이다. 역시 김주원과 같은 태종무열왕의 6세손인 金周川 집안도 김헌창의 난을 겪으면서 그 아들 範淸(朗慧화상의 부친)이 비록 진골신분에서 한 등급 강등되기는 했으나 被誅되는 것을 모면한 것을 보면 당시 혈족집단 내부의 분가·신립 경향이 일반화되었음을 짐작할 수 있다.

통일기 진골귀족의 변화 문제와 관련하여 그대로 지나칠 수 없는 것이 지방 小京에 거주하던 귀족들의 존재이다. 일찍이 조정은 智證王 15년(514) 정월 阿尸村에 소경을 설치한 뒤 그 해 7월 왕경 6부와 남쪽 방의 人戶를 이곳에 이주하게 한 적이 있다. 영토확장전쟁이 본격화된 眞興王 19년(558) 2월에는 귀족의 자제와 6부의 부호를 전년에 신설한 國原小京에 이주하도록 했는데, 이 徙民策은 진골귀족의 지방확대를 초래한 요인이 되었다.9) 삼국통일 후 5소경제도가 확립되면서 지방으로 이사한 진골귀족의 수효는 크게 증가했을 것이다.

비록《三國史記》권 40, 職官志 下, 外位조에는 王京 6부의 진골로서 5소경과 9주에 出居한 사람에게 문무왕 14년(674)에 외위 관등을 주었다고 되어 있으나, 이는 그대로 믿기 어렵다. 혜공왕 4년(768)의 대란 때 왕도를 비롯하여 전국 5도 주군의 96각간이 서로 싸웠다고 한 것만 보더라도 이들 지방 거주 진골귀족들의 존재가 잘 감지된다. 사실 삼국통일 후 중앙귀족의 지방 진출에 수반하는 재지세력의 재편성이 진행된 결과 경덕왕 때 녹읍제도의

---

9) 지방의 진골을 'Oejin'(外眞)이라 명명한 사람도 있으나(William E. Henthorn, *A History of Korea,* The Free Press, 1971, 78쪽), 이 용어가 신라시대에 실제로 사용되었는지 어떤지는 의문이다.

부활과 군현제의 재편이라는 지방 지배체제의 일대 개혁을 초래했다는 견해마저 나오고 있을 정도이다.10) 그런데 이 소경의 귀족들은 현지에서 재지세력과 사적인 결합관계를 맺으면서 경제력을 확대해 가는 데는 유리한 측면이 있었을지도 모르지만 다만 官界 진출에 있어서는 중앙귀족에 비해서 차츰 불리해졌을 것으로 짐작된다. 이에 따라 그들의 조정에 대한 불만도 확대되지 않았을까 생각되는데, 眞聖女王 3년(889) 전국적인 농민반란이 터지기 직전인 定康王 2년(887) 정월에 漢州의 이찬 金蕘가 반란을 일으킨 것도 이 같은 관점에서 주목되는 사실이다.

3) 6두품세력의 성장

골품제도에서 진골 바로 다음가는 신분이 6두품이었다. 이 6두품에는 신라의 母胎가 되는 斯盧부족을 형성한 여섯 씨족장 가문의 후예와 신라의 팽창과정에서 그에 의해 병합된 押督國(慶山) 등 여러 성읍국가의 지배층 후예들, 그리고 고구려·백제 멸망 후 신라에 포섭된 상급귀족들이 포함되어 있었던 것으로 짐작된다.11) 그러므로 그들의 자기 신분에 대한 자부심은 남다른 바가 있었다. 최치원이 자랑했듯이 6두품은 좀처럼 얻기 힘든 貴姓으로 그 자체 득난이라 부를 만한 신분이었고, 한편 5두품이나 4두품은 바로 그 아래 접속되어 있기는 하지만 족히 말할 바가 못되는 신분으로 간주했다.

비록 그렇기는 했지만 진골귀족 만능의 골품제사회에서 6두품 출신은 官界 진출에 크나큰 제약을 받았다. 즉 6두품은 17등 관등 가운데서 제6관등인 阿飡까지만 승진이 허용되었을 뿐이다. 그러므로 제5관등인 大阿飡 이상으로 제한되어 있는 중앙의 제1급 관청의 장관직에는 오를 수 없었다. 따라서 6두

---

10) 木村誠, 〈新羅郡縣制の確立過程と村主制〉(《朝鮮史硏究會論文集》 13, 1976), 23쪽.

11) 李基白, 〈新羅 六頭品 硏究〉(《省谷論叢》 2, 1971 ; 앞의 책, 39~57쪽).
한편 6두품이 씨족장 가문의 후예가 아니라, 중고기 후반에 들어와 族的 제약과 部體制의 규제로부터 벗어나 개인적 차원에서 자유롭게 추구되는 인간관계가 특정한 진골귀족을 주축으로 하여 새로이 형성되고 있을 무렵 진골세력에 투철한 종속성과 충성심을 보임으로써 그 후원을 입어 생성된 부류라는 견해도 있다(徐毅植, 〈重位制 施行의 推移와 支配身分層의 變化〉, 《新羅上代 '干'層의 形成·分化와 重位制》, 서울大 博士學位論文, 1994) 참조.

품은 각 부의 차관직인 시랑 혹은 경에 오르는 것이 고작이었다. 또한 군직에 있어서도 6停·9誓幢을 비롯한 주요 군부대의 부지휘관인 대감직에 한정되었다. 군태수나 현령직은 6두품에게도 개방되었으나, 상급기관인 州의 장관 역시 진골이 독점했으므로 6두품은 차관직인 州助(일명 州輔·別駕)에 그쳤다. 실제로 6두품이 오를 수 있는 최고의 관직은 중앙의 執事侍郞직과 지방의 浿江鎭典 都護직이었다. 비록 조정은 소위 重位制를 설치하여 6두품 출신의 아찬 관등 소지자가 重阿飡에서 4重阿飡에 이르기까지 승진할 수 있도록 배려하긴 했다. 하지만 이러한 특진제도를 갖고서도 아찬의 범주를 벗어날 수 없었다.[12]

이처럼 6두품 출신들은 관계 진출에 제약을 받고 있었으므로 그들 중에는 일찍부터 종교나 학문과 같은 지적인 능력에 의해서 출세의 길을 트려는 경향을 나타냈다. 삼국통일 직후 强首와 薛聰은 문장 혹은 유학 실력으로 출세했는데, 중대 전제왕권 아래서 6두품 출신의 유학자들은 왕권과 결탁해서 국왕의 정치적 助言者로서 활약하게 되었다. 하대에 들어와 국학에 독서삼품과가 설치되면서 6두품은 관계 진출의 제도적 보장을 받았나. 특히 일반 진골귀족 위에 군림하는 초월적인 君主像을 목표로 정치개혁에 열중하고 있던 하대의 군주들에게 6두품 관료들은 큰 총애를 받았다. 왕이 되기 직전의 원성왕의 꿈을 해몽했다고 하는 아찬 餘三(일명 餘山)이라든가, 혹은 헌덕왕 때 상대등 충공에게 복잡한 인사문제나 김헌창의 난 진압 방안에 대해 조언한 집사시랑 아찬 祿眞과 같은 존재는 그 대표적인 사례라고 할 수 있다.[13]

9세기에 들어오면 중국유학열이 최고조에 달했다. 희강왕 2년(837) 3월 당시 당의 국학에서 수학 중이던 신라 유학생은 모두 216명을 헤아리게 되었고, 文聖王 2년(840)에는 수학연한 10년이 지난 宿衛學生 105명이 중국 황제의 명에 의해서 집단으로 귀국 당하기까지 했다. 이에 많은 6두품 출신들이 당에 유학하고 돌아왔다. 더욱이 長慶 원년(헌덕왕 13년 ; 821) 이래 당에서 외국인을 상대로 하여 시행한 과거(賓貢科)시험에 급제한 유학생들이 나타나기 시작했다.[14] 최치원은 경문왕 14년(874)에, 朴仁範은 헌강왕 3년(877)에, 崔承

12) 邊太燮, 〈新羅 官等의 性格〉(《歷史敎育》 1, 1956), 65~68쪽.

13) 李基白, 앞의 책, 56~63쪽.

祐는 진성여왕 7년(893)에, 崔彦撝는 孝恭王 10년(906)에 각각 登第했다. 당에서 벼슬하고 돌아온 이들은 瑞書院과 같은 문한기관에서 學士로, 혹은 집사성을 비롯한 제1급 중앙관청의 시랑이 되어 유교정치이념을 고취했다.

이처럼 6두품 귀족들은 하대에 줄곧 그 정치적·사회적 역량을 확대시켜 갔다. 진골귀족의 합의제를 기본으로 하는 골품제적인 정치운영 방식을 개혁하여 권력을 국왕 개인에게 집중시키려 하던 야심적인 군주들에게 그들은 매우 필요한 존재였다. 그렇지만 그들이 아무리 유용한 존재였다고 하더라도 결코 진골로의 신분 승격을 바랄 수는 없었다. 이에 시간이 지날수록 그들은 신분을 초월하여 오로지 학문 실력에 기준을 두고 인재를 등용하는 제도를 갈망하게 되었다. 그리하여 신라 말기에 6두품귀족 사이에 골품제 자체를 타파하려는 움직임이 싹트게 된 것도 당연한 일이었다.

〈李基東〉

5. 수취체제의 모순과 농민층의 피폐

1) 귀족 및 사원의 농장경영과 왕경의 번영

신라통일기를 통해서 진골귀족들의 압도적인 우세를 지댕시킨 기초에는 그들의 대토지 경영이 있었다. 삼국통일을 성취할 때까지 신라는 1백 년 이상 가혹한 생존전쟁을 체험한 까닭으로 귀족 역시 긴장과 고난의 생활을 영위하지 않으면 안되었다. 사실 귀족들은 이 기간 동안 전쟁터에서 목숨을 걸고 싸웠다. 이윽고 통일이 달성되자 귀족들은 포로와 말 등 많은 戰利品을 나누어 갖게 되었다. 그러나 삼국통일 직후인 神文王 9년(689), 그간 진골귀

14) 申瀅植, 〈宿衛學生考〉(《歷史敎育》 11·12, 1969; 《韓國古代史의 新硏究》, 一潮閣, 1984, 430~461쪽).
李基東, 〈新羅 下代 賓貢及第者의 出現과 羅唐文人의 文驩〉(《全海宗博士華甲紀念 史學論叢, 一潮閣, 1980; 앞의 책, 280~304쪽).
濱田耕策, 〈新羅の國學と遣唐留學生〉(《呴沫集》 2, 1980), 65~68쪽.
金世潤, 〈新羅下代의 渡唐留學生에 대하여〉(《韓國史硏究》 37, 1982), 149~168쪽.

족들의 사적 기반이 되어 온 祿邑이 폐지되어 큰 타격을 입기도 했다. 이 녹읍은 일정한 토지에서 나오는 수확물과 더불어 그 곳에 거주하는 백성의 노동력까지를 징발할 수 있는 일종 食邑의 성격을 갖는 것이었다.

그런데 중대 말기인 景德王 16년(757)에 녹읍이 부활되었다. 비록 이 「후기녹읍」은 그간 국가가 孔烟制라든가 9등호제, 특히 計烟의 설정 등을 통해서 백성의 경제력을 속속들이 파악한 데서 나온 자신감의 표시이기도 했을 것이지만, 어쨌든 귀족관료들이 후기녹읍에서 주민과 토지에 대한 총체적 지배의 가능성을 예상하고 이를 받아들였을 것으로 짐작된다.[1] 곧 이어 하대가 개막되었고 전반적으로 국가권력이 쇠퇴하자 진골귀족들은 녹읍 이외에 토지 겸병 혹은 개간 등의 수단을 통해서 점차 대토지를 소유하게 되었다. 《新唐書》 新羅傳에 "재상 집에는 祿이 끊이지 않고 奴僮이 3천 명이나 되고 甲兵과 牛·馬·돼지 등도 이와 맞먹는다. 가축은 海中의 산에 放牧을 했다가 필요할 때면 활을 쏘아서 잡는다"고 한 것은 당시 귀족들의 농장경영 실태를 단적으로 말해주는 생생한 자료이다. 다만 이 기록은 얼마쯤 과장된 것인지도 모른다. 그렇지만 일본 승려 圓仁의 《入唐求法巡禮行記》 권 4, 會昌 7년(847) 9월 6일자의 기록에서 보듯 신라 제3재상의 放馬處가 무주의 남쪽 경계인 黃茅島의 奧地에까지 놓여 있을 정도로 진골귀족의 목장은 전국에 걸쳐 존재했다. 당시 絶影島는 말 사육장으로 유명하여 훗날 후백제왕 甄萱은 이 곳 駿馬를 고려 太祖에게 선물한 적도 있었다.

대토지경영은 비단 귀족들에게만 국한된 현상은 아니었다. 그것은 국가와 왕실, 귀족들의 열성적인 후원을 받으면서 성장해 온 사원세력도 그 예외가 아니었다. 文武王 4년(664) 조정은 사람들이 함부로 財貨와 田地를 사원에 기부하는 행위를 금지했으나 통일기에 들어와 왕실과 귀족들 사이에서는 사원에 토지와 노비를 기부하는 일이 끊이지 않았다. 이 사원 소유의 토지는 免稅의 특전을 누렸다.

---

1) 金基興, 《삼국 및 통일신라 세제의 연구》(역사비평사, 1991), 156~157쪽. 한편 녹읍의 부활을 주도한 세력이 전제왕권 아래서 새로이 성장한 관료적 진골귀족이었다는 견해도 있다(李喜寬, 《統一新羅 土地制度硏究—新羅村落帳籍에 대한 검토를 중심으로—》, 西江大 博士學位論文, 1994, 74~77쪽 참조).

그런데 佛事활동에 열성적인 귀족들 중에는 직접 出家하거나 혹은 가족을 출가시켜 사원을 관리하게 하는 등 사원 사유화 및 그 소유권의 세습현상을 나타내기도 했다.[2] 특히 하대에 들어오면 哀莊王 7년(806) 3월 불사의 新創을 금지하는 조정의 布告에도 불구하고 귀족들은 다투어 願刹을 건립했는데, 여기에는 재산 도피의 목적도 일부 작용했다. 또한 살던 집을 精舍로 만드는 경우도 드물지 않았다. 이 밖에도 왕실과 귀족들로부터 佛像이나 탑을 조성하기 위해 재물을 헌납하는 일이 크게 유행했다. 《三國遺事》 권 3, 塔像條를 보면 당시 사원들이 여러 곳에 분산되어 있는 토지를 관리하기 위해 소위 莊舍를 설치하고 관리인으로 知莊을 파견했음을 알 수가 있다. 즉 五臺山 眞如院은 국왕의 명령에 따라 화엄경 轉寫 비용을 마련할 요량으로 매년 가까운 州縣으로부터 倉租 1백 石과 淨油 1石을 받았으며 이와는 별도로 부근의 柴地 15結과 栗枝 6결, 坐位 2결을 받아 장사를 두었다고 한다. 또한 9세기 전반경에 世達寺는 溟州 捺李郡(현재의 寧越)에 장사를 두고 승려 調信을 보내어 지장을 삼았다는 것이다. 그런데 이 조신은 뒤에 京師로 돌아가 私財를 기울여 淨土寺를 창건한 바 있었다.

통일기 신라의 모든 富는 왕경에 집중되었다. 당시 왕경은 5개의 지방도시인 小京에 대하여 大京이라 불려졌는데, 《삼국유사》의 기록에 의하면 전성시대 왕경의 戶口數는 17만 8,936호였다고 한다. 한 집에 평균 5명으로 계산하면 이는 90만 명에 달해 그대로 믿기는 어렵다. 따라서 17만이라는 숫자는 호구수가 아닌 인구수로 보는 것이 옳다고 생각된다. 그렇다고 하더라도 이는 당시로서는 거대도시였음이 분명하다. 삼국통일 초기인 孝昭王 4년(695)에 종전의 東市 이외에 새로이 시가지의 서쪽과 남쪽에 공영시장을 개설한 것도 당시 왕경의 인구증가에 따른 조치였다고 할 수 있다. 왕경의 도시행정을 담당하는 典邑署(경덕왕 때 典京府로 개칭됨)에는 木尺이라 불려진 70명에 달하는 토목기술자가 배치되어 있었다. 이들은 왕궁의 건축과 영선 이외에도 시가지의 측량과 조성을 담당했다.

신라조정은 통일 직후부터 唐의 長安城을 모방하여 본격적으로 시가지 확

---

2) 郭丞勳, 〈新羅 中代 末期 中央貴族들의 佛事活動〉(《李基白先生古稀紀念 韓國史學論叢》 上, 一潮閣, 1994, 368~375쪽).

장사업을 추진했다. 그 결과 6部·55里·360坊이라는 실로 정연한 도시 구획이 일단 완성되었다. 오늘날에도 경주시를 중심으로 한 주위의 평야지대에서는 마치 바둑판 모양의 동서남북이 매우 규칙적으로 평행되는 크고 작은 도로망의 흔적을 발견할 수 있다. 그런데 이를 복원한 조사 결과에 따르면 시가지의 동서 길이는 3.9km에 달하는 것으로 되어 있다. 남북의 길이는 비록 확실한 수치를 알 수 없으나 대략 4.3km 정도로 추산되고 있다. 이는 동서 길이 9.7km, 남북 길이 8.2km에 달하는 장안성에 비하면 약 1/5 정도의 크기이지만 8세기 일본의 수도인 奈良 平城京과는 대략 비슷한 규모이다. 다만 수도의 심장부라고 할 宮城을 왕경의 북쪽 끝 중앙에 두려는 당초의 시도는 北川의 잦은 범람으로 궁궐문이 떠내려가는 등 그 유지 관리가 어려워 끝내 포기하고 말았다. 그리하여 왕경의 중앙 남쪽에 위치한 본래의 月城을 계속 궁성으로 사용했다.[3]

신라 말기에 속하는 헌강왕 6년(880) 9월에 국왕은 측근의 신하 몇 명을 거느리고 月上樓라고 하는 이름난 누각에 올라가 왕경 시가지를 내려다 본 일이 있다. 이 때 왕이 시중 敏恭과 문답한 것을 기록한 《삼국사기》에 의하면 즐비하게 늘어선 民家는 짚이 아닌 기와로 지붕을 덮었으며 또한 나무가 아닌 숯으로 취사했다고 한다. 하긴 왕경 내 모든 백성들이 윤택한 생활을 한 것은 아니었다. 그렇지만 대체로 말한다면 중류 이상의 왕경인들은 풍요로운 생활을 누렸던 것 같다.

하대에 들어와 왕경의 사치풍조는 매우 심각했다. 이러한 풍조는 왕실이 앞장을 서서 몰고 갔으며 진골귀족들 사이에서 만연했다. 삼국통일이 대개 달성될 무렵인 문무왕 14년(674) 2월 궁성 안에 못을 파고 인공 섬을 만들어 화초를 심고 진기한 짐승을 길렀다고 한다. 현재의 雁鴨池가 바로 그것인데, 그 뒤 못가에 臨海殿을 새로이 짓고 역대 왕들은 이 곳에서 궁중 연회를 자주 열었다. 왕실은 이 밖에도 사철 따라 거처하는 국왕 일가의 별장을 왕경 주변의 산언덕 전망이 좋은 곳에 마련했고, 따로 시내에는 離宮이 몇 채 있었다. 하지만 하대 진골귀족의 사치생활을 단적으로 말해주는 것은 건물에

---

3) 金秉模, 〈신라 수도로서의 경주—도시계획〉(《歷史都市 慶州》, 悅話堂, 1984), 123~134쪽.

金箔을 한 소위 金入宅이라고 불린 호화주택이었다. 이 금입택은 왕경 안에만 39채나 되었다.[4] 사실 조정은 막대한 양의 금 수요를 억제하기 위해서 哀莊王 7년(806) 왕명을 내려 금은으로써 器用을 만드는 것을 금지하기까지 했다. 그러나 이것은 지켜지지 않았다. 鐵原 到彼岸寺나 長興 寶林寺의 毘盧遮那佛像에서 볼 수 있듯 9세기 후반경부터 종래의 金銅佛 대신 鐵佛이 유행하게 된 것도 구리의 부족에 기인한 것으로 짐작된다.

그리하여 興德王 9년(834) 조정은 귀족들 사이에서 만연하고 있던 사치풍조를 규제하기 위해서 광범위한 부문에 걸친 생활 간소화 법령을 공포하기까지 했다. 하긴 이 법령은 지방의 일반 백성까지를 그 규제대상으로 하고 있었으나, 역시 주된 대상은 진골귀족이었다고 생각된다. 이 법령 중에서 진골귀족의 주택에 대한 규제 내용을 살펴보면, 지붕에는 막새기와(唐瓦)를 덮지 못하며, 서까래 끝이나 문틀 주위를 금과 은, 혹은 양질의 銅으로 장식하지 못하며, 주택의 基壇石으로는 잘 다듬은 석재를 쓰지 못하며, 담벽에는 石灰를 칠하지 못하게 하는 등 자못 철저했다. 하지만 이 간소화 법령도 금박의 사용 금지와 마찬가지로 제대로 이행되지 못했다. 그것은 앞서 보았듯이 이로부터 50여 년쯤 지난 뒤인 憲康王 6년(880) 왕경 민가의 실태가 잘 보여주고 있다.

홍덕왕 9년(834)의 교서에는 궁중 이외에는 사용할 수 없는 外來 사치품의 이름이 다수 열거되어 있다. 이를 보면 타슈켄트와 아랍海 지방에서 나오는 보석인 瑟瑟, 양모를 주성분으로 한 페르시아산 고급 모직물, 캄보디아산인 翡翠毛, 보르네오·자바산 玳瑁, 자바·수마트라산의 향내나는 紫檀 등 여러 가지가 있다.[5] 이처럼 외래품을 선호하고 있던 당시 왕경의 도시적 분위기는 다분히 향락적이고 퇴폐적인 느낌마저 주고 있다. 이러한 경향은 말기로 접어들수록 더욱 심각해졌다.

---

4) 李基東, 〈新羅金入宅考〉(《震檀學報》 45, 1978 ; 《新羅骨品制社會와 花郎徒》, 一潮閣, 1984, 183~208쪽).

5) 李龍範, 〈三國史記에 보이는 이슬람 商人의 貿易品〉(《李弘稙博士回甲紀念 韓國史學論叢》, 新丘文化社, 1969), 96~101쪽.

2) 농민층의 피폐와 자영농민의 몰락

진골귀족들의 農莊 경영이 전개되는 가운데 자립적인 小農層이 광범하게 몰락해 간 것은 필연적인 추세였다. 사실 지방의 일반 촌락민들은 장기간에 걸친 국가보위전쟁과 삼국통일전쟁을 치르는 과정에서 이미 다수가 희생되었거나 혹은 부채에 견디지 못하여 사회적으로 몰락했다. 삼국통일 직후인 문무왕 9년(669) 2월 21일, 국왕이 신하들을 모아놓고 下敎하는 가운데 "집안이 어려워 남의 米穀을 빌려 먹은 자로 농사가 잘 안된 곳에 사는 자는 元金과 이자를 갚지 않아도 되고, 만일 농사가 잘 된 곳에 사는 자는 금년 추수 때에 단지 그 本穀만을 갚고 이자는 물지 말 것이니, 30일 기한으로 하여 담당 관청은 이를 奉行하라"고 지시한 것은 당시의 사정을 잘 말해준다.

하지만 德政令을 매번 기대하기는 어려운 일이었다. 신문왕 9년(689)에 그간 진골귀족들에게 지급해 온 녹읍을 폐지한 것도 이들 자영농민 보호에 그 일차적 목적이 있었던 것이 아닐까고 짐작된다. 실로 자영농민들이야말로 중대 전제왕권의 기초였던 것이다. 성덕왕 21년(722) 8월에 국가가 처음으로 백성에게 丁田을 지급한 것은 자영농민 육성의 적극적인 의지를 나타낸 것으로 보인다. 사실 당시 거듭된 재해로 말미암아 농민층은 몰락 위기에 처했었다. 이와 같은 긴급사태의 도래를 계기로 하여 조정은 均田制의 입법정신에 입각한 토지 지급을 시도한 것으로 생각된다.[6] 하지만 농민을 촌락공동체적

6) 일본 奈良 正倉院에 있는 신라촌락문서에 의하면 통일기 신라의 토지는 結·負·束으로 정확히 파악되고 있었다. 또한 전답의 비옥도를 구분하는 田品 역시 歲易의 정도에 따라 上·中·下 3등으로 파악된 듯하다(李仁哲, 〈新羅 統一期의 村落支配와 計烟〉, 《韓國史硏究》 54, 1986, 7쪽). 성덕왕 21년의 丁田 지급이란 이상과 같은 기반 위에서 백성들에게 토지의 結負數에 따라 소유권을 인정해주고, 口分田까지도 일부 지급한 것으로 해석하는 견해가 있다(金基興, 앞의 책, 166쪽). 이와는 달리 丁田 지급이란 본래부터 농민의 사실상 사유지였던 田·畓(이른바 烟受有田·畓)에서 田品을 고려하지 않은 채 매년 실제 경작 여부와 관계없이 전체 연수유전·답을 대상으로 하여 田租를 거두게 된 조치로 이해하는 견해도 있다(李喜寬, 앞의 책, 1994, 127~154쪽). 한편 연수유전·답에 대한 연구사의 정리는 李仁哲, 《新羅의 村과 村民支配에 관한 硏究—正倉院所藏 新羅帳籍을 中心으로—》(韓國精神文化硏究院 博士學位論文, 1993), 175~177쪽 참조.

結集에서 분리시키지 못하는 한 정전 지급을 통한 촌락민에 대한 個別 지배의 노력은 소기의 성과를 거둘 수 없었다.

한편 삼국통일 후 1백 년 이상에 걸친 국제 평화와 국내 안정의 결과 농업 생산력은 꾸준히 향상되고 상공업은 발전을 거듭했다. 비록 수공업 부문에서는 여전히 관영수공업이 주축을 이루고 있었으나, 그 생산기술의 발달로 국내의 物貨유통은 촉진되고 중국·일본과의 대외교역도 활기를 띠게 되었다. 특히 집권체제가 허술해진 하대에 들어오면 사무역을 통해 부를 축적한 상인층이 등장하기 시작하여 국가의 온갖 규제로부터 벗어나고자 몸부림쳤다. 한편 수공업 기술자인 匠人들 가운데 일부는 工價를 받고 물품 제작에 임하는 등 그 사회경제적 지위가 향상되어 장인사회 자체가 분화의 조짐을 보였다.[7] 바야흐로 신라사회가 사회적 분화의 문턱에 놓이게 되었다. 이에 따라 사회계층의 분해작용이 소리 없이 진행된 것은 너무나도 당연한 일이었다.

앞서 골품제의 변질과정에서 확인한 것처럼 그것은 비단 일반 농민층에만 국한된 것은 아니었다. 골품제의 하부를 구성하고 있던 3두품 이하 1두품까지의 신분층이 골품제에서 탈락되어 平人·백성층과 一體化된 것은 그 뚜렷한 증좌이다. 하지만 보다 주목할 만한 변화를 겪은 것은 다름 아닌 일반 농민층이었다. 일부 자영농민 이외에 토지를 갖지 못한 상당수의 농민들은 날품팔이로 겨우 생계를 이어가는 소위 傭作노동자로 떨어진 것이다. 《삼국유사》 권 5, 孝善篇에는 이와 같은 용작 사례가 많이 보인다. 이를테면 뒤에 義湘大師의 10대 제자 가운데 한 사람이 된 眞定이라든지 혹은 佛國寺와 石佛寺 창건의 주역이 된 金大城의 轉生설화에 등장하는 그 어머니 慶祖가 바로 그들이다.

중대 말기인 景德王 16년(757)에 녹읍이 부활되고 머지않아 국가의 역량이 크게 축소된 하대가 전개됨에 따라 농민층의 계층분화는 한층 더 현저해졌다. 대규모의 田莊을 소유하게 된 귀족층과 그간 지방 촌락사회에서 촌주로 행세하며 세력을 확장해 간 부농층은 끊이지 않는 力役 징발과 식량기근에 허덕이는 자영 小農의 토지를 겸병했다. 사실 소농 중에는 아예 유력자에게

7) 朴南守, 〈중·하대 장인의 분화와 사회경제적 지위변동〉(《新羅手工業史》, 신서원, 1996) 참조.

토지를 양도하고 그 비호 아래 들어가는 사람도 많았다. 그리하여 귀족과 부농층은 無田 농민들에게 농지를 빌려주고 地代를 징수하는 경영방식을 취하여 수입의 안정을 확보하려고 했다. 이에 농민들 중에는 자유민의 신분이면서도 그 지배 아래 들어가 생계를 유지하는 길을 택하는 자가 늘어나게 되었다. 이처럼 신라사회에는 地主・佃戶制에로의 傾斜라는 새로운 현상이 빚어지고 있었다.[8)]

현재 일본 奈良 正倉院에 남아 있는 신라 통일기 西原京 지방의 촌락문서의 작성연대인 을미년을 둘러싸고 학계에서는 경덕왕 14년(755)과 헌덕왕 7년(815)에 比定하는 兩說이 유력한데, 후자일 가능성이 크다고 생각된다.[9)] 그런데 이 문서를 통해서 우리들이 받은 인상은 농민들의 생활조건이 매우 열악했었다는 점이다. 촌락의 사망자 수가 출생자 수를 웃돌고 있는 것이라든지, 60세 이상 살아남은 사람이 극소수에 지나지 않았던 것은 이 사실을 잘 말해주고 있다. 또한 농촌의 호구 이동현상이 뚜렷한 것도 당시의 사회경제적인 피폐상을 반영하는 것에 다름아니라고 생각된다.

하긴 연구자 중에는 이를 촌락민의 문서로 간주하고 당시 ① 농촌의 인구는 적은데 비해 경지면적은 매우 넓으며, ② 農家가 보유하고 있는 牛・馬 등 가축수가 상당히 많으며, ③ 촌락마다 원예작물 특히 果樹 재배가 성행하고 있던 것으로 미루어 볼 때 당시 농업이 후세에 비해 粗放농업이었다고 하더라도 생산기구의 개량, 노동생산성의 향상 및 확대 가능성은 얼마든지 보장되어 있는 만큼 농민은 이러한 조건하에서 생산의 증대를 위해 노력했을 것으로 보았다.[10)] 그렇지만 이 문서를 기본적으로 녹읍제도에 의한 內省

---

8) 金容燮, 〈農業史〉(《韓國文化史新論》, 中央大 中央文化硏究院, 1975), 377~378쪽.

9) 다만 최근에 촌락문서의 작성연대를 효소왕 4년(695)으로 보는 신설이 제기되었다. 이에 의하면 촌락문서가 부착된 '華嚴經論第七帙'의 재질은 촌락문서와 같은 楮紙의 白紙이며, 나아가 여기에는 舊譯《華嚴經》의 주석서인 100권으로 된 北魏의 靈辨(477~522)이 撰한《화엄경론》이 들어 있었고, 이는 8세기 전반경 신라 출신의 화엄학승인 審詳에 의해 일본으로 전해져서 造東大寺司의 寫經所를 거쳐 正倉院에 入庫되었을 개연성이 크다는 것이다(尹善泰, 〈正倉院 所藏 新羅村落文書의 作成年代—日本의《華嚴經論》流通狀況을 중심으로—〉,《震檀學報》80, 1995, 1~31쪽).

10) 李佑成, 〈三國遺事所載 處容說話의 一分析〉(《金載元博士回甲紀念論叢》, 乙酉文化社, 1969 ;《韓國中世社會硏究》, 一潮閣, 1991, 191~192쪽).

혹은 왕실 직속의 촌락지배를 보여주는 일종 集計帳의 성격을 갖는 것으로 보는 견해가[11] 유력한 만큼 이 문서에 보이는 촌락의 실태를 보편적인 것으로 간주하는 주장에는 문제가 없지 않다고 생각된다. 요컨대 하대에 들어와 촌락민의 계층분화가 한층 더 촉진되어 가는 가운데 촌락의 공동체적 결합관계가 차츰 동요하기 시작했고, 이와 동시에 유력한 村主層을 주축으로 해서 촌락 재편성이 진행되어 간 것으로 짐작할 수 있다.[12] 이 과정에서 촌락공동체를 이탈한 농민들이 속출한 결과 대량의 流民이 발생하는 등 사회혼란은 차츰 加重되어 갔다.

〈李基東〉

---

11) 武田幸男, 〈新羅の村落支配—正倉院所藏文書の追記をめぐって—〉(《朝鮮學報》 81, 1976), 233~235쪽.
浜田耕策, 〈'新羅村落文書'硏究の成果と課題〉(唐代史硏究會編, 《律令制—中國·朝鮮の法と國家—》, 汲古書院, 1986), 590~596쪽.
金基興, 〈新羅 '村落文書'에 대한 新考察〉(《韓國史硏究》 64, 1989), 29~34쪽.
12) 木村誠, 〈新羅の祿邑制と村落構造〉(《歷史學硏究》 別冊特輯, 1976), 59~60쪽.

Ⅱ. 호족세력의 할거

1. 호족세력의 대두 배경
2. 호족세력의 대두
3. 장보고와 청해진

Ⅱ. 호족세력의 할거

1. 호족세력의 대두 배경

1) 호족의 개념

신라말·고려초에 대두한 지방세력을 豪族이라 부르고 있다. 호족이라는 용어는 대부분의 한국사 개설서에서 그리고 이 시기를 연구한 대부분의 논문에서 널리 사용되고 있다. 이와 같이 당시의 지방세력을 호족이라 부르는 것은 이미 통설이 되었다. 그렇지만 호족에 대한 거의 대부분의 연구는 호족의 개념을 명료하게 정의하지 않고 논지를 전개한 결과, 호족의 성격이나 신라말·고려초 사회변동의 성격을 해명하는 데 일정한 한계를 드러내었다. 이런 사정으로 최근에 호족이라는 용어가 언제부터 어떤 개념으로 사용되어 왔는지를 연구사적으로 검토하는 작업이 시도되어 왔다.[1] 그런 가운데 호족의 개념은 좀더 분명히 정의되었고, 이것은 호족에 대한 체계적 연구에 상당한 자극을 주었다.

호족이라는 용어는 1930년대 이래 한국사 연구자들에 의하여 사용되어 왔는데, 그 개념은 1950년대까지는 대체로 "신라말·고려초에 지방에서 대두한 새로운 사회세력"의 의미로 인식되었다.[2] 그 후 1960년대초에 호족에 대한

---

1) 李純根, 〈羅末麗初 '豪族'용어에 대한 연구사적 검토〉(《聖心女大論文集》 19, 1987).
文暻鉉, 〈豪族論〉(《高麗太祖의 後三國統一硏究》, 螢雪出版社, 1987).
金甲童, 〈豪族聯合政權說의 檢討〉(《羅末麗初의 豪族과 社會變動 硏究》, 高麗大 民族文化硏究所, 1990).
申虎澈, 〈後三國時代 豪族聯合政治〉(李基白 外, 《韓國史上의 政治形態》, 一潮閣, 1993).

2) 申虎澈, 위의 글, 127~128쪽에 인용된 白南雲·孫晋泰·李丙燾·李弘稙·申奭鎬·韓沽劤·曺佐鎬의 글에서 호족이 그러한 의미로 인식된 것을 확인할 수 있다.

전문적인 논문이 발표되면서[3] 호족의 개념에 대한 정의가 어느 정도 이루어졌으며, 1960년대 후반에 이르러 한국사 개설서의 篇名으로 「豪族의 時代」가 설정되면서[4] 현재에 이르기까지 신라말·고려초의 사회변동을 주도한 지방세력을 호족이라 부르는 것이 일반화되었다.

그리하여 1970년대부터 최근까지 호족의 개념이 더 구체적으로 정의되어 왔다. 이제 호족의 개념을 정의한 대표적인 견해를 비교적 긴 인용문을 제시하면서 살펴보기로 한다.

우선은 "지방에서 새로운 사회세력으로 등장한 호족은 그들의 독자적인 세력을 강하게 내세우는 존재였다. 호족들은 중앙에서 지방으로 몰락해 내려간 중앙귀족 출신도 있었지만 지방에 토착해 있던 村主 출신도 있었다. 이들은 자기의 세력기반인 鄕里지방에 대한 애착심을 가지고 있었으며, 또 중앙정부의 지배로부터 독립하려는 강한 의욕들을 지니고 있었다. 그들은 행정적으로나 군사적으로나 또 경제적으로 일정한 지역에 대한 지배권을 행사하고 있었으며, 이러한 반독립적인 자세에서 중앙정부와 연결하고 있었다"[5]라고 호족의 개념을 정의한 견해가 있다. 여기서 호족은 중앙정부의 지배로부터 독립하려는 강한 의욕을 지니고 있었으며, 행정적·군사적·경제적으로 일정한 지역에 대한 지배권을 행사하고 있던 독자적인 세력이었다는 것을 알 수 있다.

다음으로는 "전국 각처에서는 有力者가 그 지방을 세력기반으로 하여 독자적인 세력을 형성하여 나갔던 것이다.…그 지방의 유력자, 즉 호족은 城主 혹은 將軍이라 불리고 있었으며, 그의 세력이 미치는 지방의 민중들을 직접 지배하며 독자적인 군사력을 보유하고 있었다"[6]라고 호족의 개념을 정의한 것이 있다. 여기서 호족은 지방의 유력자로서 그의 세력이 미치는 지방의 민

3) 旗田巍, 〈高麗王朝成立期の府と豪族〉(《法制史硏究》 10, 1960 ; 《朝鮮中世社會史硏究》, 法政大學出版局, 1972).
金鍾國, 〈高麗王朝成立過程の硏究—特に豪族問題を中心として—〉(《立正史學》 25, 1961).

4) 李基白, 《韓國史新論》 (一潮閣, 1967).

5) 李基白, 〈高麗貴族社會의 成立〉(《한국사》 4, 국사편찬위원회, 1974 ; 《高麗貴族社會의 形成》, 一潮閣, 1990, 3쪽).

6) 河炫綱, 〈高麗王朝의 成立과 豪族聯合政權〉(《한국사》 4, 1974), 45쪽.

중들을 직접 지배하며 독자적인 군사력을 보유하고 있으면서 독자적인 세력을 형성한 존재로 정의되고 있다.

그 다음에는 "호족은 나말여초에 존재한 지방세력으로서 성주 혹은 장군이라 불리고 있었다. 그들은 지방에 근거를 둔 토착세력으로서 자신의 세력이 미치는 지방의 민중들을 직접 지배하며 독자적인 군사력을 보유하고 있었다. 이들은 한국사에 있어서 古代·中世의 전환기가 되는 나말여초라는 內亂期를 이끈 세력으로서 신라를 해체하고 고려를 성립시킨 주역들이다"[7]라고 호족을 정의해 놓기도 하였다. 여기서 호족은 신라말·고려초에 존재한 지방세력으로서 지방의 민중을 직접 지배하며 독립적인 군사력을 보유하고 있었으며, 신라를 해체하고 고려를 성립시킨 주역들이라고 정의되고 있다.

이러한 호족에 대한 정의를 종합하면 호족은 신라말·고려초에 지방에서 독자적인 군사력을 보유하고 있으면서 일정한 지역에 대한 행정적·경제적·군사적 지배권을 행사하고 있던 독자적인 지방세력으로서 신라말·고려초의 사회변동을 주도한 세력으로 규정하여도 무방할 것 같다. 아울러 호족은 대체로 성주·장군으로 불리는 존재로 이해되고 있다는 것을 알 수 있다. 이와 같은 호족의 개념이 1970년대 이래 현재까지 한국사학계에서 일반적으로 사용되어 오고 있다.

최근에는 호족의 성격과 개념에 대한 정의가 한층 더 명확하게 이루어지고 있다. 즉 호족의 일반적인 성격을 이끌어 내는 데 있어서는 "신라의 골품체제나 王京 중심의 사회체제에 반발하고 지방사회를 중심으로 하고 있었다는 점에서 地方性 혹은 在地性이, 군사적·경제적·사회적으로 거의 독자적 성격을 지니고 있었다는 점에서 독자성 혹은 독립성이, 일정 영역에 대한 지배권을 가지고 있었다는 점에서 領域性이 강조되어야 할 것"이라는 것이다. 또한 호족을 "① 신라 말기에 새로운 사회세력으로 등장하였고, ② 그 세력기반은 중앙(王京)이 아닌 지방사회에 있었으며, ③ 일정한 영역에 대해 어느 정도 독자적인 지배권—군사적·경제적·정치적인 지배권 —을 행사하고 있었으며, ④ 신라의 골품체제로부터 벗어나려는 경향—사상적으로나 종교적으

7) 申瀅植, 〈豪族의 歷史的 性格〉(《新羅史》, 梨花女大 出版部, 1985), 225~226쪽.

로—을 가진, ⑤ 특히 신라 骨品貴族이나 고려 門閥貴族과는 대비되는 신라말·고려초의 정치적 지배세력"으로 규정하고 있다.[8] 이러한 호족에 대한 개념 규정은 지금까지의 연구성과를 바탕으로 한 것으로서, 타당하고 합리적인 견해로 믿어진다.

그런데 여기서 호족의 개념과 관련하여 호족의 土着性 혹은 地方性을 어떻게 규정할 것인지를 검토하고자 한다. 그 동안 호족의 성격으로 토착성이 강조되어 왔다. 토착성은 태어나 성장한 지역, 즉 출신지에 여러 대에 걸쳐 在地的 기반을 가지고 있는 것을 의미한다. 이러한 토착성을 지닌 지방세력만을 호족으로 보는 것은 재고될 여지가 있다고 생각된다. 출신지를 떠나 移居地에 세력기반을 마련하여 유지하고 있는 것도 지방성과 재지성을 갖춘 것으로 볼 수 있다고 생각한다. 어떤 지방세력이 출신지를 떠나 특정한 지역에 이거하여 자리를 잡고 세력기반을 마련하였다면, 그 세력을 호족으로 보아도 무방하다고 생각한다. 더구나 이거지에 자신의 代 혹은 아버지의 대에 재지적 기반을 마련한 사례는 지방으로 낙향한 중앙귀족의 경우에 상당히 있었을 것으로 짐작되기 때문에 지방성과 재지성의 의미를 더 폭넓게 규정할 필요가 있다고 생각한다. 그런 만큼 지방성·재지성의 의미는 토착성의 의미에 더하여 출신지를 떠나 이거지에 세력기반을 마련하여 유지하고 있다는 의미를 포함하는 것으로 보고자 한다. 그러므로 甄萱이 武州에서, 弓裔가 溟州에서 자립하던 초기, 아직 국가체제의 틀을 갖추지 못했던 때에는 그들도 호족이었다고 생각한다.[9] 尹瑄이 궁예로부터의 禍를 염려하여 그 무리를 거느리고 鶻巖城에 근거지를 마련하고 있었는데 그를 호족으로 불러도 좋을 것으로 생각한다. 그리고 國原에서 30여 성주와 연결을 맺고 있었던 梁吉도 물론 호족이었다고 생각한다.

---

8) 申虎澈, 앞의 글, 133쪽.

9) 이와 관련하여 필자와는 다른 기준에 의해서 申虎澈이 견훤·궁예·왕건을 호족세력으로 이해한 것이 참고된다. 그는 "견훤·궁예·왕건은 모두 호족출신이거나 호족세력을 배경으로 그들과 연합하여 세력을 구축한 지방세력 가운데 가장 강대한 세력이었고 그러한 점에서 이들 셋 모두 호족세력의 대표적 존재였다고 생각한다"고 언급하였다(申虎澈, 〈豪族勢力의 成長과 後三國의 鼎立〉, 《新羅末 高麗初의 政治·社會變動》, 신서원, 1994, 151~152쪽).

한편 사료에 나타난 지방세력에 대한 표현으로는 將軍·城主·城帥·帥·賊帥·賊·雄豪·豪傑·豪族 등이 사용되었다.10) 이렇게 표현된 지방세력이, 그 동안에 이루어진 호족에 대한 대부분의 연구에서 호족의 사례로 제시되어 왔다는 것은 쉽게 인정되는 사실이다. 말할 나위도 없이 여기서 賊으로 표현된 지방세력 중에서 赤袴賊 등과 같은 草賊이나 群盜는 호족에서 제외시켜 온 것도 그 동안의 연구 경향이었다.11) 왜냐하면 호족의 성격으로 지방성과 재지성이 강조되어 왔기 때문이다. 그러므로 장군·성주·성수·수·적수·적·웅호·호걸·호족 등으로 표현된 세력 중에서 지방에 재지적 기반이 없는 초적이나 군도 등을 제외한 지방세력을 호족으로 보아도 무방할 것 같다.

이상에서 호족의 개념이 어떻게 정의되어 왔는지를 검토하여 보았다. 여기서 소개한 여러 견해들을 토대로 하여 호족의 개념을 다음과 같이 정의하고자 한다. 호족은 신라말에 새로운 사회세력으로 등장하여 지방사회에서 일정한 지역에 대한 정치적·경제적·군사적 지배권을 행사하고 있던 독자적인 지방세력으로서 신라말·고려초의 사회변동을 주도한 지배세력이었다. 아울러 호족은 장군·성주·성수·수·적수·적·웅호·호걸·호족 등으로 표현된 세력 중에서 지방에 재지적 기반이 없는 초적이나 군도 등을 제외한 지방세력이었다.

2) 호족세력의 대두 배경

신라말에 지방에서 대두한 새로운 사회세력을 豪族이라 부른다. 중앙정부

---

10) 李純根, 〈羅末麗初 地方勢力의 構成形態에 관한 一硏究〉(《韓國史硏究》 67, 1989), 29~38쪽.

11) 金哲埈은 호족의 한 유형으로 草賊·群盜의 무리를 徒黨化한 것을 제시하고, 이 유형에 해당하는 것으로 箕萱·梁吉·弓裔를 들었다. 이것은 언뜻 보기에는 초적·군도의 무리를 호족으로 규정하고 있는 느낌을 주지만, 자세히 그 의미를 더듬어 보면 그렇지 않다는 것을 알 수 있다. 즉 초적·군도의 무리는 호족으로 규정하지 않고, 그러한 무리를 도당화하여 거느린 기훤·양길·궁예는 호족으로 규정하고 있다는 것을 알 수 있다(金哲埈, 〈文人階層과 地方豪族〉, 《한국사》 3, 1976, 602~603쪽).

의 통치력이 크게 약화되는 眞聖女王대부터 호족은 지방사회의 실질적인 지배자로 등장하여 당시의 사회변동을 주도하였다. 호족의 대두는 新羅骨品制社會의 붕괴를 의미하는 것이었지만, 한편으로는 신라골품제사회가 붕괴되어 가는 과정에서 일어난 현상이었다. 그런 만큼 호족의 대두는 신라 하대에 이르러 골품제사회의 여러 문제점이 드러나는 것과 짝하여 나타났다.

첫째, 당시 골품제사회는 진골귀족의 수가 크게 늘어나는 문제점을 드러내었다. 진골귀족의 수가 늘어나게 되자 王의 近親일지라도 官界 진출에 일정한 제약을 받지 않을 수 없게 되었다. 즉 왕의 從弟나 從叔의 官等이 舍知로서 비교적 낮았고, 관직도 縣令·長史 등 비교적 하위 관직이었던 사례도 나타나고 있는데, 이는 진골귀족의 포화상태를 반영하여 준다. 이에 따라 왕실 및 진골귀족은 여러 家系로 分枝化되었다.[12] 진골귀족의 증가는 또한 자체 내의 도태작용을 수반하였다. 그리하여 진골귀족의 각 가계 사이에 왕위를 둘러싼 정권쟁탈전이 빈번하게 일어났다. 이러한 정권쟁탈전은 혜공왕대에 일어난 여섯 번의 반란을 시작으로 하여 본격화되었다. 왕위쟁탈전에 참가했다가 패배한 가계는 권력에서 소외되어 몰락할 수밖에 없었다.

자기도태에 의해서 몰락한 진골귀족의 가계는 지방의 연고지로 낙향하여 지방세력으로 전환하였다. 惠恭王 4년(768)에 일어난 大恭의 亂에서 王都 및 五道 州郡의 96角干이 서로 싸웠다. 대공을 비롯한 96각간은 진골귀족이었던 것으로 여겨지는 만큼, 이미 중대말에도 전국 각지에 진골귀족이 존재하고 있었다는 것을 알 수 있다. 특히 830년대 후반의 치열한 왕위쟁탈전을 거치면서 몰락한 진골귀족의 낙향은 보편적인 현상이 되었다. 물론 진골귀족에 비하여 그 정치적·사회적 지위가 훨씬 낮았던 六頭品貴族의 낙향도 일반적인 현상이 되었을 것이다. 이러한 낙향귀족들은 食邑이나 祿邑 혹은 牧馬場 등을 기반으로 지방에서 일정한 세력을 형성하고 있었다. 그리하여 낙향귀족들은 신라말에 중앙정부의 지방통제력이 약화되었을 때 독자적인 세력으로 성장하여 신라의 지배로부터 독립하여 호족으로 대두하였다.

둘째, 골품제사회는 지방인의 중앙 진출을 원천적으로 봉쇄하는 문제점을

12) 李基東, 〈新羅下代의 王位繼承과 政治過程〉(《歷史學報》 85, 1980 ; 《新羅骨品制社會와 花郎徒》, 一潮閣, 1984, 178~180쪽).

지니고 있었다. 골품제사회는 中央人·慶州人의 특권만을, 그것도 진골귀족의 특권만을 보장해 주는 사회였다. 이런 사회에서 지방사회의 실력자들이 중앙으로 진출하여 사회적 지위를 상승시킨다는 것은 불가능한 일이었다. 이에 지방민들이 실력을 쌓더라도 그들은 지방사회에서 그 실력을 대를 물려 이어가면서 토착세력이 되는 길 이외에 다른 출구를 찾을 수가 없었다.

지방사회의 실력자들은 촌락에서 村主로서 村政을 담당하면서 군현의 邑司에 참여하였는데, 이것이 국가체제 안에서 이룰 수 있는 사회적 진출의 전부였다. 촌주는 촌락에서 對民關係를 실질적으로 장악하고 있었고 村主位畓을 지급받았으므로 지방사회에서 세력기반을 확대하여 정치적·군사적 실력자로 성장할 수 있었다. 촌주 이외의 지방민들은 국가체제 밖에서 실력을 쌓아 유지·확대하였다. 지방민들은 松嶽의 作帝建이나 貞州의 柳天弓처럼 해상무역에 종사하거나 혹은 尙州의 阿慈介처럼 농업에 종사하면서 주로 경제적 실력을 기반으로 하여 지방사회의 실력자로 성장하였다. 그리하여 그들은 유천궁처럼 邑의 長者로 불려지거나 公州의 兢讓(靜眞大師)의 선대처럼 州里의 長者나 郡邑의 豪戶 등으로 불려졌다. 그들은 경제적 실력을 바탕으로 지방사회에서 강력한 재지적 기반을 마련하여 독자적인 지방세력으로 대두할 수 있었다.

이와 같이 중앙 진출의 길을 봉쇄당했던 지방민들이 지방사회에서 독자적 지방세력으로 성장하였다. 이들이 신라말에 중앙정부의 지방통제력이 약화되었을 때 신라의 지배로부터 벗어나 독립하여 호족이 되는 것은 지극히 당연한 일이었다. 골품제사회가 가진 두 가지 문제점으로 인하여 지방사회에는 착실하게 실력을 쌓아 지방세력으로 성장한 잠재적인 독립세력이 광범위하게 존재하고 있었다. 이들은 적절한 기회가 오면 언제든지 신라의 지배로부터 벗어날 입장에 있었다. 그 기회는 다름 아니라 중앙정부의 지방에 대한 통제력이 약화되어 가는 시기에 왔다. 그 시기는 대체로 880년대 무렵이었다. 특히 전국이 내란상태에 놓이게 되는 진성여왕대에 이르러 호족은 전국 각지에서 대두하여 「豪族의 時代」를 열었다.

〈鄭淸柱〉

2. 호족세력의 대두

호족은 그 출신에 따라서 몇 가지 유형으로 나누어진다. 그 유형으로는 대체로 落鄕貴族 출신의 호족, 軍鎭勢力 출신의 호족, 海上勢力 출신의 호족, 村主 출신의 호족을 들 수 있다. 이들 유형의 호족은 그 출신이 다른 만큼, 호족으로의 대두 과정이나 존재 양상 및 성격에서도 일정한 차이를 드러낸다.

1) 낙향귀족 출신의 호족

落鄕貴族은 본래는 중앙귀족이었으나 낙향하여 지방에 거주하면서 토착세력이 된 귀족을 지칭한다. 낙향귀족은 두 종류로 나누어진다. 첫째는 국가의 徙民에 의한 낙향귀족이다. 중앙귀족으로서 지방에 사민되었다면 그들은 당시 경주에서는 몰락한 귀족으로서 권력에서 배제되어 있었을 것이다. 사민되어 지방에 거주한 만큼 그들을 낙향귀족으로 보는 것이 타당할 것이다.

신라에서는 王京에 거주하는 중앙귀족이 제반특권을 누렸다. 이러한 왕경의 중앙귀족이 지방으로 사민된 것은 일찍부터 있어 왔다. 고대국가의 성립기에 정복사업이 활발히 추진되면서 주요 지역에 小京이 설치되고 그 곳에 王京人을 집단적으로 사민시키는 조치가 취해졌다. 즉 智證王 15년(514)에 阿尸村에 소경을 설치하고 6部와 南地의 人戶를 이주시켰다. 眞興王 18년(557)에 國原小京(忠州)을 설치하고 다음해 2월에는 귀족의 자제와 六部의 豪民을 국원소경에 이주케 하였다. 善德女王 8년(639)에는 何瑟羅州(江陵)에 北小京을 설치하였다.

이러한 중앙귀족의 사민이 보다 광범위하게 이루어지는 것은 삼국통일 이후였다. 이는 다음의 사료에서 확인할 수 있다.

> 文武王 14년(674)에 六徒의 眞骨로 5京과 9州에 出居케 함으로 해서 따로 官名을 일컫게 하였으니, 그 官等은 京位에 준하게 하였다(《三國史記》 권 40, 志 9, 職官 下, 外位).

문무왕 14년(674)은 삼국통일 직후로 唐軍을 축출하기 위한 전투가 한창인 시기이다. 이 사료에는 경주 6부의 진골귀족만을 출거시킨 것으로 기록되어 있다. 그렇지만 이 때에도 물론 진흥왕대에 국원소경을 설치할 때의 경우와 마찬가지로 귀족의 자제와 6부의 호민이 두루 사민되었을 것이다. 그렇다면 6두품귀족과 그 이하의 두품 신분층도 사민되었다고 이해하는 것이 타당할 것이다. 이처럼 새로 편입된 영토의 주요 지역에 경주 6부의 진골귀족이나 6두품귀족 등을 사민시켜 지방지배의 거점으로 삼았던 것이다.

삼국통일 이후 새로 영토로 편입된 백제와 고구려 지역을 포함한 전국토는 새로운 지방통치조직으로 편제되었다. 문무왕 18년·20년에 北原小京·金官小京이 각각 설치되고 神文王 5년(685)에 西原小京·南原小京이 설치되어 5小京이 성립되었다. 9州도 신문왕 5년에 설치되었다.[1] 이러한 9주 5소경제의 성립으로 중앙귀족의 지방 진출은 보다 일반화되었을 것이다. 그리하여 5소경과 9주의 治所에는 경주에서 이주해 온 중앙귀족이 다수 존재하였다.

소경은 말 그대로 작은 왕경이었다. 그러므로 소경은 왕경의 정치·사회·문화 등을 축소시켜 놓은 것으로 볼 수 있다. 소경은 準王京으로 대우받았다. 그래서 소경에 이주하여 살았던 중앙귀족은 위의 문무왕 14년의 外位에 관한 사료에 나타난 바와 같이 왕경의 6部人과 마찬가지로 京位를 받고 있었다. 물론 이것은 소경의 귀족이 왕경의 6부인과 동등한 자격을 가졌다는 것을 뜻하지는 않는다. 그들은 국가의 사민 조치에 의하여 小京人이 되었다는 사실을 고려하면 오히려 왕경의 6부인보다는 낮은 지위에 있었을 것이다. 소경인은 왕경인에 비하여 출세의 제약을 많이 받았을 것이다.[2] 그렇지만 소경의 귀족은 지방사회에서는 일반 지방민 위에 군림하는 지배층이었다. 9주의 치소에 이주하여 살았던 귀족들도 소경의 귀족들과 마찬가지의 지위에 있었을 것이다.

둘째는 진골귀족의 分枝化와 자기도태 과정에서 몰락한 낙향귀족이다. 이

---

1) 9州 5小京에 대해서는 다음의 글이 참고된다.
藤田亮策, 〈新羅九州五京攷〉(《朝鮮學報》 5, 1953).
林炳泰, 〈新羅小京考〉(《歷史學報》 35·36, 1967).
李仁哲, 〈統一新羅期의 地方統治體系〉(《新羅政治制度史硏究》, 一志社, 1993).
2) 李基白·李基東, 《韓國史講座》 I (古代篇)(一潮閣, 1982), 335쪽.

경우가 보다 전형적인 낙향귀족이다. 신라 하대에 이르면 진골귀족의 수가 크게 늘어나고 이에 따라 왕실 및 진골귀족 집단은 여러 家系로 분지화되고 있었다.[3] 이들 가계는 정치적·사회적으로 독립된 단위로서 기능하였다. 진골귀족의 증가는 또한 자체 내의 도태작용을 수반하였다. 그런데 진골귀족들은 독립된 가계를 중심으로 권력투쟁을 전개하여 패배한 가계를 몰락시키는 것 이외에는 진골귀족을 자체적으로 도태시킬 원리나 방법을 갖고 있지 못하였다.

진골귀족의 분지화 경향과 자기도태 현상은 시간이 흐를수록 더욱 촉진되어 갔다. 이에 따라 신라 하대에는 진골귀족의 각 가계를 중심으로 왕위를 둘러싼 정권쟁탈전이 빈번하게 일어났다. 왕위쟁탈전에 참가했다가 패배한 가계는 권력에서 소외되어 몰락할 수밖에 없었다. 이러한 가계의 중앙귀족은 자신의 연고지(田莊)가 있는 지방으로 내려가 거주하면서 지방세력이 되었다. 왕의 피살과 수많은 반란이 연속적으로 되풀이되는 가운데 중앙귀족으로서 몰락하여 자신의 세력근거지로 낙향하는 자는 더욱 많아졌다. 그리하여 왕위쟁탈전이 특히 치열했던 僖康王·閔哀王·神武王대에 이르러 낙향귀족은 거의 전국적으로 존재하게 되었다.[4]

한편 권력에서 소외된 진골귀족 가계의 구성원 중에서 지방관으로 나가 있던 자는 그대로 지방에 머물러 거주하기도 하였다. 이렇게 지방관으로 나가 있다가 낙향한 귀족의 가계는 이미 몰락하여 경주에서는 거주할 수 없는 처지였을 것으로 생각된다.

신라 하대에 중앙귀족이 낙향하여 거주하는 것은 일반적인 현상이 되었는데 이는 신라말의 禪師들의 碑文에서 확인할 수 있다. 이들 선사들은 그들의 가계를 鷄林冠族·鷄林宗枝·鷄林聖枝·鷄林人·京師人·東溟冠族 등으로 표현하고 있다. 이런 표현에는 다소 粉飾된 것도 없지 않지만 그들이 경주의 진골귀족 출신이거나 6두품 출신이었다는 것을 말하여 준다. 無染의 선대는

3) 李基東, 〈新羅下代의 王位繼承과 政治過程〉(《歷史學報》 85, 1980 ; 《新羅骨品制社會와 花郎徒》, 一潮閣, 1984, 178~180쪽).

4) 金杜珍, 〈統一新羅의 歷史와 思想〉(《傳統과 思想》 2, 韓國精神文化硏究院, 1986), 62쪽.

널리 알려진 바와 같이 진골귀족에서 몰락하여 6두품으로 강등되어 藍浦에 낙향하였다. 利嚴의 선대는 경주에서 流落하여 熊川으로, 다시 富城·蘇泰(현 瑞山郡)로 낙향하였으며, 慧徹의 祖는 朔州 善谷縣으로 낙향하였다. 麗嚴과 開淸의 선대는 관직을 따라 지방에 나갔다가 그대로 머물러 거주하였다. 이와 같이 그들의 선대 가계는 대체로 중앙귀족 출신으로서 몰락하여 지방으로 낙향하였던 것으로 보인다.

이상에서 살펴본 바와 같이 국가의 사민 조치에 의해서였건 진골귀족의 자기도태 현상에 의해서였건 신라 하대에 이르러 낙향귀족은 5소경과 9주의 치소를 중심으로 한 지방사회에 광범위하게 존재하였다. 이러한 낙향귀족은 그 곳 지방사회에 정착하여 거주하면서 토착적 기반을 마련하고 재지세력이 되었다. 이들은 신라말의 혼란기에 이르러 호족으로 대두하였다. 그리하여 5소경과 9주의 치소는 신라말·고려초에는 대체로 유력한 호족의 거점으로 등장한다. 그 대표적인 예는 淸州(서원소경)·忠州(중원소경)와 溟州이다.

낙향귀족이 호족으로 등장하는 사례는 후대의 기록이지만 다음의 사료에서 확인할 수 있다.

> 신라말에 귀족의 후예가 다투어 豪武를 써서 州縣을 制覇하고는 고려 통합초에 歸服하지 않는 자가 있었는데, 이들을 진압하지 못할까 근심하여 억지로 所在地의 戶長으로 삼아 억제하였다(《掾曹龜鑑》 권 1, 吏職名目解, 戶長).

이처럼 신라말에 각지에 거처하는 중앙귀족의 후예, 즉 낙향귀족이 豪武를 써서 주현을 제패하고 호족이 되었던 것은 쉽게 인정될 수 있는 사실이다. 실제로 이러한 사실은 소경이 설치되었던 지역인 청주·충주의 호족이나 주의 치소 지역이었던 명주의 김주원계 호족에서 확인할 수 있다.

청주는 신라말·고려초에 여러 호족세력들이 존재하고 있었다. 청주호족에 대해서는 다른 호족에 비해서 많은 연구가 진행되어 왔다.[5] 그 이유는 청주

---

5) 金光洙, 〈羅末麗初의 地方學校問題〉(《韓國史硏究》 7, 1972).
金甲童, 〈高麗建國期의 淸州勢力과 王建〉(《韓國史硏究》 48, 1985).
朴敬子, 〈淸州豪族의 吏族化〉(《원우론총》 4, 淑明女大, 1986).
鄭淸柱, 〈弓裔와 豪族勢力〉(《全北史學》 10, 全北大, 1986 ; 《新羅末高麗初 豪族硏究》, 一潮閣, 1996).

호족에 관한 자료가 비교적 많이 남아 있기 때문이다. 이는 당시 청주지역에 유력한 호족세력들이 존재하고 있었고 이들의 동향이 신라말·고려초에 매우 중요한 역할을 담당하고 있었다는 것을 간접적으로 증명하여 준다. 청주 호족의 존재 양상은 〈龍頭寺幢竿記〉(광종 13년 ; 962)에서 확인할 수 있다. 이 금석문에 의하면 당시 청주지역에는 金氏를 비롯하여 孫氏·慶氏·韓氏 등의 호족이 존재하고 있었다.

이들 중에서 김씨 일족은 청주호족의 대표적 존재였다. 이들은 용두사의 檀越勢力으로서 당간 건립을 주도한 집단이다. 이 당간은 金芮宗이 건립하기 시작하였으나 죽게 되자 從兄 金希一 등이 완성하였다. 즉 김예종가와 종형 김희일가가 힘을 합하여 공동으로 건립하였다. 김예종과 김희일 이외에도 金守□·金釋希·金寬謙이 건립에 참여하였다. 그런데 김예종과 김희일은 堂大等이고 김수□·김석희·김관겸은 大等이다. 당대등·대등은 成宗 2년(983)의 鄕吏職 개편에서 戶長·副戶長으로 개칭되는 직명으로 당시 지방사회의 최고 지배자를 뜻한다. 실제로 이들 청주 김씨는 '檀越秉令'의 임무를 맡았고, '遂令鑄成'이라고 표현된 바와 같이 「令」(명령)에 의하여 그 지방의 관직에 있던 자들을 동원하여 당간을 건립했던 것이다. 이러한 청주 김씨는 청주지역의 최고 지배자집단이었다.

청주 김씨 일족은 궁예·왕건대에 上京從仕한 계열과 在地勢力化한 계열로 분화되었다. 태조 즉위 직후의 인사조치에서 白書省卿에 임명된 金言規나 태조대에 守司徒·三重大匡이었다는 金勤謙은 전자에 속하고, 용두사 당간을 건립한 김예종·김희일 등은 후자에 속한다. 한편 청주에서는 金兢律이 그의 두 딸을 혜종·정종에게 納妃할 정도로 강력한 세력을 이루고 있었다. 이러한 김긍률도 청주 김씨의 한 가계였을 것으로 짐작된다. 김긍률이 막강한 세력을 형성한 배경에는 청주 김씨의 탄탄한 族的 기반이 크게 작용하였을 것이다.

金周成, 〈高麗初 淸州地方의 豪族〉(《韓國史硏究》 61·62, 1988).
安永根, 〈羅末麗初 淸州勢力의 動向〉(《水邨朴永錫敎授華甲紀念 韓國史學論叢》 上, 1992).
申虎澈, 〈後三國 建國勢力과 淸州 地方勢力〉(《湖西文化硏究》 11, 忠北大, 1993).

이와 같이 청주 김씨는 청주지역을 실질적으로 지배하던 강력한 호족세력이었다. 이는 당간기의 撰者가 청주 김씨를 '州里豪家 鄕閭冠族'이라고 적절하게 표현한 데에서 확인할 수 있다. 이 표현이 의미하는 바와 같이 청주호족은 가장 전형적인 호족이었다.

그렇다면 청주 김씨 일족은 언제부터 청주지방에 거주하였을까. 이들 일족의 姓氏가 新羅宗姓인 김씨이고 청주가 서원소경이었다는 것으로 미루어 보아 청주 김씨 일족은 서원소경의 설치와 함께 경주로부터 사민된 진골귀족의 후예로 생각된다. 이런 이유로 인하여 그들은 청주에 이주해 와서도 여전히 지배층으로 존재하였다. 그리고 그들이 定住하여 재지화하는 과정에서 강력한 세력기반을 형성하였다. 따라서 청주 김씨는 청주지방에서 首位의 성씨집단을 형성하고 있었다. 이러한 배경을 갖고 있는 이들은 신라말에 중앙의 지방에 대한 통제력이 약화되었을 때 청주지방을 독자적으로 지배하는 호족세력으로 성장하여 갔던 것으로 여겨진다. 청주 김씨는 소경에 거주하는 낙향귀족이 호족으로 성장한 것을 보여주는 대표적인 사례이다.

한편 청주에는 6두품 출신이 호족으로 여겨지는 孫氏 일족이 있었다. 손씨는 원래 경주의 6두품으로서 서원소경이 설치될 때 사민되어 온 성씨로 생각된다.

충주도 낙향귀족이 호족세력으로 등장한 곳으로 널리 알려진 곳이다. 충주호족의 존재 양상은 〈淨土寺法鏡大師碑〉의 陰記에서 살펴볼 수 있다. 이 음기에는 法鏡大師 玄暉의 제자로서 비의 건립에 참여한 道官·俗官의 인물들의 명단이 기록되어 있다.[6]

이들 인물의 성씨를 살펴보면 충주지방의 대표적인 성씨는 劉氏·金氏·朴氏·崔氏·張氏로 나타난다. 이들 성씨가 충주지방을 지배하는 유력한 호족들이었다고 이해된다. 이 가운데 유씨 집단이 가장 강력한 세력을 이루고 있었다. 즉 劉兢達은 왕건의 제3비인 神明順成王后의 아버지로서 그의 딸을 고려 건국 후 제일 먼저 왕비로 納妃할 정도로 크게 활약한 호족이었다. 그리고 劉權說은 태조대에 侍中의 지위에 있었다.

---

6) 蔡尙植, 〈淨土寺址 法鏡大師碑 陰記의 分析〉(《韓國史硏究》 36, 1982).

그런데 이들 성씨 중에서 박씨와 김씨는 진골귀족 출신의 호족으로 이해하는 것이 타당할 것이다. 유씨·최씨·장씨는 6두품 출신의 호족으로 생각된다. 왜냐하면 阿粲을 사용한 성씨에 최씨·장씨가 보이고 奈麻를 사용하는 성씨에 최씨가 보이기 때문이다. 그리고 아찬은 6두품이 지닐 수 있는 최고의 관등이고, 최씨와 장씨는 경주의 6두품 성씨이기 때문이다. 유씨의 출신도 최씨·장씨와 비슷했을 것이다.7) 이와 같은 사실로 미루어 보아 신라말·고려초에 충주지방에서 활약한 호족들은 경주에서 중원소경으로 사민되어 내려온 중앙귀족, 즉 낙향귀족 출신의 호족으로 생각된다.

金海는 金官小京이 위치했던 곳이다. 이 곳의 호족인 金仁匡도 소경의 관리나 舊加耶王族인 新金氏로 이해되고 있다. 그렇다면 김인광은 낙향귀족 출신이거나 그와 유사한 사회적 지위에 있었다고 생각된다.8) 또한 김해에서는 忠至 匝干이 金官高城을 攻取하여 城主將軍이 되었다. 잡간이 제3관등으로서 진골의 관등이라는 것을 염두에 둘 때, 그는 낙향한 진골귀족 출신의 호족으로 생각된다.

명주는 주의 치소로서 낙향귀족이 큰 세력을 형성하고 있던 지역이다. 이 곳에서는 널리 알려진 바와 같이 김주원계 후손들이 호족으로 등장하여 막강한 세력을 과시하였다. 김주원은 중앙에서의 왕위계승전에서 패배하여 자신의 연고지인 명주로 퇴거하여 지방세력이 되었다. 그는 명주는 물론 襄陽·三陟·平海·蔚珍 등 嶺東 일대에 강력한 세력권을 형성하였는데 이러한 세력권은 물론 그의 후손들에게 계승되었다.

명주에서는 金順式(王順式)이 신라말에 溟州將軍 혹은 知溟州軍州事로서 강력한 호족세력으로 등장하여 명주 일대를 지배하고 있었다.9) 그는 崛山門 朗圓大師 開淸의 단월이었다. 그는 궁예세력이었는데 왕건 즉위 후에도 오랫

---

7) 金壽泰, 〈高麗初 忠州地方의 豪族—忠州劉氏를 중심으로—〉(《忠淸文化研究》 1, 韓南大, 1989), 13쪽.

8) 崔柄憲, 〈新羅末 金海地方의 豪族勢力과 禪宗〉(《韓國史論》 4, 서울大, 1978), 403~405쪽.

9) 金杜珍, 〈新羅下代 崛山門의 形成과 그 思想〉(《省谷論叢》 17, 1986).
金甲童, 〈溟州勢力〉(《羅末麗初의 豪族과 社會變動 研究》, 高麗大 民族文化研究所, 1990).

동안 불복하다가 태조 11년(928)에 이르러 귀부하였다. 김순식은 대체로 김주원의 후손으로 이해되고 있으며,10) 그가 호족으로 성장하는 데에는 김주원계의 세력기반에 힘입은 바가 컸을 것이다. 이러한 김순식은 낙향한 진골귀족 출신의 대표적인 호족이다. 명주에는 또한 王乂라는 호족이 세력을 떨치고 있었다. 그는 김주원의 직계후손으로 王姓을 하사 받았는데, 그의 딸은 왕건에게 납비되어 大溟州院夫人이 되었다. 이와 같이 김주원계 후손으로 구성된 명주호족은 낙향한 진골귀족 출신의 호족이었다.

2) 군진세력 출신의 호족

신라의 軍鎭은 처음에는 변경의 수비를 위하여 내륙의 요지에 설치되었다. 武烈王 5년(658)에 삼척에 설치된 北鎭은 靺鞨의 침입을 방어하기 위한 것이었다. 그리고 宣德王 3년(782)에 平山에 설치된 浿江鎭은 北邊을 방어하기 위한 것이었다. 그 후 海賊의 퇴치나 해상 방면의 방어를 위하여 해안의 요지에 군진이 설치되었다. 興德王 3년(828)에 완도의 淸海鎭, 흥덕왕 4년에 남양의 唐城鎭, 文聖王 6년(844)에 강화의 穴口鎭이 차례로 설치되었다. 이들 군진 중에서 가장 대표적인 것은 패강진과 청해진이다.

패강진은 이전의 북변 수비의 중심이었던 大谷城을 승격시키면서 民戶를 이주시켜 군진으로서의 성격을 강화한 것이다.11) 신라가 당으로부터 대동강 이남의 땅에 대한 영유권을 정식으로 인정받은 것은 聖德王 34년(735)이었다. 이후 예성강 이북으로부터 대동강 이남의 지역, 즉 패서지역의 개척이 시작되었다. 景德王 7년(748)에 예성강 일대에 4개 군현을 설치하고, 이어 경덕왕 21년에 그 북쪽 지방에 6개 군현을 증설하였다. 헌덕왕대에 다시 북방으로

10) 鄭淸柱, 앞의 책, 81쪽. 그러나 金順式이 金周元의 직계가 아니라는 견해가 제시되기도 하였다(金貞淑, 〈金周元世系의 成立과 그 變遷〉, 《白山學報》 28, 1984, 189~191쪽).

11) 浿江鎭에 대해서는 다음의 글들이 참고된다.
李基東, 〈新羅下代의 浿江鎭〉(《韓國學報》 4, 1976 ; 앞의 책, 208~231쪽).
木村誠, 〈統一新羅の郡縣制と浿江地方經營〉(《旗田巍古稀紀念朝鮮歷史論集》 上, 龍溪書舍, 1979).
方東仁, 〈浿江鎭의 管轄範圍에 關하여〉(《盧道陽博士古稀記念文集》, 1979).

진출하여 대동강의 남쪽 지역에 3개 군현을 설치하였다.

이와 같이 浿西地域의 개척이 상당히 진행된 이후에 패강진이 설치되었다. 패강진은 예성강 이북으로 진출하는 교통의 요지이자 북변 방어의 관문인 平山에 위치하였다. 이러한 패강진은 예성강 이북 대동강 이남의 광범위한 지역의 군사적 임무를 담당하였다. 패강진은 신라의 서북 변경지대의 방어를 담당하는 국경 수비의 本營이었다.

패강진의 장관은 頭上大監으로 6두품의 관직이었다. 이 두상대감은 9세기 이후의 금석문에는 都護로 개칭되어 나타난다. 그 다음의 관직은 大監으로 7인이었는데, 그 관등은 太守와 동일하였다. 따라서 대감은 패강진 관할 아래 있는 郡의 太守로 믿어진다. 그 이외에도 頭上弟監·弟監·步監이 각각 1인, 少監 6인이 있었다.

한편 패강진이 설치되면서 그 곳에 옮겨진 민호는 軍戶的 성격을 가진 것으로 이해된다. 그러므로 패강진에는 屯田兵이라고도 부를 수 있는 그 지방에 토착하는 항구적인 地方軍이 배치되어 있었다고 생각할 수 있다.[12] 결국 패강진에 이주된 민호는 평화시에는 농경에 종사하는 개척농민이었고, 외적 침입시에는 무장하여 군사적 임무를 수행하는 군인이었다고 보여진다.

이와 같이 패강진은 변방 지역의 개척과 수비라는 이중의 임무를 수행하는 군진이었다. 패강진은 10停이나 5州誓와 같은 단순한 軍團이 아니라 州·小京 등과 동등한 하나의 독립된 행정단위를 이루고 있었다. 즉 패강진은 예성강 이북 대동강 이남의 광범위한 변방지역을 관장하는 특수한 행정구역이었다.[13]

패강진의 軍官 조직은 민호를 둔전병적인 지방군으로 편제하여 지배·지휘하는 군사적 조직이었다. 이러한 군사적 조직을 중심으로 토착민 사이에 강력한 군사적 지배·지휘체계가 성립되었는데, 이 군사적 체계를 지배·지휘한 것은 물론 패강진의 여러 군관들이었다. 이들 군관들은 이러한 군사적 체계를 통하여 이 지역에서 군사적 성격이 강한 신흥 지방세력으로 성장할

12) 李基白, 〈高麗 太祖時의 鎭〉(《歷史學報》 10, 1958;《高麗兵制史硏究》, 一潮閣, 1968, 232쪽).

13) 李基東, 앞의 책, 221~222쪽.

수 있었다.[14]

신라 하대에 중앙정부의 지방에 대한 통제력이 약화되었을 때 패강진 지역은 경주에서 가장 멀리 떨어진 변경지역이었으므로 맨 먼저 중앙정부의 지배나 통제로부터 벗어났던 것으로 보인다. 그 만큼 이 지역에서는 중앙정부의 수탈이 비교적 적었을 것이다. 이에 당시의 많은 유민들이 이 곳으로 들어와 둔전병적 개척농민이 되어 농지를 개간하였을 것이다. 또한 패강진 지역은 당시 해상무역의 중요 거점인 예성강 하구 지대와 인접되어 있었으므로 해상세력과도 연결될 수 있는 곳이었다. 요컨대 이 지역은 경제적 활력이 넘치고, 신흥 지방세력이 대두하기에 적합한 곳이었다.

흥덕왕대의 일련의 개혁이 실패하고, 이어 왕위쟁탈전이 치열하게 전개되어가자 중앙정부의 지방에 대한 통제력이 크게 약화되었다. 이에 따라 9세기 후반에는 지방에서 호족세력이 활발하게 대두하기 시작하였다. 당시 패강진 지역에서 등장한 호족들은 대체로 패강진의 군사적 조직을 통하여 성장한 세력이었다고 추측된다. 이는 이 지역 출신의 禪師인 順之·道允·折中의 가계에서 확인할 수 있다. 그들의 가계는 각각 '家業雄豪'·'豪族'·'郡族'으로 표현된 것으로 보아 그 지역의 호족세력임을 알 수 있다. 순지의 祖考는 '世爲邊將'하였다고 한 것으로 미루어 패강진의 軍官職을 맡은 것을 계기로 하여 호족으로 대두하였던 것 같다. 도윤의 조고는 그 관직이 郡譜에 상세히 기록되어 있고 절중의 아버지는 활쏘기·말타기 등 무예로 이름을 떨쳤다는 것으로 미루어 모두 패강진의 군관직을 맡은 것을 계기로 하여 호족으로 성장했다고 생각된다.

패강진 출신의 호족 중에서 그 구체적 존재 양상을 알 수 있는 사례는 平山朴氏이다. 평산 박씨는 지방관으로서 명주·竹州로 이동하여 다니다가 平州(통일신라시대의 명칭은 永豊郡)에 정착하여 패강진 지역의 군사적 조직을 통하여 호족으로 성장하였다.[15] 朴直胤은 패강진 관내 평주의 군관직을 맡고

14) 金光洙, 〈高麗建國期의 浿西豪族과 對女眞關係〉(《史叢》 21·22, 1977), 137쪽.

15) 평산 박씨가 호족으로 성장한 것에 대해서는 다음의 글들이 참고된다.
鄭淸柱, 〈新羅末·高麗初 豪族의 形成과 變化에 대한 一考察—平山朴氏 一家門의 實例 檢討—〉(《歷史學報》 118, 1988 ; 앞의 책).

있었다고 이해되고 있다. 그는 고구려의 장군직인 大毛達이라는 칭호를 사용하였는데, 이는 신라정부의 지배권에서 벗어나 독립적인 세력으로 성장해 나가고 있었다는 것을 말하여 준다. 그리하여 박직윤의 아들인 朴遲胤의 대에 이르러 평산 박씨는 패서지역의 유력한 호족세력으로 성장할 수 있었다. 이후 평산 박씨는 궁예에게 귀부하고, 이어 왕건과 결합함으로써 고려초에 정치적으로 크게 성장할 수 있었다. 박지윤과 朴守文·朴守卿 3父子는 각각 딸을 왕건에게 納妃할 정도로 고려초의 중요한 정치세력이 되었다. 평산 박씨와 王建家와의 연결은 왕건 이전부터 있어 왔던 것으로 생각된다. 즉 왕건의 祖母인 龍女는 평주의 호족인 豆恩坫 角干의 딸이었는데, 용녀는 평산 박씨로 추측되고 있다. 또한 왕건의 祖母와 父는 평산 박씨였을 것으로 여겨지는 順之의 후원세력이었다.

평산 박씨 이외에도 패강진 지역에서 성장한 호족 중에서 왕건과 결합하여 정치적으로 크게 성장한 경우가 많다. 먼저 태조 왕건의 王后와 夫人을 배출한 가계를 들 수 있다. 黃州皇甫氏의 皇甫悌恭은 후삼국 통일전쟁에서 중요한 역할을 하였는데, 그의 딸이 神靜王后 皇甫氏이다. 신정왕후의 딸이 광종의 왕비(大穆王后)가 된 이후로 황주 황보씨는 고려초에 강력한 정치세력으로 존재하였다. 貞州柳氏는 패강진 지역의 호족은 아니지만 정주가 예성강을 사이에 두고 패강진 지역과 인접해 있다는 점에서 패강진 지역의 호족과 함께 묶어 파악해도 무방할 것이다. 정주 유씨는 神惠王后 柳氏(柳天弓의 딸)와 貞德王后 柳氏(柳德英의 딸)를 배출하였다. 태조의 부인을 배출한 호족으로 평산 박씨 다음으로 유력한 가계는 平山庾氏이다. 평산 유씨의 유금필은 왕건 휘하에서 수많은 군사활동을 하였는데, 그의 딸이 東陽院夫人 庾氏이다. 洞州金氏는 大西院夫人 金氏·小西院夫人 金氏(모두 金行波의 딸)를 배출하였다. 信川康氏는 信州院夫人 康氏(康起珠의 딸)를 배출하였다. 小黃州院夫人은 성씨가 알려지지 않고 있는데 황주 황보씨로 추측된다.

이와 같이 평산 박씨를 비롯하여 황주 황보씨·정주 유씨·평산 유씨·동주 김씨·신천 강씨 등 패강진 지역의 호족은 태조의 6왕후·23부인 가운데 3왕후·8부인을 배출할 정도로 정치적으로 크게 진출하였다. 이외에도 패강진 지역의 출신으로 고려초에 활동했던 인물로는 中和金氏의 金樂·金鐵 형제, 鹽州(연안)의 尹瑄·泰評, 土山(상원)의 崔凝 등이 있다. 그리고 앞에서 언급한 순지·도윤·절중 등의 선사가 이 지역 출신이다.

이와 같이 패강진 지역의 호족은 송악의 호족인 왕건 집안과 결합하였다. 이 결합은 왕건 이전부터 시작되어 궁예치하를 거쳐 왕건의 고려 건국 이후에 이르기까지 시기에 따라 더욱 강화되었다. 그리하여 패강진 지역의 호족은 왕건의 주요한 세력기반이 되었고, 고려 건국과 후삼국 통일에 크게 기여할 수 있었다. 요컨대 왕건과 패강진 지역의 호족세력은 고려 건국과 후삼국 통일의 주역인 동시에 고려 초기의 정치를 주도한 세력이었다. 이러한 사실은 임진강 이북으로부터 패강진 일대에 이르는 지역이 고려왕조의 모태였다는 것을 말해 준다.

청해진은 흥덕왕 3년에 장보고에 의하여 설치되었다.[16] 장보고는 당에 가서 徐州의 武寧軍에서 30세에 小將이 되었다. 당시 서남해안에서는 신라인을 잡아다가 노비로 매매하는 해적들이 활동하였다. 이에 장보고는 해적을 퇴치하여 해안지역의 주민들을 보호하고 해상무역의 안전을 도모하기 위하여 귀국하였다. 그는 흥덕왕에게 요청하여 청해진을 설치하였다. 그는 1만 명의 士卒을 거느리고 있었다. 이 사졸은 私兵의 성격이 강하였고 실제로 왕위쟁탈전에서 祐徵(신무왕)을 지원하는 사병으로서 역할하였다.

청해진이 설치된 이후에 장보고는 황해·남해 일대의 해상권을 장악하여 서남해안 지역에 출몰하는 해적선의 노예무역을 퇴치하였다. 아울러 그는 신라·당·일본 3국간의 교통과 무역을 독점하여 동아시아 해상무역의 왕자가 되었다. 장보고의 청해진 세력은 군사력이나 경제력에서 당시에는 대단한 것이었고 상당히 독자적인 성격을 갖는 지방세력이었다.

이러한 독자적인 지방세력을 배경으로 장보고는 중앙귀족과 연결하여 중

16) 淸海鎭과 張保皐에 대해서는 다음의 글들이 참고된다.
金庠基, 〈古代의 貿易形態와 羅末의 海上發展에 就하여—淸海鎭大使 張保皐를 主로 하여—〉 (1)·(2)(《震檀學報》 1·2, 1934·1935).
李永澤, 〈張保皐 海上勢力에 關한 考察〉(《韓國海洋大學論文集》 14, 1979).
蒲生京子, 〈新羅末期 張保皐의 擡頭와 反亂〉(《朝鮮史硏究會論文集》 16, 1979).
金光洙, 〈張保皐의 政治史的 位置〉(《張保皐의 新硏究》, 莞島文化院, 1985).
李基東, 〈張保皐와 그의 海上王國〉(위의 책).

앙정치에 진출하고자 하였다. 그는 신라정부를 부정하고 독자적인 정권을 수립하려고 시도하지 않았고, 그렇게 하기에는 일개 군진세력만으로는 한계가 있었다. 그렇지만 그는 신라말에 지방사회에서 대두하는 호족세력의 단서를 열어 주었다는 점에서 중요한 역사적 의미를 지닌다.

한편 북진이나 당성진·혈구진을 기반으로 한 군진세력은 분명히 드러나지 않는다. 그렇지만 이 군진들도 패강진이나 청해진과 마찬가지로 지방세력가들에게 군사력을 제공하여 주는 근거지가 되었을 것이다. 북진은 궁예가 명주로 가서 모집하여 거느렸다는 3,500명의 군사와 관계가 있었을 것으로 추측된다.[17] 당성진은 900년에 궁예의 명을 받은 왕건에 의하여 평정되어 泰封의 영역으로 편입되었다. 이로 미루어 보아 당성진의 군사력은 태봉에 흡수되어 왕건의 수군활동과 연결되었을 것으로 짐작된다. 혈구진의 군진세력은 일찍부터 왕건과 연결되었을 것으로 믿어진다. 왕건이 여러 차례에 걸쳐 羅州 방면의 정벌에 종사하여 공을 세운 것은 혈구진의 수군이 있었기에 가능했을 것으로 추측된다.[18]

3) 해상세력 출신의 호족

신라 통일기에 이르러 해상무역이 활발하게 전개되었다. 삼국통일로 말미암아 각지의 物貨유통이 원활하게 되어 산업이 발달하고, 당과의 해상교통이 원활하게 되어 중국의 발달된 문화와 경제의 영향을 받았다. 이에 따른 문화의 향상과 생활상태의 변화는 물품에 대한 수요를 크게 증대시켰다. 그 결과 무역관계에 있어서도 朝貢에 의한 公貿易만으로는 물품 수요의 증가에 부응할 수 없었다. 그리하여 민간의 사사로운 교역, 즉 私貿易이 왕성해졌다. 이 사무역은 주로 해안지역의 지방세력에 의하여 해상무역의 형태로 이루어졌다. 이러한 해상무역은 중앙정부의 지방에 대한 통제력이 약화되는 신라 하대에 이르러 유례를 찾을 수 없을 만큼 획기적으로 발전하였다. 당시 신라의

---

17) 李基白, 〈高麗京軍考〉(《李丙燾博士華甲紀念論叢》, 1956 ; 《高麗兵制史研究》, 一潮閣, 1968, 47쪽).

18) 李基白, 위의 책, 48쪽.

해상무역은 주로 당·일본과의 사이에서 활발하게 전개되었다.

이와 같은 신라의 해상무역은 장보고의 청해진 설치 이후에 본격적으로 활발하여졌다. 장보고는 신라·당·일본 3국 사이의 무역을 독점하였다. 장보고는 당과 교역하기 위하여 수시로 大唐賣物使라는 교역사절단을 파견하였는데, 그 무역선은 交關船이라 일컬어졌다. 당시 장보고의 중국에서의 교역활동의 거점은 산동반도의 끝에 위치한 登州 赤山浦였다. 그는 이 곳을 거점으로 하여 그 남쪽의 楚州·漣水·揚州 등지에서 활동하고 있던 신라의 무역상들을 하나의 交易網 속에 편제하여 그의 영향하에 두었다.[19] 장보고는 당의 물품을 구입하여 일본에 판매하는 중개무역을 본격화하였다. 그가 일본에 보낸 무역사절단은 回易使라 불려졌다. 당시 일본의 중국 물품에 대한 욕구는 매우 컸는데, 이는 장보고의 중개무역에 의하여 충족되었다. 장보고와 일본과의 교역은 빈번히 이루어졌고 그 규모는 상당히 큰 것이었다.

장보고가 청해진을 중심으로 활동하던 때(828~841)는 신라의 해상무역이 절정에 이른 시기였다. 이와 같은 해상무역의 발전과 함께 해안 지역에서 해상무역활동을 기반으로 부를 축적하여 독자적인 세력을 형성한 부류가 등장하였다. 이러한 해상세력 중에서 대표적인 인물은 물론 장보고였다. 장보고는 앞 절에서 군진세력으로 언급되었다. 그러나 보다 엄밀히 말한다면 그는 군진세력으로서의 성격보다는 해상세력으로서의 성격을 더 많이 가지고 있다고 이해하는 것이 적절할 것 같다.

장보고가 해상무역활동에서 대단한 성공을 거둔 중요한 요인 중의 하나는 貿易統制였다. 그는 노예무역에 종사하는 해적을 퇴치한다는 명분 아래 서남해안 지역의 群小 해상세력들을 단속·억제하여 그의 휘하에 통합·조직함으로써 해상무역의 막대한 이익을 독점할 수 있었다.[20] 이에 따라 서남해안 지역의 군소 해상세력들은 청해진의 설치와 함께 장보고의 통제 아래 들어감으로써 종전에 그들이 점유하던 해상무역의 이익을 대부분 잃게 되었던 것이다. 그러나 장보고가 암살된 이후 그 통제에서 벗어난 서남해안 지역의

19) 李基東, 앞의 글(1985), 107쪽.

20) 李永澤, 앞의 글, 83·92쪽.
李基東, 위의 글, 116~118쪽.

해상세력들은 각기 독자적으로 해상무역에 종사하여 그 이익을 얻어 부를 축적하여 갔다. 이들은 후삼국이 정립된 이후에는 독자적인 지방세력을 형성하여 호족으로 등장하였다.

이러한 해상세력 출신의 호족 중에서 그 대표적인 존재는 松嶽地方의 왕건 가문이다. 왕건의 선대 중에 康忠은 禮成江 河口의 永安村 富人의 딸 具置義와 혼인하였다. 당시 예성강 하구가 해상무역의 중심지였다는 것을 염두에 둘 때 영안촌 부인은 해상무역에 종사하여 부를 축적한 해상세력으로 생각된다. 그러므로 강충이 영안촌 부인의 딸과 혼인하였다는 것은 그가 예성강 하구의 해상세력과 연결을 맺고 있었다는 것을 말하여 준다. 왕건의 조부 作帝建은 商船을 타고 서해를 항해하던 중에 西海 龍王을 만나 그의 딸 龍女와 혼인하고 七寶를 얻어 가지고 돌아왔다고 한다. 여기서 작제건이 상선, 즉 무역선을 타고 서해를 항해하였다는 것은 그가 해상무역에 종사한 해상세력이라는 것을 말하여 준다. 또한 그가 부를 상징하는 7보를 얻어 왔다는 것은 해상무역에서 상당한 부를 축적하였다는 것을 시사하여 준다. 그리고 서해 용왕은 막대한 財富를 가진 서해의 해상세력으로 이해되고 있다.[21] 이상과 같은 사실로 미루어 작제건은 서해의 해상세력과 연결을 맺고 해상무역에 종사하여 크게 성공한 해상세력이라는 것을 알 수 있다. 작제건이 용녀와 혼인하고 돌아오자 白州(현 연안)의 正朝 劉相晞 등이 開·貞·鹽·白 4州와 江華·喬桐·河陰 3縣의 사람을 동원하여 그를 위하여 永安城을 쌓고 宮室을 지은 것은 그의 세력이 개성을 중심으로 한 황해도 일부, 강화도, 한강 하류지역에까지 영향을 미치고 있었다는 것을 말하여 준다. 龍建은 송악으로부터 예성강 하구에 있는 영안성까지를 왕래하였다. 이는 용건이 작제건을 계승하여 여전히 예성강 하구에서 해상무역에 종사하는 해상세력으로 존재하였다는 것을 시사하여 준다. 용건은 송악군의 沙粲이었는데, '郡을 들어 弓裔에게 歸附하였다'는 사실로 미루어 송악군을 지배하던 호족이었다는 것을 알 수 있다. 이와 같이 왕건 가문은 해상무역으로 부를 축적하여 호족으로 대두하였다. 왕건 가문은 해상세력 출신의 호족이었다.[22]

---

21) 朴漢卨, 〈王建世系의 貿易活動에 대하여—그들의 出身究明을 중심으로—〉(《史叢》 10, 1965), 275쪽.

예성강 하구 지역은 당시 해상무역의 중심지였기 때문에 왕건 가문 이외에도 해상세력 출신의 호족이 있었다. 먼저 백주의 정조 유상희를 들 수 있다. 그가 칭하고 있는 정조는 당시 새로 흥기하는 지방의 호족이 사용하던 호칭이었다.[23] 그는 예성강 하구 지역에 위치한 4州 3縣의 사람을 동원하여 작제건을 위하여 영안성과 궁실을 지을 정도의 세력을 쌓고 있던 인물이다. 그는 해상무역에 종사한 해상세력이었다고 생각된다.

다음으로 貞州(현 豊德)의 유천궁을 들 수 있다. 그는 왕건의 첫째 왕후인 神惠王后 柳氏의 아버지이다. 당시 정주는 水軍基地였는데 왕건이 羅州를 정벌할 때 이 곳에서 전함을 수리한 후 군사를 거느리고 출발하였다. 유천궁은 大富로서 長者로 불려졌다. 그의 富는 왕건의 군사 전체를 매우 풍족하게 먹일 정도였다. 그는 왕건의 戰艦을 수리하는 데에도 후원하였을 것이다. 그가 왕건의 군대를 후원할 정도로 거대한 부를 축적한 것은 정주 浦口를 중심으로 서해안에서 해상무역에 종사한 해상세력이었기 때문에 가능했다고 생각된다. 유천궁의 정주 유씨는 해상세력에서 호족으로 성장하였다.[24]

예성강 하구 지역 이외에도 나주·靈巖·壓海·檻城·康州·蔚山 등 해상무역이 활발했던 근거지에는 해상세력이 부를 축적하여 호족으로 등장하였다. 나주는 신라말·고려초에 서남해안지역의 對唐交通과 해상무역의 중심지였다. 나주의 多憐君은 왕건의 둘째 왕후인 莊和王后 吳氏의 아버지이다. 다련군의 아버지는 富伅인데, 부돈은 富者라는 의미를 지닌다. 羅州吳氏의 조상은 중국에서 상인으로 興하여 해외무역상을 따라 신라로 건너왔다고 한다. 이로 미루어 다련군의 나주 오씨는 해상무역에 종사하여 부를 축적한 해상세력으로 생각된다. 다련군이 나주의 지방세력가로 추측되는 沙干 連位의 딸과 혼인하고 그의 딸을 왕건과 혼인시킨 것으로 보아, 그는 나주지역의 유력한 호족으로 생각된다. 나주 오씨는 해상세력 출신의 호족이었다.[25]

---

22) 鄭淸柱, 〈王建의 成長과 勢力 形成〉(《全南史學》 7, 1993 ; 앞의 책, 96~102쪽).

23) 正朝는 角干·聖骨將軍과 마찬가지로 당시 지방의 호족들이 신분을 粉飾하기 위하여 사용한 호칭으로서 고려초에 鄕職 7品으로 되었다(李佑成, 〈麗代百姓考〉, 《歷史學報》 14, 1961 ; 《韓國中世社會硏究》, 一潮閣, 1991, 176~177쪽).

24) 鄭淸柱, 앞의 책, 112~114쪽.

25) 姜喜雄, 〈高麗 惠宗朝 王位繼承亂의 新解釋〉(《韓國學報》 7, 1977), 69쪽.

영암은 나주와 함께 신라말·고려초에 서남해안지역의 대중국교통과 해상무역의 중심지였다. 또한 영암은 신라말에 풍수지리설을 발전시킨 道詵과 그의 제자 慶甫의 출신지이다. 靈巖崔氏는 崔知夢을 배출한 가문이다. 최지몽은 經史를 널리 섭렵하고 天文·卜筮에 정통하였는데, 그는 영암에서 교육을 받았을 것으로 이해되고 있다. 이러한 최지몽의 가문은 영암지역의 유력한 호족으로 생각된다. 영암 최씨는 해상무역으로 부를 축적하여 호족으로 성장하였다고 생각된다.[26]

압해(현 신안군)는 영산강 하구에 위치한 해상교통의 요지이다. 이 곳에는 能昌이 세력을 형성하고 있었는데, 그는 水戰에 능하여 수달이라고 불려졌다. 그는 부근에 있는 여러 섬의 군소 해상세력과 결속하여 왕건의 수군에 대항하였는데 왕건도 그의 세력을 경시하지 못하였다. 그는 賊帥로 표현된 것으로 보아 압해지역의 해상세력을 지배하는 호족이었다.[27]

혜성은 아산만의 남쪽 연안 지역으로 조선시대에는 沔川郡으로 불려진 곳이다. 혜성에는 신라시대에 水軍倉·穀倉이 설치되어 있었고, 唐의 使臣·商人이 머무르는 숙소가 있었으며, 신라의 조공을 실어 보내는 大津이라는 항구가 있었다. 이같이 혜성은 신라시대에 대당교통과 해상무역의 중심지로 번창한 곳이었다. 따라서 혜성에 해상세력이 존재했을 것은 당연한 일이다. 혜성 출신의 인물로는 朴述熙와 卜智謙을 들 수 있다. 박술희는 莊和王后 吳氏 소생의 武(惠宗)를 후견한 인물로서 왕건·나주 오씨와 긴밀하게 연결되어 있었다. 이것은 그가 두 가문과 동일한 사회경제적 이해관계에 있었다는 것을 시사하여 준다. 한편 박술희가 거느렸다는 100여 명의 병사는 그의 아버지 大丞 得宜가 혜성에서 거느렸을 사병을 기반으로 하였을 것으로 이해되고 있다. 그렇다면 득의는 혜성에서 상당한 경제력을 가지고 있었을 것이다. 이러한 사실로 미루어 박술희 가문은 해상무역에 종사한 해상세력이었다는 것을 알 수 있다.[28] 복지겸의 선조는 당으로부터 와서 혜성군에 거주하면서

鄭淸柱, 〈新羅末·高麗初의 羅州豪族〉(《全北史學》 14, 1991 ; 위의 책, 157~158쪽).

26) 鄭淸柱, 위의 책, 158~159쪽.

27) 鄭淸柱, 위의 책, 154쪽.

28) 鄭淸柱, 〈王建의 成長과 勢力 形成〉(《全南史學》 7, 1993 ; 위의 책, 118~120쪽).

해적을 소탕하고 백성을 모아 보호하였다. 이것은 卜氏 가문이 당에 왕래하면서 해상무역에 종사하였으며 해적을 소탕하고 백성을 모아 보호할 정도의 해군력과 부를 소유한 해상세력이었다는 것을 말하여 준다.[29] 박술희 가문과 복지겸 가문은 혜성지역의 해상세력이었다. 이들 가문은 해상세력이 경제력과 군사력을 쌓아 호족으로 성장한 것을 보여주는 사례이다.

한편 강주(현 진주)에서도 해상세력이 대두하였다. 王逢規는 경명왕 8년(924)에 泉州節度使로서 後唐에 사신을 보내어 조공하였다. 그 후 경애왕 4년(927) 3월에 왕봉규는 權知康州事로서 후당으로부터 懷化大將軍을 제수받았다. 이어 다음달에는 知康州事로서 후당에 사신을 보내어 조공하였다. 왕봉규는 泉州(현 의령)에서 독립적 세력을 형성하여 마침내 강주지역을 지배하기에 이른 호족이었다.[30] 그가 후당과 외교관계를 맺은 것은 정치적 의미를 크게 지니고 있지만, 조공을 통한 공무역의 시작이라는 의미도 지니고 있다. 이와 같은 왕봉규의 對中外交는 당시의 정세로 보아 海路를 통하여 이루어졌음이 분명하다. 이것은 그가 해상활동을 활발히 전개하였다는 것을 말하여 준다. 그렇다면 그는 해상무역에 종사한 해상세력이었을 것이다.

또한 울산(興禮府)은 경주의 外港으로 국내외 무역이 활발히 이루어졌던 중심지였고, 당・일본과 교통하는 국제항이었다.[31] 당시 이 곳에서는 朴允雄이 神鶴城將軍으로서 독자적인 군사력을 행사하면서 호족으로 대두하였다.[32] 그는 울산항의 무역 이윤을 장악함으로써 경제적 기반을 확보할 수 있었던 것으로 이해되고 있다.[33] 이런 점에서 박윤웅은 해상세력 출신의 호족으로 볼 수 있다.

---

29) 鄭淸柱, 위의 책, 126쪽.

30) 金庠基, 〈羅末 地方群雄의 對中通交—특히 王逢規를 中心으로—〉(《黃義敦先生古稀紀念 史學論叢》, 1960 ; 《東方史論叢》, 서울大 出版部, 1974, 436쪽).

31) 李龍範, 〈處容說話의 一考察〉(《震檀學報》 32, 1969), 20~25쪽.

32) 李佑成, 〈三國遺事所載 處容說話의 一分析〉(《金載元博士回甲紀念論叢》, 1969 ; 앞의 책, 182~184쪽).

33) 具山祐, 〈羅末麗初의 蔚山地域과 朴允雄〉(《韓國文化研究》 5, 釜山大, 1992), 31~33쪽.

4) 촌주 출신의 호족

村主는 촌락에서 村政을 담당하는 在地勢力의 대표자였다. 촌주는 우선 村落文書 작성에 있어서 주요한 역할을 담당하였을 것으로 믿어진다. 이 촌락문서에 의거하여 촌주는 촌락 단위의 租·調 수취, 力役 동원에 관여하였다. 여기서 역역의 동원은 국가의 공공사업뿐만 아니라 촌락문서에 나오는 麻田·官謨畓의 공동경작에도 해당되었다. 그 이외에도 촌주는 비상시에 촌락을 방위하기 위하여 村民을 이끌고 전투에 참가하였다.[34] 이와 같이 촌주는 촌락문서 작성, 租·調 수취, 역역 동원, 촌락 방위 등 촌정 전체를 담당하였다. 결국 촌주는 촌락에서 對民關係를 실질적으로 장악하고 있었다고 말할 수 있다.

촌주는 촌락의 촌정을 담당하면서 이와 동시에 郡·縣司에 참여하여 吏職者와 더불어 지방관을 보좌하는 역할을 수행하였다.[35] 1개의 군·현사에 참여하는 촌주는 3, 4 명이었는데, 上(제1)·제2·제3촌주로 구별되었다. 이렇게 촌주를 구별한 기준은 촌주의 세력기반이 되는 촌락의 규모(경제력·군사력)나 촌주 자신의 개인적인 능력이었을 것이다. 이들 촌주는 眞村主로서 5두품의 대우를 받았을 것으로 생각된다.[36]

이러한 촌주의 임무와 역할은 결코 작은 것이 아니었다. 이에 대한 반대급부로서 촌주는 국가로부터 村主位畓을 지급받았다. 신라 촌락문서에 기록된 것을 보면 沙害漸村 출신의 촌주는 19結 70負의 촌수위답을 지급받았다. 이는 사해점촌의 烟受有畓 총 면적 94결 2부 4束의 약 1/5이다. 사해점촌의 10개 일반 촌민의 孔烟이 소유하고 있는 평균 연수유전·답 면적은 13결 64부 3속이었다. 그러니까 촌주위답은 일반 촌민의 평균 연수유전·답의 약 1.4배에 해당한다. 또한 촌주는 일반 촌민들보다 훨씬 많은 노비와 우마를

---

34) 李鍾旭, 〈新羅帳籍을 통하여 본 統一新羅時代의 村落支配體制〉(《歷史學報》 86, 1980), 36~41쪽.
金周成, 〈新羅下代의 地方官司와 村主〉(《韓國史硏究》 41, 1983), 70~71쪽.

35) 李鍾旭, 위의 글, 48쪽.
金周成, 위의 글, 70쪽.

36) 李鍾旭, 위의 글, 31~33쪽.

소유하여 경작에 이용하였다. 이처럼 촌주는 일반 촌민들보다는 우월한 경제적 기반을 지니고 있었다. 이러한 경제적 기반으로 인하여 촌주는 해당 촌락에서 상당한 경제적 실력자로 존재하였을 것으로 추측된다. 이는 촌주가 租·調 수취와 역역 동원에 관여했다는 사실을 아울러 고려할 때 사실로 믿어진다. 또한 촌주는 군·현의 행정기구인 군·현사에도 참여하였으므로 지방사회에서 세력기반을 확대하여 정치적·군사적 실력자로도 성장할 수 있는 가능성을 가지고 있었다.

실제로 촌주는 신라 하대에 그 지위가 높아졌다. 홍덕왕 9년(834)에 반포된 규정에 의하면 진촌주·次村主는 각각 5두품·4두품과 동등한 대우를 받았다. 그렇지만 이 규정은 홍덕왕이 죽은 후에 일어난 일련의 치열한 왕위쟁탈전을 거치면서 골품체제가 동요하게 되자 그대로 준수되지 않은 것 같다. 문성왕 18년(856)의 〈竅興寺鐘銘〉을 보면 현령 아래에 상촌주·제2촌주·제3촌주가 있음을 알 수 있다. 그런데 이들은 각각 三重沙干·沙干·及干의 관등을 지니고 있다. 3중사간·사간·급간은 6두품 이상만이 가질 수 있는 관등이다. 이로 미루어 보아 촌주는 골품체제의 동요와 함께 지방사회에서 그 지위나 실력을 높여갔던 것으로 보인다. 그리하여 진성여왕대 이후 지방에 대한 중앙정부의 통제력이 약화되자 촌주는 그가 가진 정치적·군사적·경제적 실력을 바탕으로 독자적인 지방세력, 즉 호족으로 등장하였다.

촌주 출신의 호족은 촌주의 세력기반이 촌정의 담당이나 군현 행정에의 참여에 있었다는 사실로 미루어 군현 정도의 지역이나 그보다 작은 지역을 지배하는 존재였을 것으로 여겨진다. 따라서 군·현을 城으로 부르기도 한 것을 염두에 둘 때, 郡·縣城을 근거지로 하면서 城主라고 불려지는 호족들 중에는 촌주 출신이 상당히 있었을 것으로 추측된다.

신라말에 지방의 호족들 중에서 촌주 출신으로 유추되는 몇 가지 예가 나온다. 왕건의 선대인 康忠·龍建은 松嶽郡의 上沙粲·沙粲을 칭하고 있다. 이 상사찬·사찬은 상촌주나 제2촌주의 관등이었으나 고려초에 촌주의 직명으로 사용된 사례가 있으므로[37] 왕건의 선대는 송악군의 촌주로 추측되기도

37) 신라말·고려초에 上沙粲·沙粲은 上村主·第二村主의 직명으로 사용되었다(金光洙, 〈羅末麗初의 豪族과 官班〉, 《韓國史研究》 23, 1979, 126~130쪽).

한다. 그러나 왕건의 선대를 촌주로 단정하기에는 주저되는 점이 있다.. 왜냐하면 상사찬·사찬이 촌주의 직명으로 사용된 사례가 금석문에 나타나는 시기는 940년대이므로[38] 강충이나 용건의 시기에도 상사찬·사찬이 촌주의 직명으로 사용되었는지는 확실하지 않기 때문이다. 따라서 왕건의 선대는 그들의 세력을 과시하기 위하여 당시 지방세력이 잠칭하던 職名 중의 하나인 상사찬·사찬을 사용한 것으로 추정할 수도 있다.[39] 아무튼 촌주가 호족이 되었다는 직접적이고 확실한 사례는 지금까지 별로 확인되지 않고 있다.

〈鄭淸柱〉

3. 장보고와 청해진

신라의 해상세력은 9세기에 이르러 활기를 띠었다. 그 대표적 세력은 淸海鎭(완도)[1]을 거점으로 대외무역을 전개한 張保皐였다.[2] 그의 신분은 본디 완도의 측미한 海島人이었다. 그가 入唐한 시기는 기록이 없어 정확히 알 수 없지만 9세기초 흉년과 기근이 극심했던 憲德王 6년(814)부터 9년 사이로 판단되며,[3] 그가 최초로 정착한 곳은 徐州였다.

그는 서주의 武寧軍에 입대한 뒤 淄·靑·登州 등 15州를 관장했던 李師

38) 금석문에서 사찬이 촌주의 직명으로 사용된 사례는 〈鳴鳳寺慈寂禪師凌雲塔碑〉(태조 24년;941)에 처음으로 나타난다.

39) 당시 지방세력이 상사찬·사찬뿐만 아니라 一吉干·阿干 등의 관등이나 大監·侍郎·郎中 등의 관직을 자기의 직명으로 사용하는 것은 일반적인 일이었다(金光洙, 앞의 글, 1979, 123~124쪽·130쪽).

1) 청해진은 현 전남 완도군 완도읍 장좌리 將島(助音島)로 1984년 9월 1일자로 사적 제308호로 지정되었다.

2) 이름은 保皐 이외에도 弓福·弓巴·寶高 등이 있었다. 궁복·궁파는 弓術 등 무술에 능한 상징적 의미로 보아 그가 渡唐하기 전 소년시절에 불렀던 이름, 保皐는 入唐하여 武寧軍에 입대한 뒤에, 寶高는 신라·당·일본의 해상권을 장악하면서 호칭된 것으로 보는 것이 일반적인 견해다.

3) 崔根泳, 〈9世紀 新羅의 對唐進出에 대한 一考〉(《水邨朴永錫敎授華甲紀念 韓國史學論叢》, 1992), 377쪽.

道 토벌에 참여하여 小將으로 승진, 명성을 떨친 뒤 軍에서 나와 赤山지방을 무대로 세력기반을 구축하였다. 당시 수도인 長安을 비롯하여 登州 牟平縣 乳山浦, 文登縣 赤山浦 일대와 大運河 淮水流域의 내륙지방 곳곳에는 백제·고구려계 후예와 신라의 유학생·사신·무역상인의 잦은 내왕으로 신라인의 생활기반이 개척되어 流移民이나 무역상의 활동에는 그리 낯설지는 않은 곳이었다. 예컨대 楚州·漣水·揚州·赤山 등지에 설치된 新羅坊·新羅館·新羅所·新羅院 등을 보아 알 수 있다.

장보고는 在唐시절 적산지방에 이미 상당한 경제적 기반을 마련한 財力家로 군림하였다. 그 사실은 年收 500石米의 庄土를 기증하여 창건한 法華院[4]이 시사해 준다. 그는 법화원을 기반으로 재당신라인들의 정신적 안녕과 단결을 도모하는 한편 양주·초주 등지에 거주하는 신라인들과 연관을 맺는 등 후일 對中國 무역활동을 추진할 수 있는 기반을 마련한 뒤 귀국하였다.

장보고가 귀국한 이유는 정확히 알 수 없지만 귀국 후 興德王에게 淸海에 鎭營을 설치하여 奴婢掠賣防止와 해적소탕에 뜻이 있다고 진언한 것(828)[5]을 고려하면 그는 분명 해상세력가로의 진출에 뜻이 있었음을 알 수 있다. 그의 뜻을 받아들인 홍덕왕은 그에게 1만의 군사를 주어 청해진을 설치토록 허락하고 신라역사상 관직에도 없는 大使라는 직함을 주었다.[6] 이로써 그는 명실공히 해상세력가로 등장하여 뜻을 펼 수 있는 길이 열리게 되었다.

특히 청해진을 설치한 완도의 지리적 조건을 보면 황해를 횡단하여 중국과 연결되고, 동남쪽으로는 일본의 北九州 博多로 이어지는 해상교통의 길목이며, 더욱이 경주의 관문인 울산항을 왕래하는 羅·唐 양국의 상인들과 일

4) 법화원에는 僧 24명, 尼僧 3명, 노파 2명이 상주하였으며 新羅通事押衙 張詠·林大使·王訓 등이 관리하였다. 講會는 불교의식으로 신라의 풍속대로 진행되었다. 839년 11월 16일부터 840년 정월 15일까지 매일 40명 내외의 신도가 모였고, 마지막 20일간은 250명과 200명이 참여한 것을 보면 법화원의 寺勢를 짐작할 수 있다(圓仁, 《入唐求法巡禮行記》 권 2, 開成 4년 6·7월).

5) 《三國史記》 권 44, 列傳 4, 張保皐.

6) 홍덕왕이 장보고의 진언을 흔쾌히 받아들여 그를 후원한 것은 김헌창의 반란 이후 사회적 혼란을 틈타 서남해안과 영산강 연안 등지에서 자생적으로 등장하는 지방세력과 군소 해상세력의 대두를 우려하였거나 또는 서남해안에 출몰하는 해적들을 방어할 필요성 등 당시 중앙정부가 당면한 과제가 장보고의 뜻과 맞아떨어져 그 책임을 그에게 맡기려고 한 것으로 생각된다.

본과 唐과의 사이를 왕래하는 사람들을 통제·장악·보호할 수 있는 천연의 요새지이다. 한편 내륙으로는 康津·海南·羅州 등 영산강 연안 등지의 토호나 군소 해상세력을 통어할 수 있는 천혜의 조건을 갖춘 곳이다.

장보고는 이 청해진을 거점으로 해상무역활동을 전개하였다. 중국내에는 적산포를 중심으로 초주·연수·양주 등지에 분산되어 있는 신라 무역상을 하나의 교역망으로 편제하여 그의 영향권하에 두고 중국 서남해 지방까지 세력을 뻗쳐 나·당간의 무역권을 독점하였다.

당과의 무역은 그의 교역사절단인 遣唐買物使와 무역선인 交關船의 동정에서 살필 수 있다. 예컨대 神武王 때(839년 6월 27일) 張大使의 교관선 2척이 적산포에 도착하여 다음날 매물사 崔兵馬使(崔暈)가 당의 冊封使 吳子陳 등 30여 일행을 법화원에서 만난 사실,[7] 그리고 840년 2월 15일 최병마사가 탄 배가 등주의 유산포와 양주지역간을 왕래했던 것으로 알 수 있다.[8] 이 때 양주지방은 일본과의 무역으로 巨富가 된 신라의 상인도 있었으며, 페르시아·아라비아 방면의 상인들까지 모여드는 국제적 무역항이었다.[9]

당시 장보고의 교역품은 구체적인 기록이 없어 잘 알 수 없지만, 당시 唐과 公貿易을 통한 수출품은 金·銀·銅공예품, 직물공예품, 魚牙紬, 朝霞紬, 細布, 海豹皮 등이었고, 신라로 수입된 것은 서적·茶·衣服·견직물·문방구 등과 중국 서남해 지방의 산물인 沈香 등 진귀품도 있었다. 이를 고려하면 장보고 선단의 교역품도 이와 비슷하였을 것으로 보이나 중앙의 귀족들이 즐겨찾는 남방물산의 진귀품인 瑟瑟·毾㲪·翡翠毛·玳瑁·沈香 등과 馬鞍·貂皮·帆布 등의 사치품을 보다 많이 수입하였을 것으로 짐작된다. 9세기는 중앙의 귀족들이 사치와 향락에 빠져든 시대였기 때문에 그들의 욕구를 충족시키려고 하였을 것이다. 한편 신라상인이 白居易의 詩文을 占買하고 저명한 화가의 작품들을 고가로 사들였다고 하며,[10] 당시 아랍 무슬림들도 신라의 劍·絹布·陶磁器 등을 수입하였다고 한다. 이러한 교역활동은 장보

---

7) 圓仁, 《入唐求法巡禮行記》 권 2, 開成 4년 6월 27·28일.
8) 圓仁, 《入唐求法巡禮行記》 권 2, 開成 5년 2월 15일.
9) 李基東, 〈張保皐와 그의 海上王國〉(《張保皐의 新硏究》, 莞島文化院, 1985), 108쪽.
10) Edwin O. Reischauer, *Ennin's Travels in T'ang China*, The Ronald Press Co, New York, 1955, p.281.

고 휘하 상인들의 역할이 아니었을까 싶다.

장보고의 교역품에서 주목을 끄는 것은 청해진에서 출토된 중국 越州窯 계통의 9세기 청자로 추정되는 햇무리굽 青磁 底部片 및 注口片이다.[11] 이로 미루어 장보고 휘하 상인들이 浙江地方의 명산인 청자까지 이미 수입하였다는 사실을 알 수 있다. 요컨대 고려시대 청자의 대표적 요지인 康津郡 大口面이 將島로부터 가까운 거리라는 점을 고려하면 이 곳에는 장보고 선단의 영향이 있었을 가능성이 있다고 보겠다.

한편 일본과의 교역을 보면 통일 이후 일본과의 외교관계는 원활하지 못했다. 景德王 12년(753) 신라에 온 일본 사신이 오만무례하여 접견하지 않은 사건[12]을 계기로 국교는 사실상 단절되어 오다가 哀莊王 4년(803) 교빙이 시작되어[13] 양국간에는 사무역에 대한 욕구가 증대되었다.

당시 일본상인들은 중국 문물에 대한 욕구는 컸으나 조선술과 항해술이 신라보다 뒤떨어져 신라상인의 중계무역에 의해 그들의 경제적 욕구를 충족시키는 실정이었다. 신라인의 對日交易은 9세기에 들어와 한층 활기를 띠었다.《日本後紀》권 22, 弘仁 3년(812)조에 보면, 신라의 선박 20여 척이 對馬島 근해에 나타난 것을 보고 해적선으로 오인하여 신라어 통역관과 군대를 동원하여 엄히 경계한 일도 있었다. 이 때 일본 당국은 대마도에 新羅譯語를 두었다.[14]

장보고의 대일교역은 청해진 설치 이전인 在唐시절부터 있었던 것으로 보이나[15] 청해진 설치 이후 본격화되었다. 그는 回易使라는 무역사절단을 일본에 파견하였으며 그들은 大宰府나 일본 본국정부의 묵인 아래 교역활동을 전개하였다. 당시 회역사들은 博多에 무역소를 두고 일본관원을 상대

---

11) 文化財硏究所, 〈將島淸海鎭 將島試掘發掘調査 指導委員會 會議資料〉, 1992), 7쪽.
12) 《三國史記》 권 9, 경덕왕 12년 8월.
13) 《三國史記》 권 10, 애장왕 4년 7월.
14) 《日本後紀》 권 24, 嵯峨天皇 弘仁 6년 정월 임인.
15) 天長 원년에 張大使가 일본에 도착했다는(《入唐求法巡禮行記》 권 4, 會昌 5년 9월 22일) '장대사'는 赤山지역 신라인 집단의 두목인 張詠으로 보는 견해도 있으나(李永澤, 〈張保皐海上勢力에 관한 考察〉, 《韓國海洋大學論文集》 14, 1979, 75쪽) 小野勝年은 장보고로 간주하고 있다(小野勝年, 《入唐求法巡禮行記の硏究》 4, 鈴木學術財團, 1969, 243쪽).

로 상거래를 하였는데 상품의 인기가 높아 구입대금을 선납하는 실정이었다. 이에 일본정부는 일본인들의 그 같은 상행위를 경계하는 행정명령까지 내렸다고 하니[16] 장보고는 일본과의 무역을 통하여 많은 부를 축적하였음을 알 수 있다.

장보고는 대일무역을 보다 적극적으로 추진하기 위하여 文聖王 2년(840) 회역사 李忠·楊圓을 大宰府에 파견하여 독자적으로 공적인 무역관계를 터보려고 하였다. 그러나 일본측은 그 제의에 대하여 人臣으로서의 遣使는 舊例에 없었다는 이유를 들어서 받아들이지 않고 다만 그들이 지참한 상품만을 교역하도록 허락하였다.[17] 이처럼 장보고의 교역품은 양국 경제에 큰 영향을 주었다. 그 사실은 前筑前太守 文室閭田麻呂가 장보고가 살해되었다(841년)는 것을 알고 장보고의 무역소에 있는 화물을 선납금 대신 차압하여 손실을 보충하려 한 것에서도 족히 알 수 있다.[18] 그리고 장보고가 피살된 후 이충·양원이 일본 博多로 들어가자 장보고를 살해한 염장은 그의 부하 李少貞을 일본에 보내어 이충 등이 가지고 온 화물을 인도해 줄 것을 大宰府에 요청한 사실[19]도 있었다.

요컨대 장보고의 해상세력은 남서해안에 출몰하던 해적 소탕은 물론, 신라·당·일본을 연결하는 국제무역을 독점하여 우리의 역사상 전무후무한 해상왕국을 형성하였던 것이다.

다음은 장보고의 해상세력 몰락에 대하여 살펴보자.

장보고가 東亞三國의 해상무역권을 장악하여 해상군주로 군림하자 중앙의 왕실에서도 무시할 수 없는 존재가 되었다.[20] 또한 청해진은 중앙 진골귀족들간의 왕위쟁탈전에서 패배한 정객들의 정치적 망명처가 되기도 하였다. 예컨대 홍덕왕이 죽자(836) 均貞과 悌隆(후의 僖康王)간의 왕위쟁탈전이 벌어져

16) 《續日本後紀》 권 10, 仁明天皇 承和 8년 2월 무진.
17) 위와 같음.
18) 《續日本後紀》 권 10, 仁明天皇 承和 8년 2월 을사.
19) 위와 같음.
20) 신라 하대 호족세력의 경우가 그러했듯이 1만의 병사를 갖게 된 장보고는 일정한 지역에서 군사·행정·경제적 독립성이 유지된 세력이었다(崔根泳, 《統一新羅時代의 地方勢力硏究》, 신서원, 1993, 137~146쪽).

그 싸움에서 패한 균정의 아들 金祐徵이 처자와 함께 청해진으로 피신하여 장보고에게 의지하였다.[21] 그리고 上大等 金明(후의 민애왕)이 侍中 利弘과 함께 희강왕을 핍박하여 죽이고 스스로 왕위에 오르자, 이에 분노를 느낀 金陽은 군사를 모집하여 청해진으로 도망갔다.

청해진에서 김우징과 김양은 민애왕 타도를 결심한 후 장보고로부터 병력 5천명의 지원을 받아냈다. 민애왕 원년(838) 12월 김양은 청해진에서 平東將軍이 되어 閻長·張弁·鄭年·駱金·張建榮·李順行 등을 이끌고 首都 진격을 개시하여 武州 鐵冶縣에서 정부군을 격파하고, 839년 정월 19일 달구벌(대구)에서 또다시 伊湌 大昕 등이 거느린 王軍의 절반을 살해한 뒤 수도에 진입하였다. 궁궐에 난입한 김양군은 민애왕을 살해하고 김우징을 신무왕(839)으로 즉위시켰다.

이렇듯 장보고의 후원으로 왕위에 오른 김우징은 그의 공을 인정하여 感義軍使란 직함을 제수하고 食邑 2천 호를 封하여 주었다.[22] 그리고 신무왕이 병사(839년 7월)한 뒤 太子 慶膺이 문성왕으로 즉위하자 그는 父王 즉위의 공을 추가하여 鎭海將軍[23]이란 직함을 제수하였다. 이로써 장보고는 명실공히 왕권과 연계된 중앙의 귀족으로 등장하였다. 그러나 장보고의 운명은 그의 딸을 문성왕의 妃로 들이려는 納妃문제가 화근이 되어 끝내 살해되고 말았다.[24]

---

21) 《三國史記》 권 10, 新羅本紀 10, 희강왕 2년.

22) 《三國史記》 권 10, 新羅本紀 10, 신무왕 원년.

23) 將軍이란 군단(幢·停)의 최고 지휘관으로 진골귀족이 독점한 무관직이다. 이 職은 급찬에서 아찬에 이르는 신분이 임명된다. 즉 장보고를 진해장군으로 임명, 청해진을 거점으로 남서해안 등 일정지역을 통어하는 장군으로 그의 직위를 높여준 것이라 하겠다.

24) 장보고가 살해된 해는 846년(《三國史記》 권 11, 新羅本紀 11, 문성왕 8년)이 아닌 841년이다. 《續日本後紀》 권 11, 仁明天皇 承和 9년 정월 을사조에 "寶高는 지난해 11월 중에 死去"라 하였고, 《入唐求法巡禮行記》 권4, 會昌 5년 7월 9일조에 前淸海鎭兵馬使 崔暈이 국난을 당하여 회창 5년(845) 7월에 중국 漣水의 신라방에서 망명생활을 하고 있었다는 기록, 그리고 《新唐書》 신라전에 회창 연간(841~846) 이후로 당에 장보고의 조공이 끊겼다는 기록, 또한 842년 3월 김양의 딸을 문성왕의 妃로 삼은 점 등을 종합해 보면 그는 841년에 살해되었으며, 그것은 반란으로 인한 살해가 아니라 김양의 사주로 염장에 의해 암살된 것이었다(崔根泳, 앞의 책, 141~144쪽 참조).

장보고가 살해된 뒤 청해진은 염장을 중심한 세력에 의해 장악되어 10여년간 존속하다가 문성왕 13년(851) 혁파되고 그 곳 주민마저 碧骨郡(김제)으로 강제로 사천되었다. 그 어간의 정세를 보면, 장보고가 살해되자 그의 副將이었던 李昌珍은 염장을 제거하기 위한 반란을 일으켰으나 討平되어[25] 장보고계의 상인들은 당과 일본 등지로 망명한 자들도 적지 않았다.[26]

당시 실권을 장악한 염장은 앞에서도 언급했듯이 그의 부하 이소정을 일본에 보내어 이충·양원 등이 지참한 화물을 인도해 줄 것을 요청하기도 하였다. 청해진을 혁파하고 그 곳 주민들까지 강제적으로 사천시킨 것은 염장 등의 신흥세력이 왕실의 입장에서 볼 때 위협적인 세력으로 성장했기 때문이 아닌가 싶다. 어쨌든 장보고의 해상세력은 신라 하대사회의 지방세력 형성에 커다란 자극이 되었다고 보겠다.

〈崔根泳〉

---

25) 《續日本後紀》 권 11, 仁明天皇 承和 9년 정월 을사.
26) 圓仁, 《入唐求法巡禮行記》 권 4, 會昌 5년 7월 9일.

Ⅲ. 후삼국의 정립

1. 후삼국기의 신라
2. 후백제
3. 태 봉

Ⅲ. 후삼국의 정립

1. 후삼국기의 신라

신라 분열의 機運은 사회적 혼란이 극치에 달했던 眞聖女王 때 표면으로 나타났다. 진성여왕의 〈讓位表〉에서 말해주듯이 돌이킬 수 없는 '疵國'[1]으로 변한 말기적 현상을 보이고 있었다. 반란의 최초 봉기는 상주지방의 元宗과 哀奴에 의해 일어났다. 이들의 기세에 자극을 받은 지방세력가들이 각지에서 연이어 반란을 일으켰다. 즉 北原(원주)의 梁吉, 양길의 부하가 된 弓裔, 竹州(竹山)의 箕萱, 完山(全州)의 甄萱 등이 반란군의 대표적 두목이었다.

그 중 견훤과 궁예는 각기 백제와 고구려의 부흥을 외치면서 새로운 정권을 수립, 후백제(900)와 후고구려(901)가 등장하여 이로써 후삼국이 정립되었다. 이후 신라 景明王 2년(918) 궁예가 추방되고 申崇謙·洪儒·庾黔弼 등의 추대로 왕위에 오른 王建은 고려를 개창한 뒤 신라(935)와 후백제(936)를 차례로 통합, 한 민족체로의 실질적인 삼국통일이 이루어졌다.

이렇듯 후삼국이 존속한 시기는 불과 40년도 채 안되는 짧은 기간이었다. 후삼국기 신라의 왕은 孝恭王·神德王·경명왕·景哀王·敬順王이다. 효공왕의 즉위는 진성여왕 9년(895) 10월 왕이 조카인 嶢(憲康王의 庶子)를 太子로 삼아, 왕이 죽기 전인 동왕 11년(897)에 禪位의 형식을 통하여 이루어진 것이다.[2]

1) 徐居正, 《東文選》 권 43.

2) 太子책봉은 왕의 아들에게, 아들이 없을 경우 왕의 동생에게 하는 것이 상례였다고 볼 수 있다. 그러나 嶢의 경우는 달랐다. 또한 嶢의 즉위(효공왕; 당시 15세)는 왕이 죽기도 전에 왕위를 스스로 물려 준 예로 신라역사상 전례가 없는 일이었다(《三國史記》 권 11, 新羅本紀 11, 진성여왕 9년·11년). 그러면 진성여왕은 아들이 있었음에도(《三國遺事》 권 2, 紀異 2, 眞聖女大王 居陁知) 姪男 嶢에게 선위코자 한 까닭은 무엇이었을까. 이미 연구된 견해를 보면, ① 골

효공왕대의 시대상은 후백제·후고구려가 건국된 후 그들 세력이 날로 성장 확대되어 궁예의 세력은 죽령 동북지역까지 이르고, 견훤은 一善郡(선산) 이남의 10성을 공취하는 등 신라의 영토는 날로 줄어들어[3] 국력은 매우 미약했다. 당시 신라는 소백산맥 외각을 벗어나지 못한 경상도 지역만을 겨우 관장하는 소국으로 전락되고 말았다. 이러한 형편에 효공왕은 말년에 들어와 賤妾에 매혹되어 정사를 돌보지 않아 첩이 殷影에게 살해되는[4] 등 왕실의 권위와 체통은 회복이 불가능하였다.

그런데 효공왕은 재위 16년만에 후사가 없이 죽자 왕위는 乂兼의 義子이며 헌강왕의 사위(효공왕의 처남)인 朴景暉가 계승하였다. 신덕왕의 즉위는 8대 阿達羅의 遠孫으로 신라말 왕통의 변화를 갖는 커다란 사건이었다. 그의 즉위는 《三國史記》에 "國人에게 추대되어 즉위하였다"[5]라고 하나 당시 왕위계승의 경쟁자로는 화랑출신으로 효공왕 때 侍中을 역임한 金孝宗[6]을 들 수 있다.

품제적 원리에 따라 헌강왕의 직계에 왕위를 계승코자 한 의도(李培鎔, 〈新羅下代의 王位繼承과 眞聖女王〉, 《千寬宇先生還曆紀念 韓國史學論叢》, 1985, 354쪽) ② 여왕의 자식에게는 왕위를 계승할 자격이 없다고 본 견해(李鍾旭, 《新羅上代 王位繼承硏究》, 嶺南大 民族文化硏究所, 1980, 157쪽) ③ 정치세력간의 대립과 타협의 결과로 본 견해(全基雄, 《羅末麗初의 文人知識層硏究》, 釜山大 博士學位論文, 1993, 39~44쪽) 등이 있다. 필자는 그가 신하들에게 "근년 이래로 백성이 곤궁하고 도적이 봉기하니 이는 나의 부덕한 까닭이다"라고 밝힌 점(《三國史記》 권 11, 新羅本紀 11, 진성여왕 11년)이나 嶢를 太子로 책봉하기 전해에 최치원이 왕에게 時務策 10여 조를 진헌한 점, 그가 10번이나 왕위에서 물러날 뜻을 표한 사실(徐居正, 《東文選》 권 33, 謝嗣位表) 등을 고려하면 자신의 失政에 대한 책임, 즉 난제를 극복하기 어려운 자신의 능력에 한계를 느껴 선양한 것으로 판단된다. 한편 왕위를 嶢에게 넘긴 것은 설혹 자식이 있다 하더라도 私通한 情夫 魏弘과의 관계(《三國遺事》 권 2, 紀異 2, 眞聖女大王 居陁知 참조) 등을 고려하면 자신과 왕실의 체통으로 보아 죽은 오라버니인 헌강왕의 아들에게로 돌려줌이 순리요, 명분이었을 것으로 판단한 선위로 봄이 상식이 아닐까 싶다.

3) 《三國史記》 권 12, 新羅本紀 12, 효공왕 9년·11년·13년·14년 참조.

4) 《三國史記》 권 12, 新羅本紀 12, 효공왕 15년.

5) 《三國史記》 권 12, 新羅本紀 12, 신덕왕 즉위년조의 '國人'이란 나라 사람이란 뜻이나 실제로는 그를 지지하던 乂兼·繼康·殷影 등의 집단으로 추대의 명분을 높이기 위하여 假託한 것으로 보아야 할 것이다.

6) 《三國史記》 권 12, 新羅本紀 12, 효공왕 6년. 景暉와 孝宗은 헌강왕의 사위. 정치적 경륜이나 경제적·군사적인 면으로 보아도 화랑출신인 효종(《三國史記》 권 48, 列傳 8, 孝女知思 및 《三國遺事》 권 5, 孝善 9, 貧女養母條에 의하면 그

그런데 경휘가 효종을 제치고 즉위된 배경은 곧 義父(乂兼)의 정치적 배경과 효공왕 때 시중직에서 밀려난 繼康[7] 등이 당시 불만세력을 포섭하여 추대한 것으로 생각된다.[8] 그 사실은 신덕왕 원년(912) 5월 계강을 즉시 상대등으로 등용했다[9]는 사실에서 짐작할 수 있다.

신덕왕은 즉위 원년 5월에 죽은 예겸을 추존하여 宣聖大王이라 하고 아들 昇英을 태자로 삼았다. 이러한 사실은 곧 朴氏王統의 정통성을 사전에 대비하는 등 왕권을 강화하려 한 듯싶다. 그러나 그는 크게 한 일도 없이 후백제 견훤의 침입에 시달리다가 재위 6년 만에 죽자 태자 승영(경명왕)이 즉위했다.

경명왕은 왕권의 안정과 정통성 유지에 노력한 흔적이 돋보인다. 그는 즉위 원년(917) 8월에 同母弟 魏膺을 上大等으로 삼고 大阿湌 裕廉(효종의 조카이며 金傅 즉, 경순왕과는 堂弟間)을 侍中으로 등용했다. 이 점은 곧 왕권안정을 위한 김씨 세력과의 제휴가 아니었나 싶다. 그러나 동왕 2년 一吉湌 玄昇의 반란이 일어나고 그 다음해 상대등(金成)과 시중(彦邕)을 새로 임명한 것을 보면[10] 왕권이 불안했던 것이 아닌가 싶다.

당시 경명왕이 해결해야 할 당면 과제는 후백제 견훤의 침입에 대한 방어와 지방에 군림하는 호족세력들에 대한 회유책이었다. 이에 따라 고려에 사신을 파견(경명왕 4년 ; 920)하여 우호를 닦았다.[11] 경명왕의 친고려책은 견훤을 자극시켜 920년 10월 견훤으로 하여금 步·騎兵 1만을 이끌고 大耶城을 공격·함락하고 進禮城으로 진격하게 하는[12] 등 신라 중심부를 향한 공격에 치중하도록 하였다.

이렇듯 견훤으로부터 시달림을 받은 경명왕은 阿湌 金律을 고려 태조에게 보내어 구원을 요청하였다(920년). 태조 왕건은 이 요청을 받아들여 원병함으

는 1천여 명의 郞徒를 거느렸다)은 지위가 막강했던 인물이다.

7) 繼康은 효공왕 2년 정월에 侍中에 임명되어 동왕 6년 2월 大阿湌 孝宗이 侍中에 임명되면서 물러났다(《三國史記》 권 12, 新羅本紀 12, 효공왕 2년·6년).

8) 曺凡煥, 〈新羅末 朴氏王의 登場과 그 政治的 性格〉(《歷史學報》 129, 1991), 7~8쪽.

9) 《三國史記》 권 12, 新羅本紀 12, 신덕왕 원년.

10) 《三國史記》 권 12, 新羅本紀 12, 경명왕 2년·3년.

11) 《三國史記》 권 12, 新羅本紀 12, 경명왕 4년.

12) 《三國史記》 권 12, 新羅本紀 12, 경명왕 4년 및 권 50, 列傳 10, 甄萱.

로써 견훤은 후퇴하고 말았다. 이러한 왕건의 新羅軍援策은 후백제의 입장에서 보면 곧 고려와 신라와의 군사동맹을 뜻하는 결과가 되어 신라는 후백제로부터 무차별 공격을 받게 되었다. 이러한 사회적 혼란에 위기의식을 느낀 지방의 호족들은 자신들의 이익과 편의에 따라 고려와 후백제로 귀부하는 자들이 속출하는 실정이었다.[13]

이와 같은 사회적 혼란기에 즉위한 경애왕(魏膺; 경명왕의 弟)은 대외적으로는 前王의 뜻대로 즉위 원년(924)부터 고려 태조에게 사신을 보내는 등 화친책을 쓰면서 親高麗策을 폈다.[14] 그리고 대내적으로는 즉위 원년 10월 神宮에 친히 제사를 지내고 죄수들을 大赦했다. 한편 황룡사에서 百座說經을 說하고 겸하여 禪僧 300명에게 음식을 먹이고 친히 향을 피우고 불공을 드리는[15] 등 국민화합과 국태민안의 뜻을 펴기도 했다.

그러나 그는 妃嬪과 宗戚들을 불러모아 鮑石亭에서 향연을 베풀고 놀다가 견훤의 침입을 받아 죽임을 당하고 말았다. 이 때 견훤은 효종의 아들 金傅를 왕(경순왕)으로 추대하고 왕의 동생 孝廉과 재상 英景을 포로로 붙잡아서 돌아갔다. 이리하여 3대에 걸친 朴氏王室은 단절되고 金氏王이 다시 등장하였다.

경순왕은 견훤에 의하여 왕위에 올랐으나 그는 견훤을 적대시하였고 고려 태조와는 친선책을 견지했다. 태조 왕건 역시 신라의 서울 金城을 방문, 수십일 동안 머물다가 갈 정도의 親新羅的 입장을 표했다. 이 때 신라인들로부터 "견훤이 왔을 때는 豺虎를 만난 것 같았으나 태조 왕건은 父母를 대함과 같다"[16]는 칭송을 받았다고 한다.

이후 신라의 민심은 점차 왕건에게로 쏠리게 되어 載巖城의 장군 善弼이 고려로 귀부하자 신라 동북지대의 永安(安東郡 豊山面)·河曲(안동군 임하면)·直明(안동군 일직면)·松生(청송군 청송면) 등 30여 군현이 연이어 귀부했다. 뒤이어 명주(강릉)로부터 興禮府(울산)에 이르는 동해연안의 110여 성이 다투어

13) 崔根泳, 《統一新羅時代의 地方勢力硏究》(신서원, 1993), 106~107쪽, 〈표 15〉 참조.
14) 《三國史記》 권 12, 新羅本紀 12, 경애왕 원년·4년.
15) 《三國遺事》 권 2, 紀異 2, 景哀王.
16) 《三國史記》 권 12, 新羅本紀 12, 경순왕 5년.

고려에 투항하니[17] 신라는 경주를 중심으로 명목만을 유지하는 형편이었다. 이 때 금산사에 유폐되었던 견훤이 자진하여 고려에 귀부할 뜻을 표하여 그를 맞이한 왕건은 견훤을 尙父로 대우하고 楊州를 食邑으로 삼게 하는 등 융숭한 예우를 하였다(935년).[18]

이렇듯 견훤의 고려 귀부로 왕건의 지위가 확고해지자 명목만을 유지하던 신라의 경순왕은 고려에 항복할 뜻을 결심하고 군신회의를 열어 그 가부를 물었다. 그 때 麻衣太子는 "나라의 존망에는 반드시 천명이 있으니 오직 忠臣과 義士와 더불어 민심을 수습하여 스스로 (나라를) 굳게 하다가 힘이 다한 후에 말 것인데 어찌 一千年社稷을 하루아침에 쉽사리 남에게 내줄 것이랴"[19]라는 반대 의견을 내었다.

이에 경순왕은 "외롭고 위태함이 이와 같은데 형세는 능히 온전할 수 없으니 이미 강하지도 못하고 또 약하지도 못한 이 형편에 무죄한 백성만을 참혹하게 죽게 하는 것은 내가 차마 하지 못하는 바라"는 명분을 들어 스스로 고려에 항복할 뜻을 결정짓고 시랑 金封休로 하여금 항복문서를 가지고 가서 왕건에게 귀부를 청하게 하였다(935년 11월).[20]

항복문서를 받은 왕건은 攝侍中 王鐵 등을 보내어 경순왕의 요청에 동의하는 뜻을 전하니 경순왕은 경주를 떠나(920년 11월) 태조 왕건에 귀의함으로써 신라는 고려에 통합되고 말았다.[21] 이로써 왕건은 신라의 전통과 권위를 이어받는 지위를 확보하게 되었다.

〈崔根泳〉

---

17) 《高麗史》 권 1, 世家 1, 태조 13년 2월.
18) 《三國史記》 권 50, 列傳 10, 甄萱.
19) 《三國史記》 권 12, 新羅本紀 12, 경순왕 9년.
20) 위와 같음.
21) 왕건이 경순왕에 베푼 예우는 그가 개경에 당도하자 柳花宮에 머물게 하고 장녀 樂浪公主를 아내로 삼게 하였으며, 그를 封하여 政丞으로 임명, 1년에 祿俸 1천 석을 주고 神鸞宮을 지어주고, 신라국을 폐지하여 경주로 삼고 그 지역을 食邑으로 삼는 한편 그를 경주의 事審官으로 임명하였다(《三國史記》 권 12, 新羅本紀 12, 경순왕 9년 및 《高麗史》 권 2, 世家 2, 태조 18년 을미).

2. 후백제

1) 후백제의 성립

(1) 견훤의 출신과 군사적 기반

신라말에 후백제를 건국하여 옛 백제 지역을 지배했던 인물은 甄萱이다. 그러나 견훤의 출신에 대해서는 잘 알려져 있지 않다. 지금까지 '가난한 농민출신'이나 '농민의 아들' 혹은 농민출신으로 농민반란군을 규합하여 성장한 인물' 등으로 인식되어 왔다.[1] 그러나 견훤이 가난한 농민의 아들로 후백제를 건국할 수 있었을까 하는 점에 대해서는 의문의 여지가 있다.

견훤의 신분을 알기 위해서는 먼저 견훤 아버지의 출신과 사회적 지위를 이해할 필요가 있다. 《三國史記》와 《三國遺事》의 두 견훤전에 의하면 견훤의 아버지 阿慈介는 尙州 加恩縣 사람으로서 처음에는 농업으로 생활을 영위하다 후에 沙弗城을 중심으로 「將軍」이 되었다고 한다. 가은현은 지금의 聞慶郡 加恩邑이고 사불성은 지금의 尙州邑 일대를 가리킨다. 그렇다면 아자개는 처음에 가은현에서 농사를 짓다가 점차 동남쪽으로 이동하여 신라 9州의 하나였던 상주를 중심으로 장군이 되었다고 할 수 있다. 아자개가 농사를 지었다고 하더라도 가난한 농민층은 아니었을 것이다. 왜냐하면 가난한 농민출신이 갑자기 「장군」 혹은 「城主」으로 성장하기는 어려웠을 것이기 때문이다. 적어도 경제적으로나 사회적인 측면에서 어느 정도 토착적인 기반을 가

---

1) 다음과 같은 대부분의 한국사 개설서에서는 견훤을 가난한 농민출신으로 서술하고 있다.
韓沽劤, 《韓國通史》(乙酉文化社, 1970), 124쪽.
邊太燮, 《韓國史通論》(三英社, 1986), 148쪽.
朴龍雲, 《高麗時代史》 上(一志社, 1985), 36쪽.
한편 李基白, 《韓國史新論》(一潮閣, 1976)에서도 '가난한 농민출신'이라 하였으나 최근에 나온 新修版(1991)에서는 '호족출신'으로 바로잡아 놓았다.
견훤의 출신에 대해서는 申虎澈, 《後百濟 甄萱政權硏究》(一潮閣, 1993)에서 자세하게 언급하였다. 아울러 이 글은 주로 이 책을 참고하여 서술하였으므로 구체적인 전거의 제시나 논증과정은 이 책을 참고하기 바란다.

지고 있던 부유한 농민층이었을 것이다. 그래야만 주변의 촌민들을 규합하여 장군으로 성장할 수 있었을 것이다. 신라말 지방의 토착세력이 성을 쌓거나 혹은 기존의 성을 중심으로 스스로 성주나 장군으로 칭하면서 반독자적인 세력권을 형성해 가고 있었음은 널리 알려진 사실이다.

상주의 장군으로 성장한 아자개의 사회적 지위는 다음의 두 기록을 통해서 짐작할 수 있다.

> ① 갑오년에 尙州賊帥 阿字蓋가 사신을 보내 來附하였다. 왕이 의식을 갖추어 맞이하도록 명하니 毬廷에서 의식을 연습하고자 문무관이 다 班列에 나아갔는데…(《高麗史》 권 1, 世家 1, 태조 원년 9월).
>
> ② 阿慈介의 第1妻는 上院夫人이고 제2처는 南院夫人이다. 5子 1女를 낳았는데 그 長子는 尙父 萱이요, 2子는 將軍 能哀, 3子는 將軍 龍盖, 4子는 寶盖, 5子는 將軍 小盖이고 1女는 大主刀金이다(《三國遺事》 권 2, 紀異 2, 後百濟 甄萱).

①에 의하면 상주적수 아자개가 왕건 즉위 직후인 918년 7월에 고려에 내부하였고, 이 때 고려에서는 문무의 관리들을 모아 빈객으로 그를 맞이할 준비를 하고 있었다. 즉 아자개가 귀부하려 하자 고려에서는 대대적인 환영을 표시한 것이다. 이것은 아자개가 독자세력을 거느린 호족이었음을 말해주는 것이라고 할 수 있다. ②에서 아자개가 상원부인과 남원부인 등 2명의 처를 두고 있었고, 그 아들을 모두 장군이라고 칭하고 있었음을 알 수 있다.[2] 한편 아자개는 李氏姓을 사용하고 있었다고 한다.[3] 이상의 세 가지 점

---

2) 沙伐城 將軍 阿慈介와 尙州賊帥 阿字蓋가 동일인물이 아니라 同名異人이라거나(安鼎福, 《東史綱目》 附卷上上), 또는 阿字蓋와 견훤과는 父子之間도 아니며 아무런 관계가 없다는 주장이 있다(金庠基, 〈甄萱의 家鄕에 대하여〉, 《東方史論叢》, 서울大 出版部, 1974, 199쪽). 그러나 阿慈介와 阿字蓋는 동일인물이 분명하다. 같은 지역, 같은 시기에 同名異人의 세력가가 2명 있었다는 것은 우연으로 받아들이기 곤란하다. 아울러 기록에 따라 ① 阿慈介(《三國史記》 권 50, 列傳 10, 甄萱 및 《三國遺事》 권 2, 紀異 2, 後百濟 甄萱), ② 阿茲蓋(《三國史記》 권 12, 新羅本紀 12, 경명왕 2년), ③ 阿字蓋(《高麗史》 권 1, 世家 1, 태조), ④ 阿字介(《東史綱目》 附卷上上)로 각각 차이가 있으나 이들 모두 견훤의 아버지에 대한 異記에 불과하다. 특별히 구별할 필요가 없을 경우를 제외하곤 모두 阿慈介로 통칭하였다.

3) 《三國遺事》 권 2, 紀異 2, 後百濟 甄萱傳에 의하면 아자개는 본래 '李'씨였으나 후에 견훤이 '甄'으로 성을 고쳤다고 한다.

만 보더라도 견훤의 아버지인 아자개는 가난한 농민이 아니었음이 분명하다. 아마도 견훤은 선대부터 이미 부농층이었을 것으로 추측되며, 그의 父 아자개대에 이르러서는 기존의 경제적 기반을 토대로 하여 한편으로는 이씨로 稱姓하면서 주변 촌민들의 지지를 얻고, 다른 한편으로는 자신의 일족 및 주변 인물 등을 중심으로 사병적 성격의 군사세력을 규합해 갔던 것으로 보인다. 그러다 880년대 후반에 와서 사불성을 근거지로 하여 장군을 자칭할 만큼 일대 호족세력으로 성장해 갔던 것이다. 따라서 견훤 자신은 이미 가난한 농민출신이 아니라 상주지방의 豪族出身이라 해야 할 것이다.

견훤은 그 후 어떤 과정을 통해서 자신의 군사적 기반을 구축하게 되었을까. 상주호족이 된 아자개의 장남인 견훤이 후백제를 건국하기까지는 두 가지의 매우 중요한 사실이 있다. 그 하나는 견훤이 신라의 중앙군(京軍)이 되어 경주에 진출하였다는 것이고, 다른 하나는 신라 중앙군의 자격으로 서남해의 防戍軍으로 파견되어 그 곳에서 방수군의 裨將으로 출세하였다는 사실이다.

견훤이 신라의 중앙군으로 경주에 들어가게 된 것은 대체로 880년대의 일로 생각된다. 왜냐하면 견훤은 景文王 7년(867)에 태어났으므로[4] 아자개가 장군을 자칭하던 때인 885년부터 888년까지는 견훤의 나이 20세 전후에 해당한다. 바로 이 시기에 견훤은 중앙군으로서 入京한 것으로 보인다. 신라의 중앙군이 된 견훤은 곧 서남해의 방수군으로 나아가 비장이라는 독립된 부대의 지휘관이 되었다. 그 곳에서 견훤은 자신의 독자적인 세력을 구축하기 위해서 노력하였다. 견훤은 항상 전장에 나가 '枕戈待敵' 하는 등, 그 용기가 士卒보다 앞서 있었으며 은근히 반심을 품고 무리를 모았다고 한다. 이러한 사실은 당시 신라에 대한 견훤의 태도를 짐작하기에 충분하다. 그리하여 그가 반란을 일으키자 불과 한달 만에 무려 '5천의 무리'를 모았다고 한다. 이 '5천의 무리'는 견훤의 초기 군사적 배경이 된 핵심세력이었을 것이다.

그러면 5천에 달하는 군사는 어떤 성격을 가진 병력이었을까. 그리고 견훤은 어떻게 하여 그처럼 단기간에 대규모의 병력을 확보할 수 있었을까. 이러한 의문들은 견훤의 초기 군사적 배경을 이해하는 중요한 열쇠가 된다.

---

4) 견훤의 出生에 대해서는 《三國遺事》 견훤전에 '咸通八年 丁亥生'이라는 기록이 유일하다.

첫째, 견훤이 모았다고 한 '5천의 무리' 속에는 견훤이 서남해 방수군의 비장으로 있을 때 그와 함께 '침과대적'하던 견훤 휘하의 병사들이 포함되었을 것이다. 그는 신라 중앙군으로서 서남해에 파견된 후 주변의 군인들에게 남다른 용기를 보였고 인심을 얻기 위해 부심하고 있었다. 따라서 이들 방수군이야말로 견훤을 따라 武珍州(光州)에 들어갔던 주된 병력이었을 것이다. 둘째, 서남해 일원에서 해상활동에 종사하던 海島출신의 인물들도 견훤의 초기 군사적 배경이 되었을 것이다. 견훤이 방수군으로 파견된 후 열심히 노력하여 비장이 된 곳은 바로 해상활동의 요지였다. 따라서 이 지역 일대의 해상세력들은 자연 견훤의 세력에 흡수되었을 것이다. 그것은 후백제의 성립 초기부터 서해안 일대의 요충지역이 견훤과 밀접하게 관련을 맺고 있었던 점과 중국과의 외교에서 궁예나 왕건에 비해 견훤이 월등 앞서 있었던 점으로 보아도 쉽게 짐작할 수 있다. 셋째, 견훤의 초기 군사적 배경 중에는 상주 출신의 견훤 先代의 사병들도 포함되어 있었을 것이다. 그 숫자는 비록 많지 않았을 것이지만, 그러나 이들은 견훤 휘하의 방수군들과 마찬가지로 견훤의 측근으로 활동했던 핵심세력이었을 것이다. 끝으로 무진주 일대의 토착세력들도 견훤의 군사적 배경이 되었을 것이다. 견훤이 처음 반란을 일으켜 무진주에 들어가자 가는 곳마다 메아리쳐 호응했다고 한 사람들은 바로 이 일대의 주민 등 토착세력들을 가리키는 것이라고 할 수 있다. 이들 중에는 이미 농민 반란군에 끼어 「초적세력」을 형성하고 있다가 견훤군에 포함되기도 했을 것이고, 이 일대의 호족세력들도 점차 견훤의 군사적 기반으로 병합되어 갔을 것이다. 무진주 일대의 호족세력들은 이 곳이 점령된 후에 견훤군에 포함된 경우가 많았을 것이므로 견훤의 군사적 기반 중에는 맨 나중에 결합되었을 것이다.

(2) 후백제의 성립과정

견훤이 반란을 일으킨 후 (後)百濟國[5]을 수립하기까지의 과정에 대한 구

5) 견훤이 칭한 정식 국호는 '후백제'가 아닌 '백제'였다. 《三國史記》의 찬자 등 후대의 사가들이 이전의 백제와 구별하기 위해서 '후'자를 붙인 것에 불과하다. 그것은 금석문 등 당시의 기록을 통해 분명하게 확인할 수 있다.

체적인 기록은 없다. 《삼국사기》와 《삼국유사》의 두 견훤전 등 기존의 사료에 의하면 견훤이 반란을 일으킨 것과 후백제를 건국한 것이 마치 동시에 일어난 사건처럼 기술되어 있다.

> ① 唐昭宗 景福 원년(892)은 신라 진성왕 6년이다.…이에 견훤은 은근히 반심을 품고 무리를 모아 서울 西南州縣들을 진격하니 가는 곳마다 호응하여 그 무리가 한달 만에 5천 인에 달하였다. 드디어 무진주를 습격하여 스스로 왕이라 하였지만 아직 감히 공공연하게 왕이라고 칭하지 못하고 다만 '新羅西面都統指揮兵馬制置持節都督全武公等州行全州刺使兼禦史中丞上柱國漢南郡開國公食邑二千戶'라고 自署하였다(《三國史記》 권 50, 列傳 10, 甄萱).
>
> ② 景福 원년(892) 후백제의 견훤이 자칭 왕이라 하였다(《三國史記》 권 31, 年表 下).
>
> ③ 眞聖王 6년(892) 完山州賊 견훤이 완산주에 웅거하여 스스로 후백제라 칭했는데 武州의 동남쪽 郡縣이 항복했다(《三國史記》 권 11, 新羅本紀 11, 진성왕 6년).
>
> ④ 壬子(892) 처음으로 光州에 도읍을 정하였다(《三國遺事》 권 1, 王曆 1).

위의 4개의 기록은 후백제 건국과 관련된 각기 다른 사료이지만, 그러나 그 연대가 모두 892년이라는 공통점을 갖고 있다. 즉 ①에 의하면 진성여왕 6년(892)에 견훤이 반란을 일으켜 무진주를 점령하고는 공공연하게 稱王하지는 못하고, 대신 '新羅西面都統…漢南郡開國公食邑二千戶'라고 自署하였다고 전한다. 그런데 ②에 의하면 같은 해(892)에 후백제를 세우고 王을 자칭했다고 되어 있다. 한편 ③에 의하면 후백제라 칭한 곳이 完山州(全州)였다고 하였다. 반면 ④에서는 같은 해에 도읍을 정한 곳이 光州라고 하였다. 위의 네 기록을 그대로 인정한다면 견훤은 892년 한 해에 경주의 西南州縣에서부터 반란을 일으켜서 점차 무리를 모으면서 이동하여 무진주를 점령하고 이어 완산주로 옮겨 도읍을 정한 셈이 된다. 그리고 광주에서는 아직 스스로 왕이라고 칭하지 못하고 '신라서면도통…'이라 자서한 단계였으며, 전주에 이르러서야 비로소 후백제왕이라 칭하였던 것으로 보인다.

후백제가 성립되기까지 이러한 과정만은 크게 보아 대체로 사실과 부합하는 것이라 할 수 있겠다. 그러나 이 여러 과정이 모두 892년에 서로 혼재해서 일어난 것으로 나타나고 있다. 즉 견훤이 남몰래 반심을 품고 무리를 모아 서남 주현으로 나간 일, 무진주를 습격한 일, '신라서면도통…' 이라 자서한 일, 梁吉에게 裨將職을 제수한 일, 西巡하여 완산주로 이동한 일, 도읍을 정한 일, 그리고 후백제를 세우고 칭왕한 일과 심지어 設官分職한 일까지 모두 892년에 일어난 것처럼 기록되어 있다. 따라서 지금까지 개설서를 비롯한 거의 모든 연구서에 견훤의 반란으로부터 후백제의 건국에 이르기까지의 사건이 모두 같은 해에 일어난 것으로 서술되어 있다. 그러나 이것은 위의 사료들을 아무런 비판 없이 모두 그대로 받아들인 데서 오는 오류이다.

견훤이 반란을 일으킨 후 후백제를 수립하기까지의 여러 단계는 10여 년에 걸치는 오랜 기간을 거쳐 이루어졌다. 견훤이 처음 반란을 일으킨 해는 적어도 889년 이전의 일이었으며, 889년에는 서남해 방수군을 이끌고 무진주에 들어갔다. 이 때 견훤은 아직 정식으로 왕이라 칭하지 못하고 다만 '신라서면도통…'이라고 하였다. 그 후 892년에 가서야 비로소 「백제국」을 세우고 칭왕하였으며, 900년에 이르러는 광주에서 전주로 천도하여 「立都・設官分職」 등 본격적인 국가체제를 정비하였던 것이다.

후백제가 수립되기까지의 과정을 단계별로 정리하면 다음과 같다.[6]

첫째, 지역적으로는 견훤이 서남해의 방수군으로 출발하여 경주의 서남 주현을 거쳐 광주 일대를 점령하였다. 광주에서 다시 내륙지역으로 북상하여 익산을 장악하고 전주로 이동하였으며, 이후 줄곧 전주를 도읍으로 해서 대내외적인 발전을 꾀하였다. 둘째, 정치적으로는 견훤이 처음 반란을 일으키고 나서는 스스로 왕이라 칭하지 못하고, 다만 '신라서면도통…'으로 자서하면서 신라의 지방관을 자임하였고, 그 후 군사력의 증강, 민심의 흡수 등으로 자신감이 생기자 '自王'의 단계로 발전하였고, 다시 전주천도 후에는 정식으로 후백제왕을 칭하게 되었다. 셋째, 시기적으로 보면 889년 이전에 견훤이 처음 반란을 일으켰으며, 889년에 광주를 점령하였는데 이 때는 '신라서면도통…'이라 자서하는 단계에 불과했다. 892년에 공공연하게 칭왕하였으며, 900년에 이르러 전주에 천도하고 본격적인 국가체제를 정비하였다.

---

6) 후백제 성립과정에 대한 구체적인 논증은 申虎澈, 앞의 책, 35~64쪽 참조.

2) 후백제의 발전과 호족연합

(1) 영토의 확대

견훤은 서남해 일대에서 반란을 일으킨 후 광주를 거쳐 점차 내륙지방으로 이동하여 전주에 천도하였다. 전주 천도 이후부터 견훤은 본격적인 영토확장을 위해 전투에 들어갔는데, 후백제의 영토확장은 크게 세 방향으로 나뉘어 진행되었다. 그 하나는 후백제의 배후지역인 서남해 일대이고, 두번째는 고려와 접경지역인 한강 상류의 충청도 내륙지역이며, 세번째는 신라와 인접한 낙동강 이동의 경상도 지역이다.

후백제가 제일 먼저 공략에 나선 곳은 서남해 일대였다. 견훤이 전주에 천도한 직후인 901년 8월에 羅州(錦城) 남쪽의 10여 개 州縣을 공략하고 돌아왔다. 한편 궁예는 2년 후인 903년에 왕건으로 하여금 수군을 거느리게 하여 서해로부터 光州界에 이르러 나주를 공격하여 빼앗고 인근 10여 주현을 공략케 하였다고 한다.[7] 견훤의 후백제와 궁예의 후고구려가 처음으로 나주 일대에서 서로 대립하고 있었다는 사실은 매우 중요한 의미를 갖는다. 왜냐하면 나주 일대는 이미 지적한 바와 같이 견훤의 초기 세력기반이 된 곳이었다. 견훤이 자신의 세력 근거지였던 나주 일대 10여 주현을 공략하게 된 것은 이 곳의 지방세력들이 이 때에 이르러 견훤을 이반했기 때문이었다. 즉 나주의 해상세력들이 왕건과 결합하여 후백제의 배후지역에 영향력을 행사하고 있었던 것이다. 나주를 비롯한 서남해 일대의 해상세력들은 일찍부터 왕건세력과도 관련을 맺고 있었는데, 이 곳 토착세력들이 후백제 건국 후 견훤의 지배력이 강화되는데 대한 불만을 품고 이반하자 견훤이 제일 먼저 이 곳을 공략한 것이다.[8] 이후 후백제는 서남해 일대의 제해권을 장악하기 위

7) 《高麗史》 권 1, 世家 1, 태조 즉위전(天復 3년).
8) 羅州를 비롯한 영산강 하구의 서남해 일대는 일찍부터 해상을 장악하고 있던 지방세력이 강하게 존재하고 있었고 이들이 왕건의 선대세력과도 연관이 있었음은 이미 지적된 바 있다. 이와 관련하여 다음과 같은 글이 있다.
朴漢卨, 〈羅州道大行臺考〉(《江原史學》 1, 1985).
文秀鎭, 〈高麗建國期의 羅州세력〉(《成大史林》 4, 1987).

해서 여러 차례 노력하였으나 이 곳 지방세력이 원래 강성하여 성공적이지는 못하였다. 나주 일대의 지방세력들은 견훤과 왕건의 사이에서 때로는 협력과 견제를 하면서 독자적인 지배권을 유지해 갔다. 신검에 의해 금산사에 유폐된 견훤은 금산사를 탈출하여 나주로 도망하였다. 나주에서 고려의 왕건에게 귀부의 뜻을 전하고 이어 해로를 통해 개경으로 들어갔다. 이처럼 나주의 지방세력들은 후백제의 건국 초기부터 멸망할 때까지 견훤과 왕건에게 있어 매우 특이한 존재였다.

다음으로 견훤은 충청도를 중심으로 한 중·북부지역의 공략에 나섰다. 후백제에서는 주로 경기도 남부지역인 廣州·唐城(남양)과, 충청 북부지역인 報恩·淸州·塊壤(괴산)·忠州 일대, 그리고 충청 중서부 지역인 運州(홍성)·熊州(공주)·燕岐 일대를 연결하는 지점을 영토확장의 주 대상으로 삼고 있었다. 이 곳은 남한강 상류와 금강 일대의 평야지대이자 호서와 호남을 연결하는 교통의 요지이기도 하여 이 일대의 지배권을 확보한다는 것은 매우 중요한 일이었다. 그러나 중부지역의 공략은 918년 이후부터 시작되었다. 처음에는 주로 서남해의 제해권 장악에 전력을 기울이고 있었기 때문에 이 곳의 경략에는 소홀하였겠지만, 또 한편으로는 이 때까지만 해도 이 일대의 호족세력이 강력하게 존재하고 있었기 때문에 이 곳에 대한 본격적인 공략이 불가능했던 것이다.

고려가 건국된 918년 무렵에는 중부 일대의 지방세력들 대부분은 견훤과 밀접하게 연관되어 있었다. 왕건이 궁예를 몰아내고 고려를 수립하는 혼란한 상황에서 이 지역 호족에 대한 왕건의 영향력은 견훤의 그것에 비해 훨씬 약할 수밖에 없었고, 따라서 호족들은 후백제와의 관계를 모색하고자 했던 것이다. 그리하여 이 지역은 대체로 후백제의 영향력이 강하게 미치게 되었고, 고려에서는 중부지역에 대한 대책이 필요하였다. 그러한 대책 중의 하나가 918년 8월 前侍中 金行濤를 東南道招討使知牙州諸軍事로 삼고,[9] 이어 일년 후인 919년 8월에는 烏山城을 고쳐 禮山縣으로 삼고 大相 哀宣·洪儒를

鄭淸柱, 《新羅末 高麗初 豪族硏究》(全北大 博士學位論文, 1991), 167~217쪽.
李泰鎭, 〈金致陽亂의 性格〉(《韓國史硏究》 17, 1977).

9) 《高麗史》 권1, 世家 1, 태조 원년 8월.

보내 유민 500여 호를 安集시키게 한 일이다.[10] 925년 10월에는 유금필을 征西大將軍으로 삼아 후백제 영향권에 있던 燕山鎭과 任存郡을 공략케 하였다. 그러나 그로부터 6개월 후인 926년 4월에는 견훤 자신이 직접 군대를 이끌고 熊津으로 진군하였다. 그 결과 웅주·운주 등 충남 일대의 10여 개 주현뿐 아니라 본래부터 궁예의 강력한 세력권이었던 충북 일대까지 점차 후백제의 영향권 내에 들어가게 되었다. 물론 고려군의 반격이 부분적으로 있긴 하였지만, 대체적으로 昧谷縣(회인)·燕山鎭(문의)·三年城(보은) 등 청주에서 가까운 지역까지 견훤이 지배하게 되었다.

930년 이후에는 상황이 역전되어 후백제의 영향력은 크게 약화되었다.[11] 그 해 8월 고려는 天安에 도독부를 설치하였고, 같은 달 왕건이 청주에 행차하여 羅城을 쌓음으로써 이 일대의 지배권 확보를 위해 그 전초기지를 마련하였다. 특히 932년 6월에 昧谷城의 성주이자 장군인 龔直이 고려에 귀부하였는데, 이는 후백제에 커다란 타격을 준 사건이었다. 왜냐하면 공직은 일찍부터 견훤의 心腹이 된 인물이며 매곡성은 후백제의 가장 강력한 북방 전초기지 역할을 했던 곳이었기 때문이다.[12] 공직의 고려 귀부를 계기로 그 동안 후백제의 지배영역이었던 충북부 일대가 반대로 고려의 지배하에 놓이게 되었다. 공직이 귀부한 바로 다음달인 7월에는 왕건 자신이 一牟山城(문의)의 정벌에 나섰고, 이어 2년 후인 934년에는 웅주 이북의 30여 성이 스스로 귀부하였는데 이것은 공직의 귀부가 미친 직접적인 결과였다.

끝으로 견훤정부가 경상도 일대에서 지배권을 장악하고자 한 곳은 위로는 소백산맥을 중심으로 그 이남과 아래로는 낙동강의 하류에 이르는 지역이 그 대상이 되었다. 특히 尙州·古昌·義城·眞寶城·曹物城 등 경상 북부지역과 高鬱府·進禮郡·淸道 등 경주와 인접한 지역이 중심이 되고 있었다. 견훤은 특히 이 곳의 지배에 대단한 노력을 경주하고 있었고, 따라서 이 곳에서의 전투는 앞의 두 지역에 비해 월등히 많았다. 전투 규모도 대부분 견

10) 《高麗史節要》 권 1, 태조 2년 8월.
11) 그 결정적인 계기가 된 사건은 930년 정월에 있었던 古昌전투이다.
12) 공직에 대해서는 申虎澈, 〈新羅末·高麗初 昧谷城 將軍 龔直〉(《湖西文化硏究》 10, 忠北大, 1992) 참조.

훤이 직접 나서서 전투를 지휘하는 전력전의 양상을 띠고 있었다.

이 곳에서의 첫 전투는 상주에서부터 시작되었다. 견훤은 906년 처음으로 3천 명의 군사를 이끈 왕건과 沙火鎭에서 대결하였으나 패하였다. 이 때는 궁예가 개경에서 철원으로 환도한 지 1년 후였다. 그런데 당시 상주는 매우 특이한 곳이었다. 잘 알려진 사실로 진성여왕 3년(889) 沙伐州에서 元宗과 哀奴가 반란을 일으켜 전국적인 농민 봉기의 서단을 열었고, 견훤의 父인 아자개가 장군이 된 곳도 바로 사불성이었다. 이 곳은 鳥嶺과 竹嶺 등 소백산맥을 넘어 신라의 경주로 이어지는 길목으로 낙동강 상류 지역의 중심권이라 할 수 있는 곳이다. 따라서 이 곳을 지배하게 되면 고려와 신라와의 통로를 차단하는 결과를 가져오는 것이므로 견훤은 일찍부터 상주·고창·의성 등 경상 북부지역을 지배하고자 하였다. 906년 상주에서 궁예정권과의 충돌은 바로 이와 같은 양국의 이해가 맞부딪친 결과였다고 볼 수 있다.

그 후에도 경상 일대에서의 후백제와 고려의 대립은 끊임없이 계속되었다. 920년 10월 견훤은 직접 大良(陜川)·九史(초계)를 공취하고 이어 진례군으로 진격하였다. 이 때 그가 이끈 1만의 기병도 대단한 숫자이지만,13) 특기할 만한 것은 이로 인해 신라가 고려에 처음으로 원병을 요청하였다는 사실이며, 신라와 고려가 서로 동맹을 맺고 후백제에 대항하는 결과를 가져왔다는 사실이다. 이후에도 견훤은 자신이 직접 군대를 이끌고 여러 차례 전투에 나섰다. 즉 924년 7월과 925년 10월 두 차례에 걸쳐 조물성을 공략한 것을 비롯, 925년 12월에는 거창 등 20여 성을 공취하였고, 이어 927년 9월에는 近品城과 경주와 근접한 高鬱府까지 쳐서 빼앗았다. 그리고 경주에 쳐들어가 경애왕을 죽이고 경순왕을 옹립하였다.

이 때 신라의 구원 요청을 받은 왕건이 원병을 이끌고 내려오다 견훤군과 公山桐藪에서 대전하게 되었다. 그러나 이 곳 전투에서도 견훤군의 대승으로 끝났다. 고려의 장군 申崇謙과 金樂이 전사하였고 왕건은 單騎로 겨우 도망하여 살았다. 927년 11월에는 大木郡(若木)을 공취하였고 이어 벽진군을 공격하여 고려의 장군 索相이 전사하였다. 928년 5월에는 康州(晉州)를 습격하여

---

13) 견훤군의 통상 병력은 대개 2~3천 명이었다. 1만의 기병은 보통 병력의 4, 5배에 달하는 숫자였다.

장군 有文의 항복을 받았으며, 11월에는 오어곡성(군위)을 공격하여 고려군 1천 명을 죽이고 장군 陽志·明式 등 6인의 항복을 받았다. 929년에는 견훤이 갑병 5천 명을 거느리고 義城을 공격하여 洪術이 전사하였다. 이 때 왕건이 "나의 左右手를 잃었다"고 애통해 한 것을 보면 의성의 함락과 홍술의 전사가 고려에 커다란 타격을 준 사건임을 알 수 있다. 이어 견훤군은 順州城을 공격하였는데 장군 元奉은 도주하고 말았다. 그리고 929년 12월에는 고창군을 포위하였다. 이처럼 929년말까지 후백제와 고려와의 전투에서 후백제의 군사력은 고려의 그것을 압도하고 있었다.

그러나 전세는 갑자기 역전되었다. 그 결정적인 사건이 930년 정월의 古昌에서의 전투이다. 이 전투에서 견훤과 왕건이 직접 대결하여 견훤군의 대패로 끝났다. 후백제의 侍郞 金渥은 생포되고 8천여 명이 전사했으며 견훤은 패주하고 말았다. 고창전투의 패배로 말미암아 주변 호족들은 대거 왕건측으로 기울었다. 이를 계기로 永安(永川)·河谷(河陽)·直明(安東)·松生(靑松) 등 30여 군현이 고려에 來降하였고,[14] 다음달인 2월에는 溟州(江陵)에서 興禮府(安東)에 이르기까지 110여 성이 고려에 항복하였다고 한다.[15] 고창전투의 영향을 능히 짐작할 수 있다.

(2) 호족과의 연합

견훤은 무력적인 정복 못지 않게 지방 호족세력과의 연합을 위해 노력하였다. 견훤과 호족세력들과의 결합은 여러 가지 방법으로 이루어지고 있었다. 그 하나가 호족과의 婚姻政策이었다.

견훤이 혼인정책을 통해 호족과 결합하였다는 사실을 시사해 주는 기록은 여러 곳에서 발견할 수 있다. 우선 《삼국유사》 견훤전에 인용된 《古記》의 기록을 통해 짐작할 수 있다. 《고기》에는 광주 北村의 富人女와 紫衣男이 혼인했다고 하는 소위 '蚯蚓交婚說話'가 전해지는데, 이것은 견훤이 광주의 호족과 정략적으로 혼인한 사실을 나타내 주는 것이라고 할 수 있다.[16] 견훤이

---

14) 《高麗史節要》 권 1, 태조 13년 정월.
15) 《高麗史節要》 권 1, 태조 13년 2월.
16) 이 혼인설화에 대한 자세한 논급은 申虎澈, 앞의 책, 89~91쪽 참조.

서남해에서 반란을 일으킨 후 광주에 들어온 지 불과 한달 만에 5천여 명의 무리를 모을 수 있었던 것은 바로 광주호족과의 혼인을 통해 가능했던 것이라고 생각된다. 견훤이 혼인정책을 통하여 호족세력과 결합했을 것이라는 두 번째 근거로는 견훤의 사위가 모두 대호족세력이었다는 점을 들 수 있다. 견훤의 사위로는 昇州의 장군인 朴英規와 武州의 성주인 池萱이 있는데 이들은 각각 승주와 무주의 호족세력이었다. 견훤은 자신뿐 아니라 자식들도 호족세력과 혼인시키고 있었던 것이다. 이러한 견훤의 혼인정책은 왕건의 혼인정책과도 그 궤를 같이 하는 것이었다.

끝으로 견훤의 혼인정책을 뒷받침해주는 근거로 견훤이 여러 명의 부인을 두고 있었고 자식도 십여 명이 있었다고 한 《삼국사기》 견훤전의 기록을 들 수 있다.[17] 견훤이 여러 명의 부인(왕비)을 두고 있었고 그들 사이의 소생이 많이 있었던 것은 혼인을 통한 호족연합정책의 결과라고 할 수 있다. 결국 견훤은 자신의 지배적 권위와 지방세력의 확보를 위하여 호족들과의 연계가 절실히 필요하였고, 그러한 수단으로 유력한 호족의 딸을 왕비로 맞아들이거나 아들을 사위로 맞이하는 혼인정책을 추구하였던 것이다.

견훤이 호족세력들과 결합해 가는 양상으로 혼인정책 외에 「歸附」의 형식을 통한 호족연합을 들 수 있다. 귀부호족의 문제는 후삼국기에 있어서 호족연합정권을 이해하는 중요한 단서가 된다. 귀부호족과 왕권과의 관계에 대해서는 좀더 많은 논증과정이 필요하겠지만 이 글에서는 이를 간단히 정리하는데 그치고자 한다.[18] 우선 지방의 호족들이 국왕들에게 귀부한 것은 후삼국기에 한정되었고 고려가 후삼국을 통합하고 난 후에는 귀부라는 형태를 가진 국왕과 호족들간의 관계는 성립되지 않았다. 아울러 호족들의 귀부가 '지방세력의 견제책으로 국왕의 필요에 의하여 호족에게 강요된 사태'라기보다는 호족들이 스스로 귀부의 대상을 선택·결정하였다. 때로는 호족이 귀부의 대상을 바꾸는 경우도 있었으며 중복된 귀부관계가 이루어지기도 하였

17) 《三國史記》 견훤전에는 神劍·良劍·龍劍 및 金剛의 4형제를 제외하고는 견훤의 아들에 대해서 별다른 언급이 없지만, 이 견훤전 이외의 다른 여러 자료들을 종합해 보면 견훤의 자녀 이름이 18명이나 확인된다.

18) 귀부호족에 대해서는 申虎澈, 〈新羅末·高麗初 歸附豪族의 政治的 性格〉(《忠北史學》 8, 1995) 참조.

다. 따라서 국왕과 귀부호족과의 관계를 단순히 「군신적 상하관계」라고 하기는 어렵다. 비록 호족이 귀부를 통해 군신관계를 맺었다고 하더라도 이는 어디까지나 의례적이고 형식적인 것에 불과하고 실제는 상호의존적이고 「호혜적인 관계」라고 보는 것이 더 정확한 설명이다. 끝으로 후백제는 군사를 동원하여 호족세력을 정복하기도 하였다. 이 경우는 호족과의 연합이라기보다는 통합이라고 할 수 있겠는데 주로 고려나 신라와의 접경지역에 해당되었다. 이들 정복지역의 호족이 귀부호족의 경우와 다른 점은 호혜적인 협조관계가 아니라 일방적인 상하관계라고 하는 점이다.

이상과 같이 견훤은 호족세력들과 혼인이나 귀부 혹은 정복 등의 방법을 통해 연합하였으며, 그러한 점에서 후백제의 성립은 호족연합정책의 결과에 의해 이루어졌다고 말할 수 있다.[19]

3) 후백제의 대외정책

(1) 대신라정책

견훤은 처음 신라에 반기를 들고 일어나긴 했지만 신라왕조의 권위라든가 체제를 완전히 부정하지는 못하였다. 견훤이 표면적으로 내세운 대신라정책은 궁예의 그것과는 커다란 차이가 있었다. 궁예는 노골적으로 신라에 적대감을 표명하였다. 신라를 '滅都'라 부르게 하고 신라인으로서 귀부해 오는 자는 모두 죽이라고 했으며, 궁예 자신이 浮石寺에 있는 신라왕의 초상을 칼로 베어 반신라정책을 대내외적으로 표명한 사실은 유명하다. 그러나 견훤과 왕건은 신라에 대해 「尊王의 義」를 내세우고 있었다.[20] 견훤은 광주를 점령한 후에도 王이라 칭하지 못하고 다만 '新羅西面都統'으로 자칭하고 있었다. 즉 견훤은 자신을 한낱 신라의 지방관임을 내세웠으며 전주로 천도한 900년 이

---

19) 호족연합정책에 대한 자세한 논의는 申虎澈, 〈後三國時代 豪族聯合政治〉(《韓國史上의 政治形態》, 一潮閣, 1993) 참조.

20) 견훤과 왕건 사이에 오고간 외교문서(이 문서는 후삼국간의 대외관계를 연구하는데 매우 중요한 사료이다)에 의하면, 견훤과 왕건 모두가 다투어 신라에 대해 '尊王의 義'를 강조하고 있는데 이는 결코 의례적인 修辭만은 아니었다.

후에도 대외적으로는 마찬가지였다. 견훤이 강력한 군사력으로 고려와 신라를 위협하면서도 여전히 중국이나 일본과의 외교문서에는 신라 지방관의 지위를 그대로 사용하고 있었다.

견훤이 경주를 침공한 목적은 신라를 병합하기 위한 것이라기보다는 고려와 결합하여 후백제에 대항하려던 경애왕을 제거하기 위한 것이었다. 경애왕은 朴氏 왕으로서 김씨 왕족들의 도전을 받고 있던 상황이었다. 견훤은 박씨 왕을 제거하고 김씨 왕을 세운다는 대의명분을 내세워 경주침공의 사실을 정당화하고자 했다. 그리하여 박씨인 경애왕을 제거하고 대신 김씨인 경순왕을 옹립하였다.[21] 경순왕이 견훤에 의해 옹립되었으면서도 신라 왕실의 별다른 반발없이 왕위를 유지할 수 있었던 것도 바로 그러한 상황에서 비롯된 것이다.

따라서 견훤의 대신라정책이 궁예의 그것처럼 적대적이었다고 해석한 종래의 견해는 재고되어야 한다. 오히려 견훤은 왕건과 마찬가지로 신라에 대해「존왕의 의」를 내세우며 친신라정책을 추구하고 있었던 것이다.

(2) 대고려정책

견훤의 대고려정책은 시기에 따라 셋으로 구분할 수 있다. 첫째는 왕건이 즉위하기 전까지이고, 둘째는 918년 고려 건국 직후부터 920년대 중반까지이며, 셋째는 920년대 후반 이후 936년 멸망할 때까지이다.

첫째 시기인 고려 건국 이전에는 주로 서남해안 일대에서 견훤과 왕건이 첨예하게 대립하고 있었다. 특히 나주의 해상세력이 일찍부터 왕건과 결합하여 후백제에 이반했기 때문에 서남해안 일대가 후고구려의 지배하에 놓여 있었다. 그러나 고려 건국 직후 국내의 정치문제로 혼란해진 틈을 타서 후백제가 한 때 이 일대를 회복하였다. 하지만 930년 이후에는 후백제의 내분과 후백제군의 전력 약화로 인해 다시 나주 지방의 해상세력들은 고려에 귀부

---

21) 당시 견훤의 군사력이나 고려와의 관계로 보아 신라왕조를 멸망시켜 병합할 수도 있는 상황이었음에도 불구하고 견훤이 경순왕을 옹립하고 후백제로 돌아간 사실은 주목할 만하다. 이 사건은 견훤의 대신라정책을 이해하는 데 중요한 단서가 된다.

하여 왕건의 영향하에 놓이게 되었다.

둘째 시기인 고려 건국 직후부터 920년대 중반까지 후백제의 대고려정책은 대체로 친선정책이었다고 할 수 있다. 고려 건국 초기까지만 해도 견훤의 왕건에 대한 태도는 매우 우호적이었다. 견훤은 왕건의 즉위 소식을 듣고 一吉湌 閔郃을 고려에 보내 즉위를 축하해 주었고, 이어 920년 9월에는 아찬 功達을 보내 孔雀扇과 지리산 竹箭을 선물로 보내는 등 고려와의 친선외교에 노력하였다. 이처럼 견훤이 당시 군사적으로 크게 우세하였으면서도 오히려 고려와 友好관계를 맺고자 노력한 것은 신라와의 관계를 의식한 의도된 행동이었다. 즉 견훤이 고려에 사신을 보내 선물을 준 바로 다음달에 신라를 침공했는데, 그것은 견훤이 신라 침공을 앞두고 고려측을 무마하기 위한 목적에서였다. 이러한 고려에 대한 화친정책은 그 후에도 계속되어 924년 8월에는 왕건에게 驄馬를 선물하고, 다음해 10월에는 후백제와 고려간에 왕족을 인질로 교환하기까지 했다. 고려에서는 왕건의 동생인 王信이, 후백제에서는 견훤의 外甥 眞虎가 각각 인질로 보내졌다.

그러나 세번째 시기인 926년 이후에는 그 동안 비록 표면적이나마 유지되던 고려와의 우호관계는 깨지고 정면으로 대립하게 되었다. 그 결정적인 사건은 두 나라간에 교환된 인질의 죽음이었다. 926년 고려에 보냈던 진호가 사망하는 사건이 발생하자 이를 계기로 그 동안의 친선외교는 완전히 끝이 났다. 견훤은 고려측의 인질인 왕신을 죽이고 고려와 본격적으로 대결하게 되었다.[22)]

견훤이 고려와 전면전을 벌인 초기에는 후백제측이 크게 유리하였다. 그러나 곧 내분으로 혼란해진데다 고창전투에서의 패배로 급격히 열세에 놓이게 되었다. 더구나 지방의 호족세력이 점차 견훤으로부터 이반하여 왕건에게 귀부하게 되자 더욱 불리해졌음은 이미 앞 절에서 언급한 바와 같다. 그리하여 930년 이후에는 전세가 역전되어 오히려 고려가 후백제를 압박하는 상황이 되었다.

---

22) 吳越王이 견훤에게 보낸 서신에서도 "卿(견훤)이 고려와 더불어 오랫동안 화호를 통하고 서로 隣盟을 맺었다는 것을 들었는데 근래 볼모들이 다 죽으니 드디어 화친의 舊好를 잃고 서로 地境을 침략하여 전쟁이 그치지 않으므로…"라고 하였다. 따라서 후백제와 고려가 우호관계를 깨고 대결하게 된 중요 이유가 볼모들의 죽음에서 비롯되었음을 알 수 있다.

(3) 대중국 · 일본정책

가. 대중국외교

후삼국기 중국과의 외교는 활발하게 이루어지고 있었다. 당시 중국은 唐이 멸망한 후 五代의 혼란한 시기로 우리와 비슷한 상황이었기 때문에 중국과의 관계는 매우 복잡한 양상을 띠고 있었다.[23] 후삼국 중에서도 특히 견훤이 중국과의 외교에 적극적이었다. 후백제는 吳越과 後唐, 북쪽의 거란과도 외교관계를 맺고 있었다.

견훤은 특히 오월과 일찍부터 관계를 맺고 있었다. 견훤이 오월왕에게 사신을 파견한 것은 기록상으로는 900년이 처음이다.[24] 900년은 후백제가 전주로 천도하여 본격적으로 국가체제를 정비하였던 해였다. 견훤이 이 때 오월에 사신을 파견한 것은 전주천도의 사실을 전하고 오월왕으로부터 이를 공인 받기 위해서일 것이다. 이에 대해 오월왕은 보빙사를 파견하여 견훤에게 '檢校大保'의 직을 제수하였다고 한다. 견훤의 지위가 중국으로부터 공적으로 인정받은 셈이다.

그런데 견훤이 오월에 사신을 파견한 것은 이 때가 처음은 아니었다. 그 전에도 이미 오월과 사신교환이 있었다. 900년 오월왕이 보빙사를 보내면서 '검교태보의 직을 加授하고 다른 직은 전과 같이 하였다'라고 한 기사를 보면 알 수 있다. 견훤이 오월에 처음 사신을 파견한 것은 892년 경으로 추측된다. 견훤은 892년 광주에 도읍을 정하고 스스로 '신라서면도통…'이라고 했는데, 이 때 견훤은 오월왕으로부터 자신의 지위를 제수 받았던 것으로 추측된다. 918년 8월에도 견훤은 오월에 사신을 보냈다.[25] 그 목적은 당시 왕건

---

23) 신라말 고려초의 대중관계를 다룬 연구는 다음과 같다.
李基白, 〈高麗初期에 있어서의 五代와의 관계〉(《韓國文化硏究院論叢》 1, 1960 ;《高麗光宗硏究》, 一潮閣, 1982).
金庠基, 〈新羅末에 있어서의 地方群雄의 對中통교〉(《黃義敦古稀紀念論叢》, 1960 ;《東方史論叢》, 서울大 出版部, 1974).
金在滿, 〈五代와 後三國·高麗初期의 關係史〉(《大東文化硏究》 17, 1983).
日野開三郎, 〈羅末三國の鼎立と對大陸海上交通貿易〉(《朝鮮學報》 16 · 17 · 19 · 20, 1960 · 1961).

24) 《三國史記》 권 50, 列傳 10, 甄萱.

25) 위와 같음.

이 궁예를 몰아내고 고려를 건국한 사정을 오월에 알리는 등 신생 고려와의 대중국 외교에서 우선권을 잡기 위한 조치였다고 생각된다. 한편 927년 12월에는 오월국의 사신 班尙書가 후백제에 와서 고려와의 화해를 요구하는 서신을 전달하였다. 이는 견훤이 신라를 침공하여 경애왕을 제거한 지 3개월 후의 일이었다. 따라서 오월왕의 서신은 후백제에게 매우 유리한 것이었고, 아마도 견훤측의 외교정책의 소산이라고 생각된다. 즉 견훤은 경주 침공 후 고려측의 반발을 오월왕의 서신을 통해 무마하고자 했던 것이 아닌가 한다.[26]

이처럼 견훤은 일찍부터 오월과 외교관계를 맺고 있었는데, 특히 892년의 무진주 도읍과 칭왕, 900년의 전주천도와 국가체제 정비, 918년의 고려 건국, 927년의 경주 침공과 경애왕 살해 등 국내외의 중요한 정치적 변수가 있을 때마다 오월과의 외교를 통해서 이를 해결하고자 했으며 나아가 자신의 지위를 공인받고자 노력했던 것이다.

한편 후백제는 후당과도 외교관계를 맺고 있었다. 후당과의 외교기록은 두 차례 보이는데, 925년 12월과 936년 정월에 각각 후당에 사신을 보낸 것으로 되어 있다.[27] 기록상으로는 925년이 처음이지만, 이미 그 이전부터 후당과 외교관계를 맺고 있었다. 892년 견훤이 무진주에 도읍을 정하면서 오월과 함께 후당에게도 사신을 보냈던 것으로 여겨진다. 왜냐하면 후당이 925년 견훤에게 사신을 보내 "檢校大尉兼侍中判百濟軍事의 관직을 제수하고 그 밖의 持節都督…食邑二千五百戶의 직은 이전과 같이 하였다"고 하였는데, 후당이 이전에 제수했다고 하는 '지절도독' 운운의 직함은 견훤이 892년 자서했다고 한 직함과 그 내용이 같기 때문이다. 한편 936년 정월 후당에 사신을 파견한 것은 견훤을 내쫓고 왕위에 오른 신검이 한 일이었다. 신검정권에서

---

26) 이 때 吳越王이 견훤과 왕건에게 각각 사신을 파견하여 화해서신을 전한 것으로 이해하는 경우가 있는데, 이는 잘못이다. 오월왕은 견훤을 통하여 왕건에게 서신을 전달한 것이 옳다. 후백제·고려·오월 삼국간의 외교관계를 짐작케 해주는 중요한 대목이다.

27) 《三國史記》 권 50, 列傳 10, 甄萱
《冊府元龜》 권 972, 外臣部, 朝貢 5, 淸泰 3년 정월
《五代史》 권 7, 後晉, 天福 원년 정월.

후당에 사신을 보낸 목적은 후백제의 새로운 왕으로 즉위한 신검이 그 사실을 후당에 알리고 아울러 자신의 지위를 후당으로부터 공인 받기 위해서였을 것이다.

후백제는 거란과도 외교관계를 맺고 있었다. 927년 거란왕은 裟姑·馬咄 등 35인의 사신을 후백제에 파견·來聘했다고 한다.[28] 35인에 달하는 외교사절을 파견한 것으로 보아 거란에서는 후백제와 친선관계를 맺기 위해 노력하고 있었던 것으로 보이며, 이전에 거란이 고려에 사신을 보내 낙타와 말 등을 바친 것과 같이[29] 많은 물건을 보냈던 것으로 추측된다.

이처럼 견훤은 중국과의 외교에 매우 적극적이었으며 오월과의 외교가 그 중심이 되었다. 특히 오월이나 후당으로부터 자신의 지위를 인정 받음으로써 국내에서의 권위를 강화하고 나아가 후삼국간의 관계에서도 유리한 지위를 차지하기 위한 목적이 컸다고 생각된다. 결국 후백제의 대중국정책은 정치·외교적인 목적이 강하였다고 할 수 있다.

나. 대일본외교

후백제는 일본과도 외교관계를 맺고자 노력하였다.[30] 그런데 일본과의 외교기록은 국내의 사서에는 전혀 나타나 있지 않고 일본측 기록에만 보인다.

견훤이 일본에 사신을 파견한 것은 922년 6월이 처음이었다. 견훤은 사신 輝巖(函)으로 하여금 書狀과 信物을 갖고 대마도에 도착케 하여 일본정부와 통상할 것을 원하였다. 이에 대마도의 島司는 이 사실을 京都에 보고했으나, 경도에서는 견훤이 신라의 신하(陪臣)라 하여 사사로운 외교를 거절하고 다만 식량을 주어 돌려보냈다 한다.[31] 그런데 이 때 견훤이 파견한 사신을 '新羅人到來'라고 표현한 것이라든지, 견훤을 '新羅 陪臣'이라 한 것이라든지, 견훤에 보내는 서첩을 '答新羅返牒'이라 한 것을 보면 당시 일본에서는 견훤을

---

28) 《三國史記》 권 50, 列傳 10, 甄萱.
29) 《高麗史》 권1, 世家 1, 태조 5년 2월.
30) 후백제와 일본과의 관계에 대해서는 中村榮孝, 〈後百濟王および高麗太祖の日本通使〉(《日鮮關係史の硏究》 上, 吉川弘文館, 1965) 참조.
31) 《扶桑略記》 권 24, 裡書, 延喜 22년 6월 5일
《本朝文粹》 권 12, 牒 答新羅返牒.

신라의 지방관으로 인식하고 있었음을 알 수 있다. 한편 견훤을 '都統甄萱'이라 칭한 것으로 보면 견훤 스스로가 신라의 지방관을 자처했을 가능성이 크다. 견훤은 이미 892년에 스스로 '신라서면도통…'이라 하였고 이후 오월과 후당과의 외교에서도 이러한 직함을 그대로 사용하고 있었음은 이미 지적한 바다.

7년 후인 929년 정월에는 耽羅와 해초를 교역하던 후백제의 상선이 대마도의 下縣郡에 표류한 사건이 발생하였다. 이 때 對馬島守 坂上經國은 通社長 岑望通과 檢非違使 秦滋景 등 사절을 파견하여 이들 후백제의 표류민들을 全州에 데려다 주고[32] 견훤을 만나 島守의 書狀을 전하였다. 비록 京都정부에서는 견훤과의 통상을 거절했지만 대마도에서는 견훤과의 통상을 원하고 있었던 것으로 여겨진다. 이들 도수의 사절단은 그 해 3월 25일 대마도에 도착하였다. 이들이 귀환하여 견훤을 "全州王 甄萱이 數十州를 격파하여 大王이라고 칭하고 있다"라고 보고하였다. 이들 대마도수가 파견한 사절이 견훤을 만난 때는 견훤이 신라를 침공하고 이어 왕건을 公山桐藪에서 대파하여 한창 그 세력이 강성하던 때였다.

그런데 견훤은 대마도 사신이 돌아간 뒤 바로 같은 해 5월 17일 張彦澄으로 하여금 20인의 사절단을 이끌고 대마도에 도착하여 표류민 송환에 대한 답례와 아울러 경도정부와의 통상을 바라는 書狀을 전하였다. 그러나 일본에서는 앞서 922년 輝巖을 보냈을 때와 마찬가지 이유를 들어 후백제와의 통상을 사절하고 이들 견훤의 사신들에게는 식량을 주어 귀국케 하였다.[33]

이처럼 견훤은 일본과의 외교에도 노력을 기울여 두 차례에 걸쳐 사신을 파견하는 등 일본정부와 관계를 맺고자 하였으나 신라와의 관계를 고려한 일본측의 소극적인 자세로 성과를 거두지는 못하였다. 그러나 견훤이 일본과의 외교에 매우 적극적이었다는 사실은 견훤의 대외인식을 나타내주는 것으로 주목할 만하다고 하겠다. 견훤이 일본과 통교를 맺고자 한 것은 정치적·외교적 목적보다는 이들과의 해상무역이 더 큰 관심이었을 것이다.

---

32) 《扶桑略記》 권 24, 醍瑚天皇 下, 延長 7년 5월 17일. 대마도 사신이 후백제인을 데리고 金州에 도착했다는 기록이 보이는데, 金州는 全州의 誤記라고 생각된다.
33) 《扶桑略記》 권 24, 醍瑚天皇 下, 延長 7년 5월 21일.

4) 후백제의 몰락

(1) 신검 형제의 정변

후백제는 군사적인 면에서 고려와 신라를 압도하고 있었고 대외정책적인 면에서도 오월이나 후당과의 외교를 통해 그 지위를 인정받는 등 유리한 국면에 놓여 있었다. 그러나 930년 정월 고창전투에서 왕건군에게 패한 후 전세는 역전되어 급격히 쇠퇴하였고 주변의 호족들도 다투어 후백제를 이반함에 따라 마침내 멸망하게 되었다. 이처럼 갑자기 몰락의 길을 걷게 된 가장 근본적인 원인은 후백제의 정치적 혼란에 있었던 것으로 보인다.

《삼국사기》 견훤전에 의하면 그 정치적 혼란은 견훤 자식들간에 있었던 왕위쟁탈전에서 비롯된 것으로 되어 있다. 견훤은 여러 아들 중 넷째인 金剛을 사랑한 나머지 그에게 왕위를 물려주려고 하자, 이에 長子인 神劍과 2·3子인 良劍·龍劍이 불만을 품게 되었다. 이 때 양검과 용검은 각각 강주와 무주에 도독으로 나가 있었는데 伊粲 能奐이 이들과 함께 정변을 일으켜 4子인 금강을 죽이고 견훤을 金山佛宇에 유폐시킨 후 신검을 왕위에 추대하였다.

그러나 금산사에 유폐되어 있던 견훤은 3개월 만에 탈출하여 고려 왕건에게 투항하였고, 이어 후백제 내에 있던 견훤의 사위 박영규도 이에 내응하여 왕건에게 귀순하였다. 견훤과 박영규의 도움을 얻게 된 고려측은 936년 신검군과 황산에서 결전을 벌여 승리하였다. 신검·양검·용검 3형제는 항복하였고 곧 후백제는 멸망하였다.

이처럼 후백제 멸망의 결정적인 원인은 신검 3형제와 금강 사이의 왕위쟁탈전을 둘러싼 내분에서 비롯되었고, 거기에 견훤과 朴英規가 고려에 투항함으로써 급진전된 셈이었다. 그러나 이것만으로 후백제 멸망의 원인이 충분히 설명되었다고는 할 수 없다. 왜냐하면 이것은 단순히 견훤이 금강을 편애한 데서 온 형제간의 알력에만 초점을 둔 지극히 단편적이고 평면적인 설명에 불과할 뿐 견훤이 금강을 편애한 이유, 즉 왕위를 물려주고자 한 이유에 대하여는 전혀 언급이 없다. 신검 · 양검 · 용검의 3형제를 제쳐두고 금강이 견훤의 후계자로 등장한 데는 나름대로의 이유가 있었을 것이다. 그리고 그러한 이유야말로 후백제의 지배세력을 둘러싼 권력쟁탈전에서 비롯되었을 것이라고 추측된다.

약 반세기 동안이나 존속하였던 후백제의 지배세력은 다양하고 복잡한 정치집단들로 구성되었을 것이고, 그들간에 권력의 핵심을 둘러싸고 상호 대립과 투쟁이 끊이지 않았을 것이다. 따라서 신검 3형제와 금강간의 싸움도 다만 견훤의 금강에 대한 편애에서만 찾을 것이 아니라 이들 형제를 둘러싼 서로 다른 정치 지배세력의 존재라든가 그 세력을 구성하였던 인물들간의 관계 속에서 파악하는 일이 중요하다. 후백제 내의 이러한 대립은 이미 930년의 고창전투 이전부터 비롯된 것이었다.

후백제는 930년 이전까지만 하여도 전라 · 충청 전지역과 경상 북부일대를 지배하에 두면서 신라와 고려를 크게 압박하고 있었다. 즉 927년에는 신라의 경주를 침공하여 경애왕을 폐위시키고 대신 경순왕을 옹립하여 견훤의 괴뢰정부를 수립하였고 이에 반발하는 고려를 公山桐藪에서 대파시킴으로써 왕건은 겨우 單騎로 도망하였던 것이다. 그 후에는 후백제가 보은 · 회인 · 청주 · 공주 · 홍성 등 충청 일대와 합천 · 초계 · 의성 · 약목 · 벽진 · 거창 등 낙동강 일대를 지배하에 두게 되었다. 그러나 930년 정월 고창전투에서 패배한 후에는 경상 일대에서는 영천 · 하양 · 안동 · 청송 등 30여 군현을, 충청 일대에서는 청주·보은·홍성 등 공주 이북의 30여 성을 고려가 지배하게 되었다. 그리고 이러한 상황은 1, 2년 만에 갑자기 이루어진 변화였다.

이처럼 930년을 고비로 하여 갑자기 상황이 역전된 이유를 단순히 고창전투의 패배라고 하는 군사적인 측면만으로는 이해하기 어렵다. 또 다른 이유가 있을 것이며, 그 이유는 후백제의 내분으로 여겨진다. 후백제의 내분은 930년을 전후하여 비롯되었으며 그것이 정변으로 표출된 것이 935년으로 생각된다. 《삼국유사》 견훤전에는 견훤과 신검 형제들간에 대고려전의 대립을 암시해 주고 있는 기록이 보인다. 즉 견훤이 왕건에게 귀부할 의사를 비치자, 신검 · 양검 · 용검 3형제가 모두 이에 불응하였다는 것이 그것이다.[34] 한편 신검이 정변을 일으킨 후에 발표한 「敎書」에 의하면 견훤이 초기에는

"뛰어난 무용과 지모로 그 功業이 거의 중흥하게 되었는데 갑자기 智慮가 一失되었다"고 한다. 그리고 갑자기 '智慮一失' 하게 된 이면에는 "간신이 권세를 농락하여 (견훤을) 昏暗과 迷惑에 빠지게 하였다"고 하였다. 여기에서 견훤이 갑자기 '지려일실' 했다고 하는 것은 930년 이후의 상황을 말하여 주는 것이라고 할 수 있다. 그리고 권세를 농락하던 소위 간신들이란 바로 금강을 왕위에 추대하고자 한 세력이었음이 분명하다. 이들이 당시 전투에 나가 활약하던 신검을 비롯하여 양검·용검의 3형제를 제쳐두고 나이 어린 금강을 내세워 견훤의 후계자로 내세웠던 것이다. 이러한 움직임은 신검 형제들로 하여금 불만을 초래하게 하였고 결국 정변을 일으키게 한 것이다.

금강이 왕위에 추대된 이유를 《삼국사기》 견훤전에서는 다음과 같이 전하고 있다. 즉 "넷째 아들 금강은 키가 크고 智略이 많아 견훤이 특별히 그를 사랑하여 왕위를 전해 주고자 하였다"는 것이다. 그러나 이것은 당시의 실정을 옳게 표현한 것이라고 할 수 없다. 그 이유는 다음과 같다. 우선 금강은 당시까지만 해도 어린아이에 불과했다. 신검이 935년 반란을 일으킨 후 즉위하여 내린 敎書에 의하면 금강을 가리켜 '幼子' 또는 '頑童'으로 표현하였다. 그런데 신검정변이 있기 10여 년전인 924년에는 신검과 양검은 曹物城전투에서 직접 군사를 이끌고 전투를 지휘하고 있었고, 또 양검과 용검은 군사요충지인 康州(진주)와 武州(광주)의 도독으로 나가 있었다.[35] 이들 3형제의 나이는 적어도 20세 정도는 되었을 것으로 생각할 수 있다. 그런데 이보다 12년 후인 935년 10월 금강을 '幼子'라고 표현한 것을 보면 연소한 어린아이였음이 분명하다. 따라서 신검 3형제와 금강은 적어도 20년 정도의 나이차가 있었다고 생각되며, 금강이 키가 크고 지략이 많아 그를 왕위에 추대했다고 하는 것은 하나의 구실에 불과한 것이라고 보아 좋을 것이다.

금강이 왕위에 추대된 이유는 다른 데 있었을 것이다. 여기에서 견훤에게 여러 명의 부인과 자식이 있었다는 사실을 상기할 필요가 있다. 견훤은 광주

---

34) 이러한 내용은 《三國史記》 견훤전에만 보이고, 《三國遺事》 견훤전이나 《高麗史》 등에는 보이지 않는다.

35) 《三國史記》 권 50, 列傳 10, 甄萱.
《高麗史》 권 1, 世家 1, 태조 7년 7월.

와 전주에서 지방 호족세력과 결합하기 위해 정책적인 통혼을 했고, 그 결과 후백제 내에는 여러 외척세력이 존재했을 것이라는 사실은 이미 언급한 바와 같다. 결국 신검·양검·용검 3형제와 금강은 서로 母系를 달리하는 이복형제간이며, 신검 3형제와 금강간의 왕위쟁탈전도 이들 두 외척집단간의 대립에서 비롯되었을 것이다. 신검 3형제와 금강이 이복형제였을 것이라는 점은 신검 3형제는 모두 성장한 어른이었던 데 비해 금강은 이들과 20년 정도 나이차가 있었다는 사실과, 신검 3형제와 금강이 그들의 이름에서도 차이가 나는 점에서 알 수 있다.[36] 신검·양검·용검은 모두 후백제 초기 즉 광주정부 시절에 출생한 아들이었던 데 비하여 금강은 전주로 천도한 후에 새로 맞아들인 부인의 소생으로 생각된다. 따라서 신검 3형제의 외척세력은 광주정부 시절 견훤이 맞아들였던 '光州 北村의 富人女'의 집안으로 여겨지며, 금강의 외척세력은 전주천도 후 그 곳 지방세력과 결합하기 위해 정책적으로 혼인한 전주 일대의 호족세력으로 추측된다.

특히 신검 3형제가 반란을 일으킨 이유는 신검이 반란을 일으킨 직후에 내린 교서 속에 잘 나타나 있다. 이 중 견훤의 업적을 평가한 부분이 특히 주목된다. 즉 견훤이 초기에는 무용과 지모가 특출하여 백제를 크게 중흥시키게 되었는데 후에 가서는 간사한 신하들이 권세를 잡고 견훤을 昏暗과 迷惑에 빠뜨렸기 때문에 갑자기 금강을 총애하여 그에게 왕위를 물려주려 하였다는 것이다. 이와 같은 지적은 후백제의 정치적 추이와 비교해 볼 때 대체로 사실과 부합한 것이라고 할 수 있다. 이미 지적한 대로 후백제는 930년 이전까지는 군사적으로 크게 우세하여 고려와 신라전에서 계속 승리하였고 주변의 호족세력들도 다투어 후백제에 내속되고 있었다. 교서에서 "백제를 중흥시키는 공업을 이룩하였다"고 한 것은 바로 이러한 상황을 나타낸 것이라 하겠다. 그러나 930년 고창전투의 패배 이후 전세는 역전되어 갔는데, 그 이유를 위의 교서에서는 견훤이 주위의 세력들에 의해 혼암과

36) 신검·양검·용검은 모두 '劍'자가 들어 있어 후백제 초기 고려군과의 전투에 참여했던 자신들의 활동과 관련이 있는 데 비하여, 金剛은 불교적 색채가 강한 이름을 갖고 있다. 이는 견훤 말기 견훤의 불교사상과도 관계를 가지는 것이 아닌가 한다.

미혹에 빠진 때문이라고 지적한 것이다. 어린아이에 불과하였던 금강에게 키가 크고 지략이 많아 왕위를 물려주려고 했다는 것은 구실에 지나지 않으며, 새로이 정권을 장악하게 된 금강의 외척세력—신검의 교서에 의하면 '권세를 농락한 간신'들—이 그를 옹립한 것이라 할 수 있다. 결국 신검과 금강과의 대립은 신검 3형제를 중심으로 한 그의 외척세력과 930년 이후 새롭게 대두된 정치세력, 즉 금강의 외척세력간의 권력쟁탈전이었다고 하겠다.

(2) 신검정권과 그 멸망

신검은 정변을 일으켜 왕위에 오른 후 자신을 추대했던 세력들을 중심으로 정치개혁을 통해 새로운 지배체제를 확립하고자 노력했다. 신검이 추구했던 정치개혁의 내용을 구체적으로 알 수는 없지만, 그가 왕위에 오른 후 境內에 내렸다고 하는 그의 교서를 통해 어느 정도 짐작할 수 있다. 교서의 내용은 크게 두 부분으로 되어 있다. 전반부에서는 대체로 신검 자신이 정변을 일으켜 왕위에 오른 것에 대한 변명 내지 정당성을 주장하고 있다. 후반부에서는 신검이 왕위에 오른 후 새로운 정치질서를 위해 「유신정치(維新之政)」를 실시하겠다는 뜻을 표명하고 있다. 즉 정치개혁을 의미하는 것이라고 하겠다. 그리고 그 유신정치의 내용에는 경내의 죄수들을 「大赦」하는 것이 포함되어 있다. 그러면 왜 이 때 교서를 발표하여 유신정치를 표방하고 죄수들을 사면하였을까. 신검의 죄수에 대한 사면이 왕의 즉위년에 일반적으로 시행되던 의례적인 조치였다고는 생각되지 않는다. 즉 교서의 공포와 죄수들에 대한 대대적인 사면조치는 특별한 목적이 있었을 것이다.

신검은 정변을 일으켜 왕위에 오르긴 했지만 견훤을 따르던 세력과 금강을 추대했던 정치세력들의 반발로 여러 가지 어려움을 겪게 되었다고 여겨진다. 우선 생각할 수 있는 것이 견훤이 금산사를 탈출하여 고려에 귀부한 사건을 들 수 있다. 견훤의 고려 귀부는 신검정권에게는 커다란 타격이었을 것이다. 견훤의 고려 귀부가 가지는 상징적인 의미도 물론 큰 것이겠지만, 이를 계기로 금강을 추대했던 반신검계세력들이 신검정권에 반발했을 것으로 생각된다. 아울러 일찍부터 견훤과 밀접하게 관계를 맺고 있었던 지방 호족세력들의 반발도 신검정권을 불안하게 했다. 그 대표적인 사건으로 昇州의 호족세력으로서 일찍부터 견훤의 사위가 되었던 朴英規의 고려 귀부를 들 수 있다. 박영규가 고려에 귀부한 것은 신검정권에 대한 불만 때문이었다. 그것은 그가 자신의 부인에게 한 말 중, "忠臣은 두 임금을 섬기지 않는다. 만약 우리 임금을 버리고 賊子를 섬긴다면 무슨 낯으로 천하의 義士를 대하겠는가"라고 한 것을 통해서도 짐작할 수 있다. 한편 나주지역의 호족들도 신검정권에 반발하고 있었음을 짐작할 수 있다. 나주는 신검정변 이전 6, 7년 동안은 후백제의 지배하에 있었는데 정변 직후에 고려의 유금필에 의해 장악된 것으로 되어 있다.

한편 신라 왕실의 태도 또한 신검정권을 불안하게 하였다. 견훤이 고려에 귀부하자 경순왕 또한 왕건에게 귀부하기 위해 侍郞 金封休를 보내 상황을 타진하고 있었다.[37] 이처럼 견훤의 고려 귀부와 신라 왕실 또한 고려에 기울게 되자, 이로 인한 금강 추대세력 및 지방 호족세력들의 반발에 직면하게 되어 신검은 이들 반대세력들을 회유하기 위해 '유신정치'를 표방하고 죄수들에 대한 대사면 조치를 단행하였던 것이다.

한편 신검정권에서는 중국에 사신을 파견하기도 하였다. 신검은 교서를 발표한 지 2개월 후인 936년 정월에 후당에 사신을 파견하여 方物을 바쳤다고 한다.[38] 신검이 후당에 사신을 파견한 것은 후백제의 정권교체 사실을 알리고 자신의 지위를 공인 받음으로써 국내에서의 정치적 혼란을 외교를 통해 해결하고자 한 것이다.

이처럼 신검정권은 내적으로는 유신정치를 표방하여 정치개혁을 단행하고, 대외적으로는 중국과의 외교를 추진하였지만 사태는 극히 불리하였다. 경순왕은 이미 935년 11월 고려에 귀부하였고, 다음해 정월에는 승주의 호족이자 견훤의 사위인 박영규도 왕건에 귀부하고 말았다. 이 때 이미 대세가 왕건측으로 기울어져 있었다고 할 수 있다. 결국 936년 9월 고려의 왕건은 귀부해 온 견훤을 앞세워 후백제를 멸망시키기 위해 대대적인 정복전을 시작하였다.

---

37) 《三國史記》 권 12, 新羅本紀 12, 경순왕 9년 10월.

38) 《冊府元龜》 권 972, 外臣部, 朝貢 5, 淸泰 3년 정월.
《舊五代史》 권 7, 天福 원년 정월.

고려측의 병력은 8만 7천 5백 명으로 통상병력에 비해 엄청난 규모로서 全軍을 동원한 것으로 보인다. 이에 신검정권에서도 전력을 다하여 대항하였다. 그러나 이미 견훤과 박영규가 고려군에 가세한 상황에서 신검군의 패전은 불을 보듯 뻔한 것이었다. 이렇게 하여 반세기 동안 지속되었던 후백제는 몰락하고 말았다.

〈申虎澈〉

3. 태 봉

1) 궁예의 출신과 사회적 진출[1)]

《三國史記》 권 50, 列傳 10, 弓裔傳을 보면 궁예는 憲安王 혹은 景文王의 아들이었던 것으로 되어 있다. 그리고 그는 태어나자마자 부왕으로부터 죽임을 당할 뻔하였으나 乳婢의 도움으로 간신히 목숨을 구할 수 있었다고 한다.[2)] 이 점에서 궁예는 신라의 왕자 출신으로 아마도 정권다툼에 희생된 인물이었을 것으로 추측되고 있다.[3)] 하지만 궁예의 가계에 대한 서로 다른 설이 있다는 점, 그가 구사일생 하게 된 경위가 지나치게 극적이라는 점 등을 염두에 두면 그가 과연 왕자였을까 하는 의문이 든다.[4)]

---

1) 이하의 서술은 趙仁成, 《泰封의 弓裔政權 硏究》(西江大 博士學位論文, 1991), 7~30쪽에 주로 의지하였다.

2) 이 절과 관련된 자료는 《三國史記》 권 50, 列傳 10, 弓裔傳과 권 11, 新羅本紀 11, 진성여왕조에 실려 있다. 번거로움을 피하기 위해 앞으로 이 자료에 나오는 기사를 인용할 경우에는 전거를 밝히지 않겠다.

3) 李基白, 《韓國史新論(新修版)》(一潮閣, 1991), 142쪽. 궁예가 헌안왕과 경문왕 중 누구의 아들인가를 밝히려는 연구로는 申虎澈, 〈弓裔의 政治的 性格—특히 佛敎와의 관계를 中心으로—〉(《韓國學報》 29, 1982), 33~36쪽과 鄭淸柱, 〈弓裔와 豪族勢力〉(《全北史學》 10, 全北大, 1986), 2~7쪽 등을 들 수 있다.

4) 洪淳昶, 〈變革期의 政治와 宗敎—後三國時代를 中心으로—〉(《人文硏究》 2, 嶺南大, 1982), 227~228쪽.
崔圭成, 〈弓裔政權의 性格과 國號의 變更〉(《論文集》 19, 祥明女大, 1987), 289~290쪽.

궁예와 더불어 후삼국시대를 이끌었던 甄萱은 眞興王의 5대손이었다고 하고,[5] 王建의 시조 虎景은 聖骨將軍을 칭하였다고 한다.[6] 하지만 그들 누구도 실제로 신라 왕실과 혈연이 닿지는 않는다. 그렇다면 궁예도, 이들과 마찬가지로 실제로는 그러하지 않았지만, 신라 왕실과의 혈연상의 연결을 도모하였다고 여겨 좋지 않을까. 단 견훤이나 왕건이 자신들을 중고시대 신라 왕실의 먼 후손으로 꾸몄던 점에 비해 궁예만이 바로 앞 시대의 왕들과 자신을 연결시켰으리라는 점은 주목할 만하다. 이는 호족 출신이었던 견훤이나 왕건과는 달리 궁예가 중앙의 유력한 가문 출신이었음을 시사한다고 믿어진다. 왕실을 제외하고 중앙의 유력한 가문을 생각한다면 眞骨貴族의 가문을 떠올리게 된다. 이에 궁예가 진골귀족 출신이었을 것으로 본다.

진골귀족 출신이었다고 하여도 궁예가 성장하였던 곳은 경주가 아닌 듯하다. 그는 낙향한 진골귀족이었던 셈이다. 한편 궁예가 비록 낙향한 진골귀족이었을 것이라고는 하지만, 그리고 어려서부터 장성할 때까지 승려였다고는 하지만, 호족세력이나 사원세력 등을 배경으로 하지 못하였던 것으로 여겨진다. 가령 승려생활을 그만두고 竹州(安城·龍仁)의 세력가 箕萱의 부하가 되었던 궁예는 기훤으로부터 푸대접을 받았으며, 그로 말미암아 우울하여 스스로 안정하지 못하였다고 한다. 만약 궁예가 호족세력이나 사원세력 등을 이끌고 있었거나 그들로부터 후원을 받았다면 기훤이 그를 푸대접하기는 어려웠을 것이다. 궁예로서도 기훤이 자신을 무시하였다고 하여 그렇게 불안해할 필요는 없었을 것이다. 이에 궁예의 가문은 이미 몰락하였던 것으로 생각하게 된다. 진골귀족 가문의 몰락이 정치적 사건과 무관하지는 않았을 것이다. 그의 가문은 아마 정권의 장악을 둘러싸고 벌어진 진골귀족들 사이의 투쟁에서 패함으로써 몰락하게 되었던 것으로 짐작된다.

이처럼 궁예가 정권 다툼에서 패배하여 몰락한 진골귀족 출신이었다면 그는 자연 반신라적인 성향을 지니게 되었을 것이다. 또 한편으로 그는 몰락하지 않았다면 누릴 수 있었을 진골귀족으로서의 특권과 권위를 회복하려고 하는 집념을 품게 되었을 것으로 보인다. 요컨대 궁예는 일찍부터 신라를 타

5) 《三國遺事》 권 2, 紀異 2, 後百濟 甄萱條에 인용된 《李碑家記》.
6) 《高麗史》, 高麗世系에 인용된 金寬毅의 《編年通錄》.

도하고 자신이 지배하는 새로운 국가의 건설을 꿈꾸었을 것으로 헤아려지는 것이다.[7]

궁예는 소년시절 寧越의 世達寺[8]에 출가함으로써 사회에 첫발을 내디뎠다. 잘 알려진 바이지만 건국 후 궁예는 彌勒佛을 자칭하였다. 뿐만 아니라 20여 권의 경전을 저술하고 강설도 하였다고 한다. 그 경전이나 강설의 내용은 전하지 않는다. 그러나 궁예가 미륵불을 자칭하였다면 적어도 거기에는 자신이 하생한 미륵불이며, 자신의 치세가 미륵불이 하생한 이상세계임을 주장하는 내용이 들어 있었을 것이다. 궁예가 그러한 내용의 경전을 쓰고, 강설을 할 수 있었던 것은 그가 불교 전반 특히 미륵신앙에 대하여 정통하였기에 가능하였을 것이다. 그렇다면 그것을 궁예가 세달사에서 승려생활을 하였던 사실과 떼어놓고 생각하기는 어렵다.

궁예의 미륵신앙과 관련하여 그보다 약 50년 정도 앞서 활동하였던 세달사의 승려 調信이 溟州에서 미륵신앙과 관련을 맺었음이 주목된다.[9] 洛山寺의 觀音菩薩像 앞에서 金昕의 딸과 맺어지기를 기원하였던 조신은 꿈에서나마 소원을 이루었다고 한다. 하지만 가난에 시달리다가 15세 된 큰 아들이 굶어 죽자 명주 蟹縣嶺에 묻었다고 한다. 꿈에서 깨어난 조신이 그 곳을 파보니 돌미륵이 나와 그것을 인근의 절에 안치하였다는 것이다.

한편 승려 궁예의 활동 범위는 영월을 중심으로 하여 太白山脈을 넘어 동해안에까지 미치고 있었던 것 같다. 궁예는 北原(原州)의 세력가 梁吉의 명에 따라 북원의 동부지역과 酒泉(寧越)·奈城(영월)·鬱烏(平昌)·御珍(蔚珍) 등을 비롯한 명주 관내의 여러 군현을 정복하였던 일이 있다. 이처럼 양길이 궁예에게 위의 여러 지역의 정복을 맡겼던 이유 중의 하나는 그가 그 곳에 대하여 잘 알고 있었기 때문이었던 듯하다. 그렇다면 조신의 예에서 보듯이 궁예도 명주에서 미륵신앙을 접하게 되었던 것은 아닐까 추측하게 된다.

통일신라시대의 미륵신앙은 크게 太賢系와 眞表系로 나누어 파악되고 있

7) 鄭淸柱, 앞의 글, 28~29쪽 참고.
8) 세달사의 위치에 대해서는 申虎澈, 앞의 글, 37쪽 및 鄭淸柱, 위의 글, 8쪽 참조.
9) 조신에 대해서는 《三國遺事》 권 3, 塔像 4, 洛山二大聖 觀音 正趣 調信條 참조.

다.[10] 그 중 진표는 명주에서 戒法을 설하고, 金剛山에 鉢淵藪를 열고 7년 동안 거주하였다[11]. 그 때 그는 흉년으로 인하여 굶주렸던 명주 일대의 백성들을 구제하였다고 한다. 주민들은 진표가 설한 계법을 저마다 받들었고, 그로 인해 굶어 죽을 위기를 넘길 수 있었다는 것이다. 그리고 한때 발연수를 떠났던 진표는 그 만년을 다시 발연수에서 지냈다. 이러한 사실들은 명주 일대의 주민들을 상대로 한 진표의 교화가 대체로 성공적이었을 것이라는 점, 진표 이후에도 명주 지역에는 그의 미륵신앙이 상당한 영향력을 갖고 있었을 것이라는 점 등을 알려 준다. 그렇다면 궁예가 명주에서 접하였을 미륵신앙은 진표 이래의 그것이었음직하다.[12]

진표는 미륵보살로부터 그의 뼈로 된 簡子를 받았으며, 미륵보살은 그가 現身의 육체를 버리고 大國王의 몸을 받으리라고 예언하였다고 한다. 이것은 진표가 미륵보살의 대행자로 현세에서 이상국가를 만들려고 하였음을 의미하는 것으로 풀이되고 있다.[13] 그런데 이 진표의 소망에는 종교적 혹은 정신적으로 百濟를 부활하고자 하는 의지가 담겨 있으며, 그가 미륵신앙을 중심으로 하는 반신라적 이상국가의 건설을 꿈꾸었다는 지적이 주목된다.[14] 앞에서 언급한 바와 같이 궁예는 신라를 타도하고 새로운 국가를 건설하려고 하였던 것으로 여겨진다. 이 점에서 궁예와 진표의 희망은, 현실과 종교라는 차이는 있지만, 서로 통할 수 있었던 것이 아닌가 한다.

한편 진표의 미륵신앙은 주로 지방의 농민들 사이에 뿌리를 내리고 있었다.[15]

---

10) 金南允, 〈新羅 中代 法相宗의 成立과 信仰〉(《韓國史論》 11, 서울大, 1984), 141~146쪽.

11) 이하 진표의 행적에 대해서는 《三國遺事》 권 4, 義解 5, 關東楓岳鉢淵藪石記條에 의거함.

12) 궁예와 진표의 미륵신앙을 연결시켜 이해하였던 논자는 李基白이었다(〈眞表의 彌勒信仰〉, 《新羅思想史硏究》, 一潮閣, 1986, 274~276쪽. 특히 274쪽의 주 16 참조). 한편 궁예를 태현계 미륵신앙과 관련짓는 견해도 있다(金杜珍, 〈高麗 初의 法相宗과 그 思想〉, 《韓沽劤博士停年紀念 史學論叢》, 知識産業社, 1981 ; 〈'性相融會'思想 成立의 思想的 背景—高麗初의 法相宗과 그 思想—〉, 《均如華嚴思想硏究》, 一潮閣, 1983, 117~118쪽).

13) 李基白, 위의 책, 271쪽.

14) 李基白, 위의 책, 274~276쪽.

15) 金南允, 앞의 글, 135·147쪽.
李基白, 위의 책, 272~273쪽.

궁예가 호족세력이나 사원세력의 후원을 얻을 수 없었을 것이라는 점은 이미 언급한 바 있다. 그렇다면 궁예는 진표의 미륵신앙을 이용하여 반신라적인 농민들을 자신의 세력으로 끌어들일 수 있으리라고 판단하였던 것은 아닐까. 그리고 그를 통해 새로운 국가를 건설할 수 있는 기회를 잡을 수 있을 것으로 기대하였던 것은 아닐까. 궁예는 이미 대국왕이자 미륵불로서의 자신의 모습을 그려보고 있었을지도 모르겠다는 생각이 든다.

이러한 궁예가 승려생활에 언제까지나 만족하고 있을 수는 없었을 것이다. 壯年이 된 후 궁예는 僧律에 구애받지 않았으며, 기상이 활발하고 膽氣가 있었다고 전한다. 이러한 그의 면모는 일반 승려의 그것과 크게 다르거니와, 이는 이제 궁예가 현실의 정치적·사회적 상황에 보다 관심을 갖게 되었음을 시사하는 것으로 여겨진다.

891년 궁예는 드디어 세달사를 떠나 기훤에게 투신하였다. 전국 각지에서 대두하고 있었던 호족들이나 眞聖女王 3년(889)부터 전국적으로 시작되었던 농민봉기에 제대로 대처하지 못하고 있었던 신라정부를 보면서 궁예는 신라를 무너뜨리고 새로운 국가를 건설하려는 자신의 꿈을 이룰 수 있는 기회가 왔다고 판단하였던 듯하다.

앞에서 말한 바와 같이 호족세력이나 사원세력으로부터 이렇다 할 후원을 받을 수 없었을 궁예로서는 우선 기훤과 같은 기왕의 세력가에 의지하면서 자신의 세력을 만들어 가는 길을 선택할 수밖에 없었을 것이다. 그런데 기훤의 푸대접을 받았던 궁예가 그 밑에서 자신의 세력을 모을 수 있었던 것 같지는 않다. 궁예가 그러한 기회를 얻었던 것은 892년 기훤을 떠나 양길의 부하가 된 이후였다고 여겨진다. 양길의 명에 따라 성공적으로 정복활동을 수행하였던 궁예는 양길의 신임을 얻었던 것이다. 하지만 궁예가 양길의 부장으로 만족할 수 없었을 것임은 물론이다.

궁예는 894년 6백여 명의 병력을 이끌고 북원으로부터 명주에 들어갔다. 이는 양길의 명에 따른 것일 터이지만, 그 때 궁예가 將軍을 자칭하였다는 사실이 눈길을 끈다. 다 아는 바와 같이 신라 하대에는 대호족들이 장군을 자칭하였다. 그렇다면 궁예는 양길로부터 얻은 병력을 기반으로 하여 독립을 꾀하고 있었다고 볼 수 있을 것이다.

2) 후고구려의 건국[16]

(1) 자립과 세력기반의 확립—하층농민의 포섭

명주에 들어간 궁예는 3천 5백 명의 병력을 확보하였다. 그는 그들을 14 隊로 나누고 舍上(部長)을 두었으며, 사졸들에 의해 장군에 추대되었다[17]. 궁예가 명주에 들어갈 당시 6백여 명을 이끌고 있었으므로 그는 명주에서 거의 2천 9백 명에 이르는 병력을 모았던 셈이다. 그뿐만 아니라 그는 부대의 체제를 정비하고 지휘권을 확립하였다. 이에 궁예가 명주에 머무는 동안 즉 894년 10월부터 895년 8월 이전에 자립하였다고 본다.[18]

궁예가 명주에서 자립할 수 있었던 것과 관련하여 먼저 許越이 주목된다. 태조 왕건은 溟州將軍 金順式을 회유하기 위하여 內院의 승려였던 그의 아버지 허월을 보냈다.[19] 왕건은 즉위 후 얼마 되지 않은 918년 8월에 각지의 호족들에게 사신을 파견하여 그들을 포섭하려고 한 일이 있었으며, 허월이 파견된 것도 대략 그 때쯤이었을 것이다. 하지만 김순식은 태조에게 불복하다가 태조 5년(922)이 되어서야 비로소 「귀부」하였다. 궁예가 자립하였던 곳이 바로 명주라는 점을 고려하면 궁예가 몰락한 후였음에도 불구하고, 그리고 태조가 허월을 파견하여 회유를 시도하였음에도 불구하고 상당 기간 왕건에게 불복하였던 김순식은 궁예세력이었을 가능성이 커 보인다.[20] 그리고 허월 역시 그러하였음직하다.

---

16) 이하의 서술은 주로 趙仁成, 〈弓裔의 勢力形成과 建國〉(《震檀學報》 75, 1993)에 의거하였다.

17) 궁예의 건국과정에 대한 자료는 《三國史記》 권 50, 列傳 10, 弓裔·권 11 新羅本紀 11, 진성여왕·권 12, 新羅本紀 12, 효공왕 및 《高麗史》 권 1, 世家 1, 太祖 即位前條 등에서 찾을 수 있다. 번거로움을 피하기 위하여 이들 사료를 인용할 경우 그 전거를 밝히지 않을 것이다.

18) 궁예는 895년 8월에 鐵圓(鐵原)을 비롯한 漢山州 일대를 점령하였으므로, 그가 명주를 떠난 것은 그 이전일 것이다. 한편 궁예가 명주에서 자립하였음은 이미 지적된 바이다(金杜珍, 〈新羅下代 崛山門의 形成과 思想〉, 《省谷論叢》 17, 省谷文化財團, 1986, 314쪽).

19) 이하 허월과 김순식에 대해서는 《高麗史》 권 92, 列傳 5, 王順式傳 참조.

20) 金杜珍, 앞의 글(1986), 315쪽. 특히 주 59 참조.

왕건이 즉위한 후 얼마 되지 않은 918년 8월 무렵 허월이 내원의 승려였다면 그 내원은 궁예정권 이래의 것으로 여겨 온당할 듯하다. 그리고 허월은 이미 궁예가 집권하였을 당시부터 내원에 소속된 승려였을 것이다. 그런데 내원은 궁궐 안의 사원을 가리킬 것이므로 허월이 내원의 승려였었다는 것은 그가 궁예의 측근이었음을 말하여 준다. 나아가서 허월이 궁예가 명주를 떠날 때 함께 행동하였던 것으로 헤아려 보게도 된다.[21] 허월이 명주 출신이었고, 궁예가 자립하였던 곳이 바로 명주라는 점을 염두에 두면, 궁예가 명주에서 자립할 수 있도록 적극적인 협조를 아끼지 않았던 인물은 바로 허월이 아닐까.

허월이 승려였다는 사실은 자연 신라말 명주 일대에 큰 영향력을 행사하고 있었던 崛山門을 떠올리게 한다. 즉 허월이 본래 굴산문의 승려였을 것으로 짐작되거니와, 여기서 특히 889년 개조 梵日이 사망한 후 명주의 굴산사에 남아 있다가 같은 지역의 普賢山寺에서 활동하였던 開淸이 주목된다. 그는 신라 왕실은 물론 태조 왕건에 대해서도 비협조적이었던 인물로 알려져 있다. 이에 개청 역시 궁예세력이었을 것으로 여겨진다.[22]

한편 金敬信(元聖王)과의 왕위계승전에서 패배한 金周元이 명주에 퇴거한 이래 그 후손들이 명주 일대를 장악하고 있었음은 널리 알려진 바와 같다. 궁예가 명주에서 자립할 수 있었던 것은 굴산문의 도움 외에도 김주원계 대호족의 협조 내지는 그들과의 타협 속에서 가능하였을 것으로 판단된다. 김주원계 대호족은 신라 왕실에 대해 대항적인 태도를 갖고 있었을 법하다. 이 점 궁예와 통한다.[23] 하지만 그렇다고 하여 이미 명주 일대에 확고한 기반을 갖고 있었던 그들이 아직 큰 세력을 형성하고 있지 못했던 궁예와 굳이 손잡을 필요성을 느끼지는 못하였을 것이다. 여기서 다시 허월과 개청이 떠오른다.

흔히 허월과 그의 아들 김순식을 명주에 토착한 김주원의 후손이었을 것으로 파악하고 있다. 이는 김순식이 명주장군을 칭한 대호족이었다면 그가 김주원이나 명주에 토착한 김주원의 후손과 무관할 수 없었으리라는 점에

---

21) 金甲童, 〈羅末麗初 地方勢力의 動向〉(《羅末麗初의 豪族과 社會變動硏究》, 高麗大 出版部, 1990), 68쪽.

22) 金杜珍, 앞의 글(1986), 315~319쪽 참고.

23) 鄭淸柱, 앞의 글, 29쪽.

근거한 추정이다. 그러나 양자가 혈연적으로 관계가 있었던 것은 아니었던 듯하다. 다만 김순식의 가문은 본래 진골귀족에 속하였으나 늦어도 허월대에는 명주에 낙향하였던 것으로 추측할 수 있을 뿐이다.[24] 개청도 그 선대에 낙향한 진골귀족 출신이었을 가능성이 있지만 김주원 가문과 혈연적으로 관련이 있었던 것은 아닌 듯하다.

허월과 개청이 김주원과 혈연이 닿지 않았으리라는 점에서 명주에서의 그들의 지위는 김주원계 대호족 휘하의 중소호족이었을 것으로 추측된다.[25] 그러한 처지였다면 그들은 기회가 생기는 대로 그들 가문의 지위를 높이려고 하였을 것이다. 이에 허월과 개청은 궁예와의 결합을 통해 명주 일대에서 그들의 지배력을 보다 강화할 수 있는 계기를 마련할 수 있을 것으로 기대하였던 것은 아닐까 하는 짐작을 하게 된다. 그들은 궁예의 출현에 대해 소극적인 태도를 보였을 것으로 여겨지는 김주원계 대호족의 협조를 끌어냄으로써 궁예가 명주에서 자립할 수 있도록 도왔고, 그 과정에서 중소호족이었던 허월의 아들 김순식이 김주원계를 대신하여 대호족으로 등장할 수 있었을 것으로 헤아려보는 것이다.

궁예가 명주에서 확보하였던 약 2천 9백명에 달하는 병력의 대부분은 본래 그 지역의 농민들이었을 것이다. 농민들이라고는 하지만 자영농보다는 열악한 경제적 처지에 놓여 있었고, 따라서 흉년이 들기라도 하면 쉽게 유이민이나 도적이 되기도 하고 혹은 봉기에 가담하기도 하였던 佃戶라든가 품팔이꾼 등[26] 하층농민들이 주로 궁예에게 호응하였을 것이다. 명주 일대의 도적이나 889년 이래의 봉기에 참여하였던 농민들이 궁예의 세력에 편입되는 경우도 적지 않았을 것이다. 단 궁예가 사상(부장)으로 삼았던 金大 등은 자영농 출신이었음직하다. 그들이 사상에 임명되었다는 것은 그들의 식견이나 능력이 다른 자들에 비해 뛰어났음을 일러준다. 자영농이 전호나 품팔이꾼

24) 이와 관련하여서는 金貞淑, 〈金周元世系의 成立과 그 變遷〉(《白山學報》 28, 1984), 190~191쪽 참고.

25) 尹熙勉에 의하면 대호족은 자기의 세력 범위 내에 있는 여러 중소호족들을 지배하였을 것이라고 한다(尹熙勉, 〈新羅下代의 城主·將軍〉, 《韓國史硏究》 39, 1982, 65쪽).

26) 洪承基, 〈後三國의 분열과 王建에 의한 통일〉(《韓國史市民講座》 5, 一潮閣, 1989), 62~63쪽.

등에 비하여 상대적으로 높은 사회경제적 지위를 차지하고 있었던 만큼 식견이나 능력 면에서도 역시 그러하였으리라고 짐작된다.[27]

궁예에게 가담하였던 농민들이 대체로 경제적으로 어려운 처지에 놓여 있었다면, 그들은 주로 경제적인 측면에서 불만을 강하게 갖고 있었을 것이다. 당연한 일이지만 궁예는 그들을 끌어들이기 위해서 경제적인 어려움의 해소를 약속하고 또 그를 위해 노력하였을 것이다.[28] 여기서 다시 진표의 미륵신앙에 눈을 돌려보자.

앞에서 언급한 바와 같이 진표는 흉년으로 굶어 죽을 지경에 이르렀던 명주지역의 주민들을 구하였다고 한다. 그런데 흉년이 들었다고 하여 그들 모두가 한결같이 심각한 위기를 맞았던 것은 아니었을 것이다. 진표의 도움으로 곤궁함을 면할 수 있었던 것은 아무래도 주로 경제적으로 열악한 처지의 농민들이었을 것이다. 따라서 당시 진표는 특히 하층농민들에게 큰 영향력을 행사하였을 것이다.

하층농민들이 기근에서 벗어날 수 있었던 것은 진표가 설한 계범을 받들고, 三寶를 지극히 공경한 결과였다고 되어 있다.[29] 진표가 계율을 매우 중요시하였음은 널리 알려진 바이거니와, 그것은 그가 地藏菩薩과 占察法會를 중요시하였던 사실과 깊은 관련이 있다.[30] 진표가 점찰법회를 열었던 일차적인 목적은 점찰과 참회을 통해 戒를 얻도록 하기 위함이었다. 그런데 점찰법회는 지장보살이 五濁惡世의 末世衆生을 위하여 설하였다는 《占察善惡業報經》에 의해 시행되는 것이다.[31] 이러한 점을 고려하면 진표는 당시를 말세로 여겼음직하다.[32] 그리고 진표의 포교 이래 명주 일대의 하층농민들도 역

27) 洪承基, 위의 글, 65~66쪽.
28) 洪承基, 위의 글, 68~69쪽.
29) 《三國遺事》 권 4, 義解 5, 關東楓岳鉢淵藪石記.
30) 이하 진표의 말세의식과 그 영향에 대해서는 趙仁成, 〈新羅末 農民反亂의 背景에 대한 一試論—農民들의 世界觀과 관련하여—〉(《新羅末 高麗初의 政治·社會變動》, 신서원, 1994), 19~21쪽 및 27~29쪽 참조.
31) 金煐泰, 〈新羅占察法會와 眞表의 敎法硏究〉(《佛敎學報》 9, 1972), 105~107쪽. 지장보살은 석가가 입적한 후 미륵불이 출현하기까지의 말법시대인 無佛세계에 나타나 천상에서 지옥까지의 모든 중생을 구제하는 보살이라고 한다(金南允, 앞의 글, 139쪽).
32) 金南允, 위의 글, 143쪽.

시 그러하였음직하다. 한편 수취가 가중되면 될수록 그리하여 생활이 어려워지면 질수록 하층농민들의 말세의식은 보다 깊어져 갔을 것이다. 진성여왕 3년(899) 정부의 「貢賦」 독촉에 반발하여 전국적으로 농민들이 봉기하였음을 떠올리면 궁예가 명주에 들어갔을 무렵 그 일대 하층농민들의 말세의식은 상당히 심화되어 있었을 것으로 짐작된다.

그런데 진표가 궁극적으로 추구하였던 것은 미륵신앙이었다. 점찰과 참회의 계법을 통하여 진표는 신라를 미륵불의 下生을 바라기에 적합한 불국토화하려는 뜻을 갖고 있었다거나[33] 혹은 이 지상에 미륵신앙을 중심으로 하는 이상국가를 건설할 것을 꿈꾸고 있었던 것으로 이해되고 있다.[34] 미륵불은 본래 인간들이 말세의 상태를 반성하고 선심을 일으킴으로써 수명이 8만 4천세에 이르는 이상세계가 실현되었을 때 하생한다고 되어 있지만, 말법세계를 구제할 수 있는 것은 當來佛로서의 미륵불의 하생뿐이라고 믿어지기도 하였다.[35] 그렇다면 궁예가 명주에 들어갔을 무렵 그 일대의 하층농민들은 미륵불이 하생하는 이상세계의 도래를 대망하고 있었음직하다.[36]

이미 살펴보았듯이 궁예는 이미 승려 시절 진표의 미륵신앙에 정통하였고, 그가 그것을 미륵신앙에 접하였던 곳이 바로 명주였을 것으로 추측된다. 그렇다면 궁예는 명주의 하층농민들에게 미륵불이 하생하는 이상세계의 실현을 내세움으로써 그들의 마음을 휘어잡을 수 있었던 것은 아니었을까. 가령 궁예는 사졸들과 더불어 동고동락하고 상벌을 공정히 하였으며, 이로 인하여

---

33) 蔡印幻, 〈新羅 眞表律師硏究 2—占察의 戒義와 方法—〉(《佛敎學報》 24, 1987), 62쪽.

34) 李基白, 앞의 책(1986), 273~274쪽. 한편 진표의 미륵신앙을 미륵상생신앙으로 파악하는 견해도 있다(金南允, 앞의 글, 136쪽).

35) 金三龍, 〈總說〉(《韓國彌勒信仰의 硏究》, 同和出版公社, 1983), 64~65쪽.

36) 신라 中古期에 원광에 의해 점찰법회가 열렸었다. 그런데 그것은 말법 도래의 위기감에서 비롯되었으며, 그에 따라 미륵불에 가탁된 이상세계의 건설에 대한 갈망이 고조되어 花郞을 미륵의 화신으로 여기게 되었을 것이라는 지적이 있다(李基東, 〈新羅 花郞徒 硏究의 現段階〉, 《李基白先生古稀紀念 韓國史學論叢》 上, 1994, 一潮閣, 168~169쪽). 여기서 말세의식과 미륵신앙이 연결되는 또다른 예를 찾을 수 있다. 단 중고기의 말세의식—미륵신앙과 진표 이래 하대의 그것과는 상당한 차이가 있어 보인다. 언뜻 생각하여도 전자가 체제유지적인 성격의 것인 반면 후자는 오히려 반체제적인 것으로 여겨진다.

신망을 얻어 장군에 추대되었다고 한다. 궁예가 사졸들과 즐거움은 물론이고 괴로움과 수고로움을 함께 하여 사졸들이 그를 사랑하였다는 것은 그가 내세운 미륵불 하생의 이상세계가 평등한 인간 관계를 바탕으로 하는 세상이었음을 암시하는 것으로 받아들일 수 있지 않을까. 상벌을 공정히 하여 사졸들이 궁예를 두려워하였다는 것은 그가 엄한 軍律을 제정하였으며 사졸들은 그것을 준수하였던 것으로 풀이된다. 그렇다면 이는 진표의 미륵신앙에서 계율이 중요시되었던 것과 서로 통하는 면은 없는 것일까.

앞서 궁예의 자립에는 허월과 개청 등 굴산문 승려들의 도움이 있었으리라고 하였다. 그렇다면 허월은 물론 개청을 비롯한 다른 승려들도 궁예가 미륵불 하생의 이상세계의 실현을 내세우면서 하층농민들을 포섭하는 데에 일정한 역할을 하였을 것이다.[37)]

명주를 떠난 궁예는 895년 8월까지 鐵圓(鐵原) 일대를 장악하였고, 그 다음해인 896년 철원에 도읍하였다.[38)] 궁예가 나라를 열고 왕이라고 칭할 만하다고 하여 내외의 관직을 설치하였던 것은 896년 철원에서였을 것이다. 그러므로 궁예는 896년 철원에서 세력기반을 확립하였다고 본다.

궁예가 건국의 태세를 갖출 수 있었던 것은 휘하에 많은 병력을 거느리고 있었고, 浿西지역의 호족들이 많이 귀부하였기 때문이었다고 한다. 그 중 먼저 손꼽아야 할 것은 역시 궁예가 많은 병력을 확보하고 있었을 뿐만 아니라 그것이 강력하였다는 점일 것이다. 패서호족들이 궁예에게 귀부하였던 이유 중

---

37) 이와 관련하여 굴산문의 개조인 범일이 진표의 미륵신앙과 무관하지 않았으리라는 지적이 참고된다(金南允, 앞의 글, 146쪽). 한편 필자는 앞의 글(1993), 18~19쪽에서 崔彦撝가 940년 찬술한 〈地藏禪院朗圓大師悟眞塔碑〉(《朝鮮金石總覽》上, 朝鮮總督府, 1919)를 인용하면서 개청이 "굴산사를 떠나 보현산사에 옮겨 간 후 그 이름을 地藏禪院이라고 바꾸었다"고 하고, 거기에는 "지장보살의 역할을 자임하면서 말세의 중생을 구제하겠다는 개청의 뜻이 담겨져 있을 것"이라고 풀이하여 그가 미륵신앙을 내세우면서 하층농민들을 포섭하려고 했던 궁예에게 협조하였을 것으로 보았다. 비문에 따르면 개청이 보현산사에서 입적하였다고 하므로 그가 보현산사의 이름을 지장선원으로 바꾸었다고 한 것은 잘못이다. 아마 그의 생전부터 보현산사는 지장선원으로도 불리웠을 것으로 여겨진다. 단 그러하더라도 그것은 개청이 지장보살을 중요시하였기 때문이었을 것이다. 비명의 제목에서 엿볼 수 있듯이 지장선원이 공식적인 명칭으로 생각된다는 점도 고려할 일이다.

38) 《三國遺事》 권 1, 王曆 1, 後高麗 弓裔.

의 하나가 바로 궁예와의 무력 대결을 피하려고 한 때문이었던 것으로 풀이된다. 뿐만 아니라 그들은 궁예의 건국과 관련이 깊은 것으로 생각된다. 이에 궁예와 패서호족들과의 관계에 대한 논의는 잠시 미루어 두기로 하고, 여기에서는 당시 궁예가 확보하고 있었던 병력에 대해 검토하기로 한다.

궁예가 패서호족들이 귀부할 정도로 많고 강한 병력을 갖게 되었던 것은 철원 등을 점령한 후였다. 그는 기왕에 확보한 병력에 더하여 철원 등 점령지의 주민들을 대거 자신의 병력으로 흡수하였던 것이다. 그런데 궁예는 철원을 비롯한 점령지역과 별 연고가 없었던 것으로 여겨진다. 궁예가 이들 지역을 무력으로 차지하였다는 것에서 명주와는 사정이 다름을 짐작할 수 있다. 그렇다면 궁예는 어떻게 병력을 늘릴 수 있었던 것일까.

이와 관련하여 865년 철원 到彼岸寺의 鐵造毘盧遮那佛像이 만들어진 경위가 주목된다.[39] 그에 따르면 香徒들은 釋迦가 입적한 후 「三十(千)光」이 비치지 않은 지가 1806년이 되었음을 슬퍼하여 불상을 조성하였다고 한다. 일반적으로 석가가 입적한 후 正法 5백년(혹은 천년), 像法 천년이 지나면 말법의 시대 곧 말세가 온다고 한다. 향도들이 당시를 하필 석가가 입적한 해를 기준으로 계산하여 1806년이 되었다고 하였음은 곧 그들이 당시를 말세라고 인식하고 있었음을 알려준다. 그런데 도피안사의 향도들은 주로 철원 일대의 호족들과 자영농들로 구성되어 있었던 것으로 여겨진다. 그러한 처지의 향도들이 말세의식을 갖고 있었다면 하층농민들은 더욱 그러하였을 것이다. 그들은 흉년이라도 들면 굶주림에 시달리거나 유이민이 될 수밖에 없는 처지였던 것이다. 여기서 진표의 점찰법회가 그의 생전에는 물론 사후에도 전국의 여러 지방에서 행하여졌으리라는 점, 그 포교 대상도 주로 하층농민들이었으리라는 점 따위를 떠올리게 된다. 그렇다면 철원 일대의 하층농민들도 명주의 그들과 마찬가지로 진표의 포교 이래 말세의식을 갖고 있었으며, 미륵불이 하생하는 이상세계의 도래를 대망하고 있었던 것은 아니었을까.[40] 그리고 궁

39) 〈到彼岸寺毘盧遮那佛造像記〉(《譯註 韓國古代金石文》 3, 韓國古代社會硏究所, 1992), 314~315쪽.

40) 도피안사 향도들은 말세를 벗어나기 위해 비로자나불상을 만들었지만, 철원 일대의 하층농민들은 미륵불의 하생을 기대하였을 것으로 헤아려진다는 점에서 양자는 구별의 여지가 있다(趙仁成, 앞의 글, 1994, 16쪽, 주 17).

예는 명주에서처럼 그러한 세상의 도래를 내세우면서 그 일대의 하층농민들을 포섭함으로써 많은 병력을 보유할 수 있었던 것이 아니었을까.

한편 신라 하대에 석가의 입적을 기준으로 하여 佛紀를 적었던 다른 예들을 보면 그것들은 주로 연대를 표시하는 역할을 하고 있다. 반면 도피안사 향도들이 불기를 적었던 것은 불상의 제작 연대를 밝히고자 함이었다고 보기 어렵다. 그보다는 자신들이 살고 있던 때가 석가가 입적하여 삼천광이 비치지 않게 된 지 1806년 후이므로 슬퍼할 수밖에 없는 말세라는 시대인식에서 비롯된 것으로 생각된다. 이는 상대적으로 도피안사 향도들의 말세의식이 보다 더 절실하였음을 시사하는 것으로 풀이된다. 그렇다면 한산주 일대에서 말세의식이 강하였고, 따라서 미륵불이 하생하는 이상세계의 도래를 열망하였던 것이 바로 철원 지역의 하층농민들이 아니었을까 하는 생각도 든다. 궁예가 하필 철원을 도읍으로 삼은 이유 중의 하나는 이와 관련이 있을 것으로 짐작해본다.

(2) 건국—호족들과의 제휴

궁예에게 귀부한 패서호족으로 우선 平州(平山)의 朴遲胤 가문을 들 수 있다.[41] 그 아버지 朴直胤은 신라말 大毛達이었다고 한다. 대모달은 고구려의 장군직명인 大模達을 가리키는 것으로 신라의 장군에 견주어 볼 수 있다. 너무도 당연한 것이지만 신라 정부에서 박직윤을 대모달에 임명하였을 리는 없다. 그는 대모달을 자칭하였을 것이다. 신라 하대 대호족들이 장군을 자칭하였다는 사실을 떠올리면 박직윤은 평주의 대호족으로서 패서 지역의 13군현[42]을 거점으로 대두한 호족들에게 상당한 지배력을 행사하였으리라는 점, 그의 아들 박지윤도 역시 그러하였으리라는 점 등을 짐작할 수 있다.[43] 그리

41) 이하 박지윤 가문에 관한 사실은 〈朴景仁墓誌〉(《朝鮮金石總覽》 上), 303쪽 및 〈朴景山墓誌銘〉(《韓國金石文追補》, 亞細亞文化社, 1968), 143쪽에 의함. 그 가문의 사회적 진출과 궁예와의 관계에 대해서는 鄭淸柱, 〈新羅末 高麗初 豪族의 形成과 變化에 대한 一考—平山 朴氏의 一家門의 實例 檢討—〉(《歷史學報》 118, 1988), 3~15쪽 참조.

42) 李基東, 〈新羅 下代의 浿江鎭〉(《韓國學報》 4, 1976 ; 《新羅骨品制社會와 花郞徒》, 韓國硏究院, 1980, 212~216쪽).

43) 이상과 관련하여서는 金光洙, 〈高麗建國期의 浿西豪族과 對女眞關係〉(《史叢》 21·22, 1977), 138~139쪽 참조.

고 박지윤이 궁예에게 귀부함[44]에 따라 패서 지역의 다른 호족들도 궁예에게 귀부하였을 것으로 보아 좋을 듯하다.

앞에서 언급한 바와 같이 패서호족들의 귀부는 일차적으로 궁예의 병력이 많고 강함에 말미암은 것이었다. 그렇다면 박지윤은 궁예와의 정면 대결을 피하고, 자신의 세력권에 대한 기득권을 최대한 보장받으려는 목적에서 궁예에게 귀부하였다고 할 수 있다.[45] 하지만 대호족이었던 박지윤의 귀부를 그렇게 간단히 취급할 수는 없다. 그가 귀부하였던 것은 궁예와의 결합을 통해 얻고자 하는 더 큰 무엇이 있었기 때문일 것이다.

박지윤은 박혁거세의 후손으로 되어 있다. 그의 할아버지인 赤烏는 신라의 지방관을 역임하였으며, 그의 아버지 박직윤 이래 평주에 정착하게 되었다고 한다. 그의 가문은 본래 중앙의 귀족가문이었으나 박직윤대에 평주에 낙향하였던 것이다. 낙향하게 된 이유는 밝혀져 있지 않지만, 그가 중앙관리로서 출세하기를 기대하기 어려운 처지였을 것임은 짐작이 가능하다. 그리고 그로 말미암아 박직윤은 반신라적인 성향을 갖게 되었을 것이다. 여기서 박직윤이 대모달이었다는 점이 주목된다. 이는 패서 지역에서 대모달과 같은 고구려 직명이 통할 수 있었음을 일러준다.[46] 나아가 그 지역 주민들의 상당수가 고구려 유민들이었으리라는 점, 당시까지도 그들이 고구려의 문물제도를 알고 있었으리라는 점 등을 시사한다. 요컨대 패서 지역의 주민들 중 상당수가 고구려 유민이라는 의식을 갖고 있었던 것으로 여겨진다. 그렇다면 박직윤이 장군이 아니라 하필 대모달을 칭하였던 것은 그가 고구려의 재건을 내세우면서 이 지역의 고구려 유민들을 지배하였음을 알려 주는 것이 아닐까.[47] 그리고 그 아들 박지윤도 역시 그러하지 않았을까. 비록 그들이 견훤이나 궁예처럼 백제나 고구려를 계승한다는 명분을 걸고 건국은 하지 못하였지만, 그 先驅로 느껴지기까지 한다. 이처럼 반신라적인 나아가 고구려를 재건한다는 기치를 내세우면서 새로운 국가를 건설하려는 기미마저 보이고 있었던 것으로 여겨지는 박지

44) 鄭清柱, 앞의 글(1988), 12쪽.
45) 河炫綱, 〈高麗建國의 經緯와 그 性格〉(《韓國中世史硏究》, 一潮閣, 1988), 25쪽.
46) 金光洙, 앞의 글, 139쪽.
47) 鄭清柱, 앞의 글(1988), 10쪽.

윤에게 있어 패서 지역에 대한 기득권의 유지라는 것은 그가 궁예에게 걸었던 최소한의 기대에 지나지 않았을 것이다. 박지윤은 궁예와 제휴하여 새로운 국가를 건설하고, 나아가 새로운 국가의 지배세력으로 자신의 정치적 지위를 향상시키려고 하였을 것으로 믿어진다. 박지윤을 따라 궁예에게 귀부하였던 다른 패서호족들도 이에 준하여 생각해서 좋을 줄 안다.

한편 박지윤은 상당한 무력을 소유하고 있었고, 또 동원할 수 있는 위치에 있었다고 여겨진다. 박지윤과 그의 영향력하에 놓여 있었을 패서호족들은 浿江鎭의 군사조직에 기대어 성장하였던 것으로 생각된다.[48] 그렇다면 비록 궁예가 군사적으로 우위를 점하고 있었다고 하더라도, 자신에게도 상당한 손실이 예상되는 박지윤을 비롯한 패서호족들과의 무력 대결을 바람직하게 여기지는 않았을 것이다. 오히려 그들과의 제휴를 원하였을 법하다. 신라를 타도하고 새로운 국가를 세우겠다는 목적을 달성하기 위해서 보다 확고한 군사적 기반을 필요로 하였을 궁예였음을 생각하면 이는 그럼직하게 여겨진다.

패서호족들이 궁예에게 귀부할 즈음인 896년 松岳(開城)의 王隆(왕건의 父, 원명 龍建, 후에 世祖)이 귀부하였다. 귀부 당시 왕륭은 沙粲이었다고 한다. 사찬은 본래 중앙의 관등이었지만, 신라 하대에 上村主 혹은 第二村主가 사용하였던 예가 있다. 고려초에는 호족 휘하의 상급 촌주들이 이를 칭하기도 하였다. 그런데 왕륭이 郡을 들어 궁예에게 귀부하였다는 것은 당시 그가 송악군 전체를 대표하는 상촌주였음을 시사한다. 동시에 그것은 상촌주 왕륭이 송악군의 향배를 결정할 수 있었음을 일러주기도 한다. 이에 비록 왕륭이 상촌주였지만, 이미 송악군을 지배하고 있었다는 점에서 그를 호족에 버금가는 존재로 취급하여 좋을 줄 안다.[49] 그렇다면 왕건 가문의 호족적 기반은 그리 강한 것이었다고 할 수는 없을 것이다. 그럼에도 불구하고 궁예는 왕건가를 후원하고 우대하였던 듯하다. 가령 궁예는 왕륭의 설득에 따라 송악에 勃禦塹城을 쌓도록 하고 그 성주에 왕건을 임명하였다고 한다. 이로써 왕건가의 송악군에 대한 지배권이 보다 확고하게 되었을 것이다. 귀부 당시 호족에 준하는 지위를 갖고 있었던 왕건가는 이제 본격적으로 송악의 호족으로서 행

48) 李基東, 앞의 책, 216~220쪽.
49) 李基東, 위의 책, 227~228쪽 참고.

세를 할 수 있게 되었던 것으로 여겨지는 것이다.

한편 이와 같이 궁예가 호족적인 기반이 약한 왕건가를 후원하고 우대하였던 것은 궁예가 그들을 통해 얻고자 하는 바가 있었기 때문이었을 것이다. 널리 알려진 바와 같이 왕건가는 그 선대로부터 해상무역에 종사하였으며, 그를 통하여 상당한 富를 쌓았던 것으로 알려져 있다. 그렇다면 궁예가 왕건가를 우대하였던 것은 특히 그들의 경제력을 자신의 기반으로 삼고자 함이었다고 이해된다.[50]

군사적 기반이 강하였던 평주의 대호족 박지윤을 비롯한 패서호족들과 상당한 경제력을 확보하고 있었던 왕건가와 제휴하였던 궁예는 898년 철원을 떠나 송악으로 천도하였다. 송악이 왕건가의 본거지라는 점이나 그 배후에 바로 평주가 위치한다는 점 등이 눈길을 끈다. 즉 궁예가 박지윤과 왕건가와의 결합을 공고히 하여 그들의 군사적·경제적 기반을 활용하려고 천도를 결정하였던 것으로 헤아려 볼 수 있다. 송악으로 천도한 이듬해인 899년 궁예는 북원을 중심으로 대세력을 형성하고 있었던 양길과 겨뤄 승리를 거두었는데, 이는 궁예의 송악 천도가 성과를 거두었음을 말해 주는 것으로 생각된다.

양길을 격파함에 따라 그 이듬해(900) 궁예는 남쪽으로 영역을 늘릴 수 있는 기회를 얻을 수 있게 되었다. 廣州와 唐城(南陽)을 수중에 넣음으로써 궁예는 한강 하류 유역을 확보하고, 나아가 서해 활동의 기반을 다짐으로써 해상으로부터 후백제를 견제할 수 있게 되었다. 그리고 南漢江 유역의 요지인 國原(忠州)과 인근 지역을 확보함으로써 후삼국 관계에서 유리한 위치에 설 수 있었던 것이다.[51] 그러므로 900년 정복활동의 성공적 수행은 901년 궁예가 후고구려[52]를 세울 수 있는 바탕이 되었다고 할 수 있겠거니와, 이 역시 궁예가 송악 천도를 통해 박지윤과 왕건가와의 결합을 보다 공고히 하여 그들의 군사적 경제적 기반을 충분히 이용한 결과였을 것으로 생각된다.

이상에서 살펴 본 바와 같이 처음 미륵신앙을 내세워 하층농민을 포섭하여 자신의 기반으로 삼았던 궁예였지만, 그러나 호족들과의 제휴를 통해 건

50) 朴漢卨, 〈後三國의 成立〉(《한국사》 3, 국사편찬위원회, 1976), 635쪽.

51) 이상과 관련하여서는 河炫綱, 앞의 글, 27쪽 참고.

52) 《三國遺事》 권 1, 王曆 1, 後高麗 弓裔. 원래 국명은 고려였을 것으로 판단되지만 왕건의 고려와 구별하기 위하여 후고구려라고 한다.

국하게 되었다. 미륵하생의 이상세계에 대한 종교적인 염원만으로는 또 그것만을 지닌 농민들을 이끌고서는 국가를 건설한다던가 혹은 운영한다던가 하는 것이 불가능하였을 것이다. 따라서 궁예정권은 호족연합정권으로서 출범할 수밖에 없었을 것이다.

3) 마진과 태봉의 중앙정치조직[53]

(1) 광평성체제의 성립과 호족연합정권-마진

궁예는 896년 철원을 도읍으로 정하였을 무렵 나라를 열고 임금을 칭할 수 있겠다고 자부하면서 처음으로 중앙과 지방의 관직을 두었다고 한다. 이후 계속 제도의 정비가 이루어졌을 것이다. 가령 901년 궁예가 후고구려를 건국한 이후 정치조직이 보다 짜임새 있게 만들어졌을 것으로 짐작된다.

궁예는 904년에 「百官」을 두고 국호를 摩震, 연호를 武泰로 하였다고 한다.[54] 廣評省과 兵部를 비롯한 여러 관부가 이 때에 설치되었던 것으로 전하고있다. 하지만 904년에 처음으로 두었다고 명시되어 있는 광평성이나, 비록 구체적으로 지목할 수는 없지만, 그 외 몇몇 관부들을 제외하고는 대개 896년 이래 필요에 따라 설치되어 왔던 것들로 짐작된다. 아마도 904년에 그것들 간의 담당 업무나 서열 등이 조정되었을 것이다. 그리고 광평성에 장관인 匡治奈와 徐事·外書의 관원을 두었다고 하므로, 병부 이하 다른 관부들의 관직체계도 이 때 정비되고, 관원도 충원되었을 것이다. 904년에 관리들의 위계를 나타내는 관등이 정비된 것은 이와 관련이 있을 것이다. 이러한 점들을 고려하면 궁예가 중앙정치조직의 정비를 일단락지었던 것은 바로 904년이었다고 하여도 무방할 것이다.

잘 아는 바와 같이 여러 관부들 중 최고 관부는 광평성이었다. 뿐만 아니라 광평성은 그 설치 당시부터 적어도 한동안은 정치적 권력의 핵심에 해당하였다고 여겨진다. 이에 904년에 이루어진 중앙정치조직 정비를 광평성체제

---

53) 이하의 서술은 趙仁成, 앞의 책(1991), 63~92쪽에 의거하였다.

54) 이하 마진의 중앙정치조직에 관한 사실은 《三國史記》 권 11, 新羅本紀 11, 효공왕·권 40 職官志 下 및 권 50, 列傳 10, 弓裔傳에서 찾을 수 있다.

의 성립이라고 한다.

《삼국사기》에 따르면 광평성을 비롯한 여러 관부들은 신라의 그것들을 모방한 것이었다고 하였다. 그리고 각 관부들을 고려의 그것들과 맞추어 놓았다. 그를 토대로 만들어 본 것이 〈표 1〉이다.55)

〈표 1〉 摩震과 新羅·高麗 官府의 對比

新羅	摩震	高麗	
官府	序列 / 官府	官府	所管業務
	(1) 廣評省		
兵部	(2) 兵部	(兵部)	掌武選·軍務·儀衛·郵驛之政
倉部	(3) 大龍部	倉部	掌戶口·貢賦·錢粮之政
禮部	(4) 壽春部	禮部	掌禮儀·祭享·朝會·交聘·學校·科擧之政
領客府	(5) 奉賓部	禮賓省	掌賓客燕享
左·右理方府	(6) 義刑臺	刑部	掌法律·詞訟·詳讞之政
	(7) 納貨府	大府寺	掌財貨廩藏
調府	(8) 調位府	三司	掌摠中外錢穀出納會計之務
	(9) 內奉省		
	(10) 禁書省	秘書省	掌經籍祝疏
例作府	(11) 南相壇	將作監	掌土木營繕
船府	(12) 水壇	水部	掌山澤·工匠·營造之事
詳文師	(13) 元鳳省	翰林院	掌制撰詞命
乘府	(14) 飛龍省	太僕寺	掌輿馬廐牧
物藏典	(15) 物藏省	小府監	掌工技寶藏
	(16) 史臺 (掌習諸譯語)		
	(17) 植貨府 (掌栽植菓樹)		
	(18) 障繕府 (掌修理城隍)		
	(19) 珠淘省 (掌造成器物)		

55) 마진의 관부와 신라 관부와의 비교는 주로 李泰鎭이 작성한 〈표〉를 참조하였다 (〈高麗 宰府의 成立—그 制度史的 考察—〉, 《歷史學報》 56, 1972, 5쪽).
고려 관부의 '所管業務'는 《高麗史》 권 76, 志 30, 百官 1에 의거함.

광평성은 서열 제1위의 행정관부였다. 이 점에서 광평성은 신라의 執事部에 대응한다. 泰封代나 고려초 광평성의 장관이었던 시중도 집사부의 시중에서 비롯된 명칭일 것이다.[56]

한편 광평성의 장관 광치나는 고려의 侍中에 대응하는 것으로 註記되어 있다. 그에 따른다면 광평성은 內史門下省(中書門下省)에 해당하는 관부였다고 할 수 있다. 그에 소속된 宰臣들이 국정을 논의 결정하였던 내사문하성은 門閥貴族의 이익을 대변하는 기관이었으므로 그것은 진골귀족의 이익을 대변하였던 和白과 통한다고 여겨진다. 이 점에서 광평성은 신라 화백의 전통을 이은 관부였다고도 볼 수 있다.[57]

이처럼 광평성이 언뜻 모순되어 보이는 두 가지 면을 갖고 있었다는 사실은 신라 하대의 執事省을 떠올리게 한다. 이미 밝혀진 바와 같이 중대 전제왕권을 지지하는 역할을 하였던 집사부는 하대에 들어와 진골귀족 세력과 연결되고 있었다. 즉 집사성은 국왕 밑의 행정관부였으면서도 본질적으로는 오히려 화백과 통하는 면을 지니고 있었다는 것이다. 그렇다면 광평성을 신라 하대의 집사성에 연결시킬 수 있지 않을까.[58]

앞에서 언급한 바와 같이 901년 후고구려 건국과 함께 출범한 궁예정권은 호족연합정권의 성격을 지니는 것이었다. 광평성체제가 성립되었던 904년 당시 궁예정권은 여전히 호족연합정권에서 완전히 벗어나지 못하고 있었을 것으로 여겨진다. 호족들과 제휴함으로써 건국할 수 있었던 궁예가 그 후 불과 3년 만에 호족세력을 무시할 수 있을 정도로까지 왕권을 신장시키기는 어려웠지 않았나 하는 것이다. 이러한 상황을 고려한다면 광평성은 호족들의 이해를 대변하는 기구로서 설치되었고, 적어도 한동안은 그런 역할을 하였을 것으로 믿어진다.

한편 왕권을 강화하려고 하였던 궁예의 노력이 광평성체제에 일정하게 반

56) 李泰鎭, 앞의 글, 4쪽.
邊太燮, 〈高麗初期의 政治制度〉(《韓沽劤博士停年紀念 史學論叢》, 一潮閣, 1981), 169~170쪽.

57) 李基白, 〈貴族的 政治機構의 成立〉(《한국사》 5, 국사편찬위원회, 1975), 18~20쪽.

58) 이상과 관련하여서는 李基東, 〈羅末麗初 近侍機構와 文翰機構의 擴張—中世的 側近政治의 志向—〉(《歷史學報》 77, 1978 ; 앞의 책, 244~246쪽) 참조.

영되었던 것으로 생각된다. 이와 관련하여 우선 내봉성의 경우가 참고된다. 내봉성은 都省 곧 御事都省(尙書都省)에 해당하는 것으로 주기되어 있다. 어사도성은 選官(吏部)·兵官(兵部)·民官(戶部)·刑官(刑部)·禮官(禮部)·工官(工部)으로 구성된 것이었다. 그런데 병부·대룡부·의형대·수춘부·수단 등은 선관을 제외한 병관 이하의 여러 관부에 각각 해당한다(〈표 1〉). 따라서 내봉성을 어사도성에 비겼던 것은 내봉성이 人事를 담당하는 기구였기 때문으로 볼 수 밖에 없다. 내봉성은 신라의 位和府에 해당하는 관부였던 것이 된다.[59]

여기서 내봉성의 이름이 국왕의 측근에서 명령을 받드는 관부였음을 나타내고 있다는 점이 눈길을 끈다. 즉 내봉성은 궁예의 측근에서 그의 인사 명령을 받드는 관부였던 셈이다. 이처럼 인사를 담당하였던 내봉성이 궁예의 近侍機構였다는 점은 인사권을 장악하려고 하였던 궁예의 의도가 반영되었던 결과가 아닐까. 광평성의 설치로 호족들에게 상당한 양보를 하였던 궁예가 그 반대급부로서 인사권을 차지하려고 하였던 것으로 짐작된다.

왕권을 강화하려고 하였던 궁예의 의도와 관련하여서는 원봉성과 물장성의 경우도 참고된다. 원봉성과 물장성은 신라의 상문사(후의 翰林臺·瑞書院)와 물장전의 후신으로 여겨진다(〈표 1〉). 그런데 상문사와 물장전은 宮內府라고 할 수 있는 內省과 御龍省에 소속된 관부였다.[60] 이 점에서 상문사와 물장전은 집사부나 병부 등과는 그 格을 같이 할 수 없는 것들이었다. 반면 마진에서는 원봉성과 물장성이 병부 등 다른 관부들과 같이 병렬되어 있다. 이는 그것들이 독립된 관부로 격상되었음을 말하는 것으로 생각된다.

신라 궁내부 소속의 관부들은 국왕 직속이었다. 따라서 그것들이 광평성 체제에서 독립된 관부로 격상되었다는 것은 광평성체제를 통하여 왕권을 강화하려고 하였던 궁예의 의도를 일러주는 것으로 보아 무방하지 않을까. 신라의 궁내부 계통의 각 관부가 정비되는 것이 중대에 있어서의 왕권강화와 궤를 같이 하는 것이었다는 점[61]을 고려하거나 경문왕대를 전후하여 왕권이

---

59) 이와 관련하여서는 李泰鎭, 앞의 글, 9쪽 및 32~33쪽 참고. 그런데 내봉성에 대해서는 신라의 집사부에 비기는 견해(李基白, 앞의 글, 20~21쪽)를 비롯하여 다양한 견해가 제출된 바 있다.

60) 三池賢一, 〈新羅內廷官制考〉(上)(《朝鮮學報》 61, 1971), 1쪽 및 22~32쪽 참고.

61) 三池賢一, 위의 글(下)(《朝鮮學報》 62, 1972), 59쪽.

강화되면서 文翰機構가 확장되었던 사실[62]과 원봉성의 독립과 격상을 연관지어 볼 적에 이는 그럴 듯하게 여겨진다.

그런데 앞에서 언급한 것처럼 광평성체제 성립 당시 왕권이 호족세력을 압도할 수 있었다고는 생각되지 않는다. 왕권강화를 위한 궁예의 노력이 아직 성공을 거두기는 어려웠던 것 같다. 가령 내봉성의 서열이 겨우 9위에 지나지 않았다는 사실(〈표 1〉)에서 그러한 사정을 엿볼 수 있다. 궁예가 내봉성을 통하여 인사권을 장악하려고 하였지만 그에 대한 호족들의 반발이 적지 않았고, 그 결과 내봉성의 서열이 9위에 그쳤던 것이라고 헤아려지는 것이다. 따라서 왕권을 강화하려고 하였던 궁예의 의도가 광평성체제에 어느 정도 반영되어 있었다고 하더라도 그것은 기본적으로 호족연합정권을 뒷받침하는 중앙정치조직이었다고 파악된다.

(2) 광평성체제의 변화와 전제왕권—태봉

904년 성립된 광평성체제는 그 이후 새정비되었을 것으로 짐작된다. 현재 그 전모를 알려주는 기록은 찾을 수 없지만, 《高麗史》 권 1, 世家 1, 태조 원년(918) 6월 신유조에 나오는 인사발령을 통하여 어느 정도 그 변화의 양상을 엿볼 수 있다. 이 인사 조치는 왕건이 즉위한 지 6일 만에 나온 것으로, 거기에는 904년 이후로부터 태봉이 몰락한 918년까지의 사정이 반영되어 있다. 그것을 정리한 것이 〈표 2〉이며, 이를 성립 당시의 광평성체제와 비교하여 보면 다음과 같은 사실들을 알 수 있다.

첫째 904년 이후 새롭게 설치되었던 것으로 여겨지는 관부들을 발견할 수 있다. 가령 순군부의 경우 〈표 1〉에는 나오지 않지만 〈표 2〉에서는 찾을 수 있다. 그런데 〈표 2〉를 보면 광평낭중에 임명된 신일과 임식, 내봉경에 임명된 능준은 전 순군부 관리였다. 따라서 순군부는 904년 이후 왕건 즉위 이전의 어느 시기에 만들어졌을 것으로 보인다.[63] 진각성과 內軍도 역시 마찬가지였을 것이다.[64]

---

62) 李基東, 앞의 책, 241~244쪽 및 262~263쪽.
63) 李泰鎭, 앞의 글, 8쪽 주 16.
64) 邊太燮, 앞의 글, 158쪽.

〈표 2〉 太祖 원년(918) 6월 辛酉의 人事發令

序列 / 官府	長 官	次 官	下 級 職
1) 廣評省	侍中(韓粲 金行濤)	侍郎(閼粲 林積璵)	郎中(前徇軍部郎中 韓粲 申一) (前徇軍部郎中 韓粲 林寔) 員外郎(前廣評史 國鉉)
2) 內奉省	令(韓粲 黔剛)	卿(前守徇軍部卿 能駿) (倉部卿 權寔)	監(前廣評郎中 康允珩) 理決(前廣評史 倪言) 評察(內奉史 曲矜會) 郎中(前內奉史 劉吉權)
3) 徇軍部	令(韓粲 林明弼)		
4) 兵　部	令(波珍粲 林曦)	卿(閼粲 金堙) (閼粲 英俊)	
5) 倉　部	令(蘇判 陳原)	卿(閼粲 崔汶) (閼粲 堅術)	
6) 義刑臺	令(韓粲 閻萇)		
7) 都航司	令(韓粲 歸評)	卿(林湘煖)	
8) 物藏省	令(韓粲 孫逈)	卿(姚仁暉) (香南)	
9) 內泉部	令(蘇判 秦勁)		
10) 珍閣省	令(波珍粲 秦靖)		
11) 白書省		卿(一吉粲 朴仁遠) (一吉粲 金言規)	
12) 內　軍		卿(能惠) (曦弼)	

둘째, 관부의 서열이 일부 변하기도 하였다. 〈표 2〉를 보면 내봉성이 제2위로, 순군부가 제3위로, 병부가 제4위로 되어 있어 〈표 1〉의 그것과는 다르다. 이러한 변화는 정변을 주도한 세력의 계획에 따른 것일 수도 있다. 하지만 〈표 2〉에 나오는 관부들이 왕건 즉위 이전부터 있었던 것으로 생각되므로, 이상과 같은 서열의 변화도 904년 이후 918년 이전에 일어났던 것으로 이해하는 것이 온당할 것이다.

셋째, 각 관부 소속의 관직도 늘어났던 듯하다. 〈표 2〉에 내봉감에 임명되었다고 나오는 강윤형은 전 광평낭중이었으며, 광평원외랑 국현·내봉이결 예언은 전 광평사였다. 광평성 설치 당시 고려의 시랑과 원외랑에 해당하는 서사와 외서가 설치되었을 뿐 낭중과 사에 해당하는 관직은 설치되어 있지 않았다. 따라서 낭중과 사는 904년 이후에 새로이 설치되었던 것으로 여겨진다. 이로써 다른 관부의 관직도 늘어났을 것으로 예상할 수 있다.

넷째, 기왕의 관부 명칭이 바뀐 경우도 있었음을 알 수 있다. 〈표 2〉를 보면 창부경 권식이 내군경에 임명되었다. 창부는 〈표 1〉에는 나오지 않지만, 그렇다고 하여 그것이 새로 설치되었던 것으로는 생각되지 않는다. 아마도 〈표 1〉의 대룡부를 개명한 것으로 보아야 할 것이다. 도항사도 수단의 개명일 것이다.[65]

지금으로서는 위에서 살펴 본 바와 같은 변화가 언제 일어났는지 단정적으로 말하기는 어려운 형편이다. 하지만 그 시기를 대략 911년을 전후한 시기로 잡아 보려고 한다. 904년 국호를 후고구려에서 마진으로 바꿈과 더불어 성립된 광평성체제가 911년 태봉으로 국호를 변경할 즈음에 재정비되어 고려초까지 계속되었을 것으로 생각하는 것이다.

광평성체제의 변화가 의미하는 바와 관련하여 먼저 관부 명칭의 변경이 주목된다. 가령 신라의 진각성은 穢宮典을 개명한 관부로서 이른바 漢化政策이 추진되었던 경덕왕대와 9세기 중엽에 사용되었던 명칭이다.[66] 비록 광평성체제의 진각성은 태봉대에 새로 설치되었던 것으로 생각되지만, 이로 미루어 위에서 언급한 대룡부에서 창부로, 수단에서 도항사로의 변화를 한식 개명이었던 것으로 보아 무방하지 않을까 싶다. 신라시대의 한화정책이 왕권강화를 촉진하려는 경향의 표현이었다는 사실을 상기하면 광평성체제의 변화는 태봉대에 왕권이 강화되었음을 시사하는 것으로 짐작된다.

다음으로 서열의 변화와 관직의 증가와 관련하여서는 내봉성이 주목된다.

---

65) 李基白, 앞의 글, 21쪽.

66) 《三國史記》 권 39, 志 8, 職官 中 및 권 11, 新羅本紀 11, 문성왕 15년 8월. 한화정책에 대해서는 李基白, 〈新羅 惠恭王代의 政治的 變革〉(《社會科學》 2, 1958 ; 《新羅政治社會史硏究》, 一潮閣, 1974, 244~247쪽) 및 李基東, 앞의 책, 235~237쪽 참고.

우선 광평성체제가 성립할 당시 서열 제9위였던 내봉성이 제2위의 관부가 되었다는 것은 그 정치적 비중이 커졌음을 뜻한다. 궁예는 내봉성을 통해 본격적으로 인사권을 행사할 수 있었을 것이며, 그것은 곧 왕권이 보다 강화되었음을 말하여 준다.

앞의 〈표 2〉를 보면 내봉성의 장·차관인 령과 경 밑의 하위관직으로 감·이결·평찰이 있었음을 알 수 있다. 내봉성의 하급관직에 그것들 외에 사가 있었음도 확인할 수 있다. 그렇다면 원외랑이나 낭중 등도 있었을 법한데, 이는 내봉원외랑에서 내봉낭중으로 승진하였던 允珩의 예[67]로 미루어 짐작할 수 있다. 결국 내봉성의 하급관직은 낭중 계통과 감 계통으로 나누어지는 셈이다. 그 중 다른 관부에서도 찾아볼 수 있는 낭중·원외랑·사는 내봉성의 인사 업무를 맡아 처리하였던 관직으로 보인다. 반면 감·이결·평찰 등은 인사와는 다른 특수한 업무를 맡았던 관직인 것 같다.

후자와 유사한 명칭을 신라의 內司正典에서 찾을 수 있어 흥미롭다. 이결과 평찰은 내사정전의 議決과 貞察에 각각 대비해 볼 수 있다.[68] 그렇다면 이결·평찰의 임무를 관리들에 대한 감찰로 볼 수는 없을까. 그리고 감도 역시 감찰을 의미하는 것으로 보아 좋지 않을까 한다. 이상의 논의에 따르면 내봉성은 이제 사정도 담당하게 되었다고 할 수 있을 듯하며, 내봉성의 格上이 갖는 정치적 의미는 본래의 인사 기능 외에 사정 기능이 추가되었다는 것과도 무관할 수 없으리라고 짐작된다. 이에 감·이결·평찰 등은 광평성체제가 변화하면서 새로 설치된 것이며, 그것은 궁예가 관리들에 대한 자신의 통제를 보다 강화하겠다는 의지에서 비롯되었을 것으로 헤아려본다.[69]

〈표 1〉을 보면 광평성체제 성립 당시 군사 문제를 담당하였던 관부로는 병부를 찾을 수 있을 뿐이다. 그런데 태봉대에는 순군부와 내군이 새로 두어

---

67) 《高麗史》 권 1, 世家 1, 태조 원년 을축.

68) 《三國史記》 권 39, 志 8, 職官 中.
邊太燮, 앞의 글, 171쪽, 주 56.

69) 감·이결·평찰이 인사의 공정을 위하여 설치되었다고 여기는 견해(李泰鎭, 앞의 글, 9쪽)와 내부 행정의 감독을 맡았으리라는 견해(邊太燮, 위의 글, 170~171쪽)도 있다.

졌다. 그 중 순군부는 병부보다 중요시되기까지 하였다. 〈표 2〉에 드러나 있듯이 순군부는 서열 제3위, 병부는 서열 제4위였던 것이다. 그러면 그것들은 어떠한 배경에서 설치되었을까.

광평성체제 성립 당시의 병부는 신라의 병부에 해당한다고 여겨진다. 신라의 병부는 신라가 본격적으로 영역을 넓혀 나갔던 법흥왕 때 설치되었다. 이는 그것이 일반적인 군사 업무 즉 軍政 외에도 軍令을 담당하는 관부로 두어졌던 것임을 시사한다. 마진의 병부도 본래는 그러하였을 것이다. 왜냐하면 당시도 이른바 후삼국이 서로 전쟁을 하고 있었던 시기였기 때문이다. 그런데 순군부는 兵權을 관장하는 기관이었다고 한다.[70] 여기에서의 병권이란 군사지휘권 즉 군령권을 가리키는 것으로 파악되고 있다.[71] 결국 궁예는 광평성체제를 개편하면서 병부로부터 군령권을 분리하여 순군부로 하여금 맡도록 한 셈이 된다.[72]

당시가 戰時였다는 점을 고려하면 순군부 신설과 관련하여 일단 군사적인 이유를 생각해 볼 수 있다. 보다 효율적이고 효과적인 전쟁수행을 위해서는 군령만을 전담하는 기구를 둘 필요성이 있었을 것이다. 순군부의 서열이 병부에 앞섰던 것은 이를 시사한다.

한편 효율적인 지휘는 지휘권의 강화를 가져올 것이다. 이 점에서 순군부는 최고지휘관으로서의 궁예의 지휘권을 강화하기 위하여 설치되었다고 할 수 있다. 마진 때에도 출전 명령권 등 군의 최고지휘권은 궁예에게 속하였던 것으로 되어 있다. 하지만 아직 호족연합정권에서 완전히 벗어나지 못한 상황에서 그의 권한에는 한계가 있었을 것이다. 그렇다면 궁예의 지휘권 강화라는 것은 결국 왕권의 강화와 연결되는 것이라고 하여 좋지 않을까. 순군부

---

70) 《高麗史》 권 127, 列傳 40, 桓宣吉.

71) 李基白, 〈高麗京軍考〉(《李丙燾博士華甲紀念論叢》, 一潮閣, 1956 ; 《高麗兵制史硏究》, 一潮閣, 1968, 55쪽). 순군부가 병권(군령권)을 맡았던 관부라는 견해는 대체로 인정되고 있지만, 이와 달리 순군부를 후삼국시대의 전쟁을 효율적으로 수행하기 위한 大本營의 성격을 지닌 관부라는 견해(黃善榮, 《高麗初期 王權硏究》, 東亞大 出版部, 1988, 135~137쪽)와 국왕의 명에 따라 병력의 징발과 동원을 담당한 관부였다는 견해(鄭景鉉, 〈高麗初期 京軍의 統帥體系—徇軍部의 兵權에 대한 再解釋을 겸하여—〉, 《韓國學報》 62, 1991, 43~52쪽) 등도 있다.

72) 李基白, 위의 책, 51쪽.

를 통하여 궁예는 군부에 대한 보다 효과적이고 강력한 통제를 행할 수 있게 되었을 것으로 여겨지는 것이다. 나아가 순군부의 설치는 병부가 군사적 권한을 독점함으로써 야기될 수도 있는 왕권에 대한 위협을 제거하기 위한 조치였던 것으로도 짐작된다.

내군은 친위군으로서 궁예의 신변 경호를 맡았을 것이다.[73] 그런데 내군장군 狖鈇는 참소를 자행하여 자주 죄 없는 사람들에게 죄를 씌웠다고 한다. 은부가 궁예의 신임을 받았던 인물이었다는 점이나 그가 군인이었다는 점 따위를 고려하면 은부가 하였다는 참소나 모략이란 그가 군 내부의 반역 움직임을 적발하였음을 시사하는 것이 아닐까.[74] 결국 내군의 설치는 군부를 보다 강력하게 통제하려고 하였던 궁예의 의도에서 비롯되었을 것으로 파악되며, 이 점에서 그것은 순군부의 설치와 그 성격을 같이 하는 것으로 보인다.

이상에서 태봉대 광평성체제의 변화를 궁예의 왕권강화와 연결지어 검토하였거니와, 이에 따라 호족세력의 대표였다고 여겨지는 광평성 시중의 정치적 지위가 낮아졌으리라는 예상을 하게 된다. 가령 913년 시중이 된 왕건은 「衆心」을 얻고자 힘썼다고 한다.[75] 이는 그가 시중으로서 호족들의 이해를 두루 대변하려고 하였음을 의미하는 것이 아닌가 한다. 阿志泰의 참소 사건을 해결한 후 따르는 자들이 많자 왕건은 화가 미칠까 두려워 戰線으로 나가기를 원했고, 914년 궁예는 그를 시중에서 해임하여 다시 수군을 맡도록 하였다고 한다. 이는 수군 장수가 적에게 두려움을 줄 수 없다는 궁예의 판단에 따른 것이었다고 되어 있지만, 그것은 표면적인 이유에 지나지 않는다고 여겨진다. 그보다는 호족들의 대표자로서 활동하고자 하였고, 그로 인해 그들로부터 신망을 얻고 있었던 왕건을 호족들과 격리시키려는 궁예의 의도에 의한 것이었다고 헤아려 보는 것이다. 요컨대 궁예는 이제 시중이 행정실무자로서 자신에게 충성하기를 원하고 있었으며, 왕건의 해임에서 엿볼 수

73) 李基白, 위의 책, 55~56쪽.

74) 은부에 대해서는 《高麗史》 권 1, 世家 1, 태조 원년 6월 임술조와 《高麗史節要》 권 1, 태조 원년 6월조 참조.

75) 이하의 사실에 대해서는 《高麗史》 권 1, 世家 1, 태조 즉위전조 참조.

있는 바와 같이 그러한 자신의 바램에 어긋날 경우 시중을 교체할 수 있었다는 것은 그 만큼 왕권이 신장되었음을 알려 주고 있는 것이다.

4) 태봉의 몰락[76]

(1) 궁예의 정교일치적 전제주의의 추구와 그 지지세력

앞에서 본 바와 같이 광평성체제 내에 원봉성과 같은 문한기구가 있었다. 곧 이어 언급하게 될 朴儒와 崔凝을 비롯한 유학자 혹은 문인이라고 할 인물들이 궁예정권에서 활동하기도 하였다. 이러한 사실들은 궁예가 유학자들을 포섭하였으리라는 점을 알려 준다.[77] 아마도 궁예는 유교를 왕권강화의 한 수단으로 삼으려고 하였을 것으로 여겨진다.

그런데 다 아는 바와 같이 궁예는 미륵불임을 자칭하였다. 그리고 두 아들을 각각 靑光菩薩과 神光菩薩로 삼았다.[78] 궁예는 자신은 물론 아들까지 神格化하였다. 이는 미륵신앙이 궁예의 왕권전제화를 뒷받침하는 사상으로서 가장 중요시되었음을 단적으로 말하여 준다.

미륵불은 轉輪聖王이 세상을 다스릴 때 하생하는 것이라고도 한다. 궁예가 국왕이었음을 고려하면 당시 그는 전륜성왕이자 동시에 미륵불이었던 셈이며[79], 그는 이제 세속에 있어서의 통치자로서의 권위와 종교에 있어서의 신으로서의 권위를 오로지하게 되었다고 할 수 있다. 이 점에서 궁예가 미륵신앙에 기초를 둔 정교일치적 전제주의를 추구하였다고 이해해도 무방할 것이다.[80]

궁예는 항상 말하기를 자신이 彌勒觀心法을 터득하여 부인의 음사를 알아

---

76) 이하의 서술은 주로 趙仁成, 앞의 책(1991), 93~120쪽에 의거하였다.
77) 이들에 대해서는 全基雄, 〈羅末麗初 地方出身 文士層과 그 役割〉(《釜山史學》 18, 釜山史學會, 1990) 참조.
78) 《三國史記》 권 50, 列傳 10, 弓裔. 이하 이 절과 관련된 사료들은 주로 이 열전을 비롯하여 《高麗史》 권 1, 世家 1, 태조 즉위전조 등에서 찾을 수 있다. 번거로움을 피하기 위하여 위의 자료들은 전거 제시없이 이용하려고 한다.
79) 金杜珍, 앞의 책(1983), 130~131 쪽 참조.
80) 李基白은 이를 "불교신앙에 기초한 觀念的 專制主義 경향"이라고 한 바 있다(李基白, 앞의 글, 1975, 19쪽, 주 10).

낼 수 있다고 하면서 그를 적발하여 잔혹하게 처벌하였다고 전한다. 불교의 계법에서 음사를 금한다는 것은 상식에 속하는 일이다. 이미 언급한 바와 같이 궁예의 미륵신앙이 진표의 미륵신앙에 기초하였다는 점이나 진표가 계율을 매우 중요시하였다는 점 따위를 고려하면 궁예는 백성들에게 계율의 준수를 요구하였다고 풀이할 수 있을 듯하다. 그리고 계율이 속세의 율령과 통할 수 있다는 점에서 궁예가 계율을 강조한 사실의 또 다른 측면은 엄격한 율령통치의 추구였던 것이 아닐까 생각하게 된다. 요컨대 궁예의 정교일치적 전제주의가 세속적으로는 율령에 의한 法家的 지배를, 종교적으로는 계율의 엄수를 표방하였던 것이라고 파악된다.

그런데 궁예가 왕건에게 모반의 혐의를 씌워 그를 죽이려고 하였던 일이 있었다. 그 때 궁예가 왕건의 모반을 밝혀낼 수 있다고 내세웠던 것은 미륵관심법이었다. 이를 통해 궁예의 미륵관심법이 부인의 음사만이 아니라 모반의 적발과 처벌에도 이용되었을 것이라는 점은 충분히 상상할 수 있을 것이다. 그렇다면 궁예가 미륵관심법을 내세웠던 중요한 목적이 자신에게 반발하는 세력을 제압하고, 혹은 그럴 가능성이 있는 세력의 출현을 억제하고자 하는 데 있었던 것이 아닌가 하는 느낌을 받게 된다. 미륵관심법을 통한 지배층에 대한 궁예의 통제와 감시의 강화는 관리들을 감찰하기 위하여 내봉성에 사정 기능을 더하고, 신변 경호는 물론 군의 동향을 감시하기 위하여 내군을 새로 설치하는 것 등을 내용으로 하였던 광평성체제의 변화와 서로 짝하는 면이 있다고 여겨진다. 이 점에서 궁예가 추구하였던 정교일치적 전제주의는 반궁예세력의 억압을 그 주된 내용으로 하는 것이었다고 이해할 수 있다.

앞에서 지적한 바와 같이 몰락하지 않았더라면 누릴 수 있었을 진골귀족으로서의 특권과 권위의 회복을 일찍부터 꿈꾸어 왔던 궁예였고 보면 그는 권력을 남과 나눈다거나 하는 일에 아무래도 인색하였을 것이다.[81] 이와 아울러 후백제나 신라와의 전쟁을 원활히 수행하기 위해서는 강력한 지도력을 갖추어야 할 필요성을 느꼈을 법도 하다. 이상이 궁예가 왕권의 전제화

81) 洪承基, 앞의 글, 72~73쪽.

를 피하였던 배경일 것으로 짐작되지만, 그러나 그런 설명만으로는 그가 추구하였던 전제주의가 하필 정교일치적인 경향을 띠게 되었던 까닭이 드러나지 않는다. 이와 관련하여 우선 왕권을 강화하기 위한 궁예의 노력이 어느 정도 성공을 거두었고, 그를 바탕으로 그가 자신을 신격화하면서 정교일치적 전제주의로 나아갈 수 있었으리라는 생각을 하게도 된다. 그 반면 궁예의 전제주의가 정교일치에 기초하고 있었다는 점은 그의 노력에도 불구하고 왕권강화가 여의치 못한 면이 있었음을 반증하는 것이 아닌가 하는 생각도 하게 된다. 위에서의 논의대로 궁예가 미륵관심법을 통해 반궁예세력을 억압하려고 하였다면 그 중 후자가 보다 주목되어야 할 것으로 믿어진다. 호족연합정권으로부터 벗어나 왕권을 강화하려고 하였던 궁예의 노력이 호족들의 반발에 부딪치자 그는 자신을 신격화함으로써 그에 대응하였던 것으로 여겨지는 것이다.[82)]

궁예의 정교일치적 전제주의를 지지하였던 세력으로서는 우선 궁예의 미륵신앙을 지지하였던 승려들을 꼽을 수 있겠다. 가령 궁예가 행차할 때 범패를 부르며 뒤를 따랐다는 승려들이 그들이었을 것이다. 보다 구체적으로는 이미 살펴본 바 있는 허월을 떠올릴 수 있다. 명주의 중소호족 출신으로 굴산문 개청계에 속한 승려였던 그는 궁예가 명주에서 자립할 때 협조하였을 뿐만 아니라 태봉이 무너질 무렵에는 궁정 안의 사원이었던 내원에 머무르고 있을 정도로 궁예의 신임을 받았던 것으로 여겨졌다. 그러한 그가 궁예의 정교일치적 전제주의를 사상적으로는 물론 정치적으로도 뒷받침하였으리라는 점에는 별 이론의 여지가 없어 보인다. 아울러 궁예의 총애를 받았다는 宗侃[83)]도 주목된다. 그는 어려서 승려가 되었던 인물로서 이 점 궁예와 유사하여 흥미롭다. 종간이 이미 세달사 시절부터 궁예의 추종자였었던 것은 아닐까 상상되기도 한다. 그러하지는 않았더라도 종간과 궁예의 관계는 두 사람 모두 승려였었다는 사실만으로도 밀접한 것이었다고 보아야 할 것이다. 이처럼 종간이 승려였었고, 궁예의 심복이었다면 그 역시 궁예의 정교일치적

---

82) 이와 관련하여서는 李基白, 앞의 글(1975), 19쪽 참조.

83) 종간에 대해서는《高麗史》권 1, 世家 1, 태조 원년 6월 임술조 및《高麗史節要》권 1, 태조 원년 6월조 참조.

전제주의를 사상적으로나 정치적으로나 뒷받침하였을 것으로 여겨 큰 무리는 없을 듯하다. 단 종간이 허월과 달리 蘇判이라는 고위 관등을 갖고 있었다는 점이 유의된다. 두 사람을 비교할 때 허월이 주로 사상적인 측면에서 궁예의 정교일치적 전제주의를 지지하였다면 종간은 주로 정치적인 측면에서 그렇지 않았을까 하는 것이다.

다음으로는 전문적인 군인 출신들을 들 수 있다. 먼저 내군장군 은부를 그 예로 생각할 수 있다.[84] 그는 종간과 더불어 궁예의 심복으로 꼽혔던 인물이다. 그런데 은부는 어려서 죄인이 되었다고 한다. 범죄에 연루되었던 이상 그 이후의 그의 사회경제적 처지는 그리 높을 수가 없었을 것이다. 그러한 은부가 장군으로 출세할 수 있었던 것은 군인으로서의 자질을 발휘하였기 때문이었을 것이다. 이 점에서 은부는 전문적인 군인 출신이었을 것으로 짐작된다.

伊昕巖도 은부와 함께 취급할 수 있다.[85] 그는 왕건이 즉위하였다는 소식을 듣자 모반할 마음을 품고 임지를 무단히 벗어나 철원으로 돌아왔다고 한다. 따라서 그도 궁예에게 충성을 바쳤던 인물이었다. 이흔암은 왕건에 못지 않은 군지휘관으로 활약하였던 인물이지만 弓馬를 業으로 하였고 다른 재주나 식견을 갖고 있지 못하였다고 한다. 이는 그가 은부와 마찬가지로 전문적인 군인 출신이었음을 알려 준다. 다시 말해 이흔암도 궁예에 대한 충성심과 군인으로서의 능력을 바탕으로 출세하였던 인물이었다고 생각한다. 한편 태조 왕건은 이흔암을 처벌하였지만 그의 黨與에 대해서는 죄를 묻지 않았다고 한다. 이흔암이 궁예로부터 신임을 받았고, 왕건에 버금가는 고위 지휘관이었다면 그를 추종하였던 인물들이 적지 않았을 것이다. 그들에 대해서는 달리 전하는 바가 없지만, 대체로 이흔암과 비슷한 인물들이 아니었을까 한다. 즉 다수의 전문적인 군인들이나 그 출신 장교들이 이흔암을 매개로 하여 궁예에게 충성을 바쳤을 것으로 생각하는 것이다. 그리고 이흔암이 모반을 꾀하였던 것도 이들을 배경으로 하였을 것이다.

끝으로 淸州勢力의 동향도 주목된다. 궁예가 904년 청주의 人戶를 철원으

84) 은부에 대해서는 《高麗史》 권 1, 世家 1, 태조 원년 6월 임술 및 《高麗史節要》 권 1, 태조 원년 6월조 참조.

85) 이흔암에 대해서는 《高麗史》 권 127, 列傳 40, 伊昕岩傳 참조.

로 사민하였던 것을 계기로 중앙정계에 진출하였던 그들은 궁예의 지지세력이었던 것으로 믿어지고 있다.[86] 가령 왕건 즉위 직후부터 청주세력의 모반이나 반왕건적인 움직임이 빈발하였거니와[87], 이는 크게 보아 청주세력이 여전히 궁예의 지지세력이었음을 일러주고 있다.

(2) 반궁예세력의 동향과 918년 정변

궁예의 정교일치적 전제주의를 지지하였던 세력은 오히려 소수였을 것으로 여겨진다. 궁예의 정교일치적 전제주의는 궁예와 그에게 충성하는 측근 인물들에 의해 유지될 수밖에 없는 성질의 것이었다고 생각된다. 이러한 상황 아래에서는 정치적 진출을 기대하였을 보다 많은 사람들로부터 반발이 일어날 수밖에 없었을 것이다. 반궁예세력의 구체적인 움직임과 관련하여 915년 궁예가 부인과 두 아들을 살해한 후 의심이 많아지고 화를 잘 내어 여러 신하들은 물론 심지어 백성들까지 죄 없이 죽임을 당하는 경우가 자주 있었다는 사실이 주목된다. 우선 궁예가 부인은 물론 두 아들을 죽여야 했던 것은 어떠한 이유에서였을까.

부인 康氏는 궁예가 '非法'을 많이 행하여 왔음에 대하여 '正色을 하고' 간언하였다고 한다. 강씨의 간언의 대상이 되었던 궁예의 '비법'이 무엇인지는 확실히 알 수 없지만, 그것이 궁예가 미륵불을 자칭하였던 사실과 무관하지 않았을 것으로 믿어진다. 따라서 강씨는 궁예의 정교일치적 전제주의를 비판하는 자신의 입장을 명백히 표명하였다고 보아도 무방하지 않을까 한다. 그런데 그에 대해 궁예는 부인 강씨를 살해하였다. 뿐만 아니라 그가 청광보살·신광보살이라고 하여 자신과 함께 신격화시켰던 두 아들도 죽였다. 궁예가 자신을 비판하였다는 이유만으로 부인과 심지어 두 아들까지 살해하였을 것

86) 이 점은 이미 李基白, 앞의 책(1968), 44쪽에서 지적된 바이며, 그 후 대부분의 연구자들이 이를 인정하고 있다. 최근에는 궁예가 전제주의를 추구하면서 청주인들을 그 기반으로 삼았다는 사실에 대한 전론이 발표된 바 있다(洪承基, 〈弓裔王의 專制的 王權의 追求〉, 《許善道紀念 韓國史學論叢》, 一潮閣, 1992).
87) 《高麗史》 권 92, 列傳 5, 王順式傳 附 堅金 · 권 127, 列傳 40, 桓宣吉 및 권 1, 世家 1, 태조 원년 10월 신유조 등을 참조.

으로는 좀처럼 생각되지 않는다. 특히 두 아들이 모두 어렸다는 점이나 그들 중 한 사람이 이미 太子로 책봉되어 있었다고 여겨진다는 점에서 더욱 그러하다. 그렇다면 부인 강씨가 궁예의 정교일치적 전제주의를 비판하고 나섰던 배후에는 그를 반대하는 모종의 움직임이 있었던 것이 아닐까. 조금 더 추리하여 본다면 강씨로 대표되는 반궁예세력이 두 아들을 내세워 궁예의 정교일치적 전제주의에 도전하려는 움직임을 보였고, 그로 말미암아 강씨는 물론 두 아들까지도 죽임을 당하였던 것이 아닌가 하는 것이다.

이에 부인 강씨 사건에 연관되었음직한 세력에 대하여 구체적으로 더듬어 보면서 그를 통하여 반궁예세력의 동향을 검토하는 것이 좋을 듯하다. 우선 박유가 떠오른다.[88] 그는 궁예의 정치가 문란하였기 때문에 은거하였다고 한다. 그런데 東宮記室이 그의 최종 관직이었다고 보이므로, 박유의 은퇴는 궁예의 태자 살해가 직접적인 계기가 되었음직하다. 아마 그는 어떠한 형식으로든 강씨 사건에 연루되었을 것이다. 그런데 박유는 유학자였다. 그러한 그가 미륵신앙을 기반으로 하는 궁예의 정교일치적 전제주의에 찬성하기는 애당초 어려웠을 것이다. 그리고 태봉대에 활약하였던 유학자들 대부분도 그와 마찬가지였을 것이다. 掌奏였던 최응이 궁예로부터 모반의 혐의를 받았던 왕건을 구해 주었던 것이나, 文人 宋含弘 등이 궁예의 몰락과 왕건의 즉위를 예언하였다는 古鏡의 글을 거짓 해석하였다는 일화는 모두 이를 알려 주는 것이라고 본다.

한편 승려들도 강씨 사건에 연관되었을 것으로 보여진다. 가령 궁예의 강설을 비난하였다가 철퇴를 맞고 죽었다는 釋聰의 경우에서 그를 짐작할 수 있다. 그런데 그는 진표의 法弟子 중의 한 사람으로 진표의 가사와 간자를 왕건에게 전해주었다는 釋冲과 동일 인물이었을 가능성이 있다.[89] 만약 그렇다면 진표의 미륵신앙에 기반을 두었던 궁예의 미륵신앙은 이제 진표의 제자들로부터도 배척받았던 셈이 된다. 이 점에서 석총의 비난은 궁예에 대한 불교계의 반발이 보다 광범위한 것이었음을 시사한다. 逈微의 죽음이 그 예

88) 박유에 대해서는《高麗史》권 92, 列傳 5, 朴儒傳에 의거하였음.
89) 申虎澈, 앞의 글, 49~50쪽.

가 될 수 있을 듯하다. 선종 승려로서 소위 海東의 四無畏大士 중의 한 사람으로 일컬어졌던 그는 917년 궁예에게 죽임을 당하였던 것으로 짐작된다. 아마 석총과 비슷한 이유로 죽임을 당하였던 것 같다.

궁예와 부인 강씨의 결혼이 정치적 고려를 무시하고 이루어질 수는 없었을 것이다. 강씨는 호족출신이었을 것으로 보인다. 그런데 왕건이 집권한 후 강씨 성을 갖고 활약하였던 인물들은 대개 信川 강씨로 알려져 있다.[90] 아마도 부인 강씨는 신천의 호족 출신이 아니었을까. 그리고 강씨의 중요한 배후세력은 바로 그들이 아니었을까. 이렇게 생각하고 나면 尹瑄에게 생각이 미치게 된다.[91] 그는 패서 지역에 속했던 鹽州의 호족 출신으로 여겨진다. 윤선은 궁예 말년에 궁예로부터 禍를 입을까 두려워 망명하였다고 한다. 이는 윤선이 부인 강씨 사건에 연루되었거나 그렇지는 않았더라도 궁예로부터 반궁예세력이라는 혐의를 받았음을 일러준다. 그런데 이미 검토한 바와 같이 궁예는 건국함에 있어 패서호족들로부터 힘입은 바 컸다. 그리고 그들이 궁예에게 협력하였던 것은 자신들의 정치적 지위를 높이고자 함에서였다. 하지만 궁예가 904년 철원으로 환도를 단행하고, 청주세력을 끌어들임에 따라 패서호족들의 영향력은 감소될 수밖에 없었을 것이다.[92] 이러한 점들을 고려하면 패서호족들이 궁예의 정교일치적 전제주의에 찬성하지 않는 경우가 많았을 것임을 짐작하게 된다.

위에서 지적한 대로 부인 강씨의 도전은 실패로 끝나고 말았다. 따라서 그를 계기로 반궁예세력에 대한 일대 숙청이 단행되었으리라는 점, 그것이 일시적이 아니라 지속적으로 추진되었으리라는 점 등을 예상하기는 어렵지 않다. 부인과 아들을 살해한 후 궁예가 의심이 많아지고, 급하게 노하게 되어 무고한 사람들을 많이 살해하였다고 한 것은 바로 그러한 사정을 전하는 것이라 생각된다. 이러한 궁예의 감시와 숙청은 일단 반궁예세력의 조직적인 결집을 어느 정도 막을 수 있었을 것이다. 가령 왕건은 洪儒 등의 政變

90) 李樹健,《韓國中世社會史硏究》(一潮閣, 1984), 171~172 쪽.
91)《高麗史》권 92, 列傳 5, 王順式 附 尹瑄.
92) 洪承基, 앞의 글, 75~76쪽.

참가 제의에 소극적인 태도를 나타내었다.[93] 이는 그가 정변의 성공을 확신할 수 없었음을 말해 주거니와, 궁예의 엄중한 감시 속에서 반궁예세력을 계획적으로 모으는 것이 사실상 불가능하였고, 왕건은 그 사실을 잘 알고 있었던 것으로 파악된다. 정변이 일어나자 적지 않은 사람들이 그에 호응하였다고는 하지만 그들이 홍유 등의 정변 모의에 적극적으로 참여하였던 자들이라는 흔적은 찾기 어려운 것이다. 그러나 한편으로 궁예의 감시와 숙청은 오히려 반궁예세력을 확산시키고, 그들의 반궁예적인 성향을 더욱 강화시키는 결과를 낳게 되었던 듯하다. 918년 홍유 등이 주동한 정변이 일어나자 '國人'들이 그에 적극적으로 호응하였으며, 만여 인은 궁문에서 미리 대기하고 있었다고 한다.[94] 즉 그들은 반궁예세력이었으며 또한 결코 적은 수가 아니었던 것이다.

이상의 논의에 따르면 궁예의 정교일치적 전제주의에 반대하였던 여러 세력이 정변을 계기로 그들의 힘을 결집시켜 정변이 성공할 수 있었던 셈이었다. 하지만 이로써 태봉이 몰락하게 된 원인이 모두 설명되었다고는 할 수 없다. 궁예의 정교일치적 전제주의를 지지하는 세력이 있었음에도 불구하고 궁예가 별 저항도 하지 못하고 무너졌던 것은 왜일까 하는 의문이 남는 것이다. 이와 관련하여 918년 정변에 참여하였던 인물들에 관해 살펴보는 것이 도움이 될 듯하다.

1등공신으로 포상을 받은 홍유 등은 정변의 주모자였다. 그들 이외에 왕건을 추대한 공으로 馬軍將軍이 되었고, 그의 신임을 얻어 그의 경호를 담당하였던 桓宣吉도 역시 그러하였을 것이다. 단 그는 모반을 꾀하다가 죽었으므로 1등공신에서 빠졌을 것이다.[95] 다음 2등공신으로는 堅權 등 7인이 있다. 환선길의 동생 香寔도 이들에 준하여 볼 수 있다. 이들은 적극 가담자였다고 분류할 수 있을 것이다. 주모자들과 적극 가담자에 관해 정리한 것이 다음 〈표 3〉과 〈표 4〉이다.[96]

93) 《高麗史節要》 권 1, 태조 즉위전.
94) 위와 같음.
95) 환선길과 그의 동생 향식에 대해서는 《高麗史》 127, 列傳 40, 桓宣吉傳 참조.
96) 〈표 3〉과 〈표 4〉는 《三國史記》 권 11, 新羅本紀 11, 경명왕 · 권 50, 列傳 10, 弓

〈표 3〉 918년 政變의 主謀者

	政變 以前의 經歷	政變 直後의 官職(階)
洪 儒	義城府人, 弓裔末年 騎將 將軍	太祖 元年 大相 元年 7月 馬軍將軍
裵玄慶	慶州人, 膽力過人 起行伍 弓裔末年 騎將 將軍	太祖 元年 7月 馬軍將軍
申崇謙	光海州人, 長大 有武勇 弓裔末年 騎將 將軍	太祖 元年 9月 馬軍將軍
卜智謙	沔川人, 弓裔末年 騎將 將軍	太祖 元年 9月 馬軍將軍
桓宣吉	才力過人 士卒服從	太祖 元年 馬軍將軍

〈표 4〉 918년 政變의 적극 가담자

人 名	政 變 後 의 活 動 狀 況
堅 權	921년 騎兵을 이끌고 達姑狄 격파
能 寔	태조 원년 7월 壬申 廣評郎中에서 徇軍郎中으로 轉職
權 愼	
廉 湘	태조 원년 6월 庚申 馬軍大將軍
金 樂	태조 10년(927) 7월 戊午 元甫, 9월 大將
連 珠	태조 19년(936) 9월 元甫로 馬軍지휘

〈표 3〉을 보면 환선길을 제외한 홍유 등 주모자들은 정변 당시 騎將 혹은 장군이었으며, 정변 후에는 모두 마군장군이었다. 정변 당시 그들은 마군의 지휘관이었으리라고 여겨진다. 환선길이 정변 후 마군장군이 되었음을 보면 그도 역시 마찬가지였을 것이다. 〈표 4〉에 나오는 견권 등 2등공신들은, 능식을 제외하면, 정변 당시 대체로 무신들이었던 것으로 보인다. 비록 정변 후의 일이기는 하지만 그들 중 廉湘은 林春吉 모반사건을 처리할 때 마군대장군으로 나오므로 이전부터 마군을 지휘하였을 가능성이 있다. 견권이나 연주가 기병과 마군을 이끌고 전투에 참여하였던 사실로 미루어 보면 이들도

裔 및 《高麗史》 世家·列傳 및 《高麗史節要》 등을 토대로 작성하였다.

일찍부터 마군과 연관을 맺고 있었을 것으로 짐작된다. 이상과 같이 정변의 주도자들이나 적극 가담자들은 대부분 마군의 지휘관들이었거나 그와 연관을 맺고 있었다.97)

한편 배현경은 남보다 뛰어난 담력으로 인하여 행오에서부터 입신하였다. 그는 군인으로서의 자질을 기초로 하여 일반 병졸에서 기장(장군)으로까지 출세할 수 있었던 것이다. 따라서 그는 전문적인 군인 출신이었다. 그리고 배현경의 예로 미루어 볼 때 신숭겸도 장대한 신체적 조건과 무용을 활용하여 기장에 이르렀던 전문적인 군인 출신이었을 것이다. 환선길도 남보다 뛰어난 「재력」를 바탕으로 출세하였던 전문적인 군인 출신이었던 것으로 짐작할 수 있다. 그렇다면 이들 세 사람의 경우에 비추어 홍유와 복지겸도 마찬가지였다고 볼 수 있지 않을까 한다. 뿐만 아니라 적극 가담자들의 대부분이 마군과 관련을 맺고 있었다는 점에서 그들을 주모자들과 같은 전문적인 군인 출신이었다고 보아도 괜찮을 듯하다.98)

그런데 마군은 전투부대 중 핵심적인 부대였다. 그리고 앞에서 지적한 바와 같이 전문적인 군인출신들은 궁예의 정교일치적 전제주의를 지지하였던 것으로 생각된다. 이러한 점들을 고려하면 홍유를 비롯한 정변의 주모자들이나 적극 가담자들도 본래는 궁예의 지지세력이었을 것으로 파악된다. 여기서 이제 궁예가 정변에 제대로 대처하지 못하였던 까닭이 어느 정도 드러나지 않았는가 한다. 즉 이전에는 그의 지지세력이었던 전문적인 군인출신들의 일부가 등을 돌림으로써 궁예로서는 정변을 예방하거나 그에 효율적으로 대처할 수 없었던 것이 아닌가 생각된다. 이와 관련하여 주목되는 것이 이들과 함께 궁예의 정교일치적 전제주의를 지지하였던 것으로 파악되는 청주세력의 동향이다.

사실 청주출신이라고 하여 한결같이 궁예를 지지하였던 것은 아니지만, 시간이 흐르면서 청주세력 내의 여러 세력 사이의 이해관계에 따라 청주세력

97) 鄭淸柱,《新羅末·高麗初 豪族硏究》(全北大 博士學位論文, 1991), 144~152쪽에서도 이러한 견해를 찾을 수 있다.

98) 정변을 주도한 자들이 대체로 호족적 배경을 지니고 있지 않았음은 이미 河炫綱이 언급한 바가 있으며(河炫綱, 앞의 글, 31~32쪽), 鄭淸柱도 비슷한 견해를 내놓았다(鄭淸柱, 위의 글, 145~50쪽).

의 분열이 가속화되었던 것으로 파악된다. 가령 청주인 아지태는 궁예에게 기대어 같은 청주인이었던 笠全 등을 제거하려고 하였다. 그로 인해 여러 해 동안 곤경에 빠져 있었던 입전 등은 시중 왕건의 도움으로 위기를 넘길 수 있었다고 한다. 아지태의 참소사건을 계기로 입전 등은 반궁예적인 성향을 갖게 되었을 가능성이 커 보인다.[99] 또 청주인의 반란을 우려한 궁예가 尹全 등 군인 80여 인을 처벌하였던 일도 있다.[100] 윤전 등은 청주출신으로서 그들은 반궁예적인 성향의 인물이었음직하다. 왕건이 즉위한 후의 일이지만 淸州領軍將軍 堅金이 金勤謙·寬駿·金言規 등 재경청주인들을 제거할 것을 요청하자 태조는 그들이 918년 정변에서 자신을 도와 활약하였음을 들어 거절하였던 사실이 있다.[101] 이상의 몇 예에서 궁예의 정교일치적 전제주의를 지지하였던 청주세력의 일부도 반궁예세력으로 돌아섰음을 확인할 수 있다. 전문적인 군인 출신들 일부에 더하여 청주세력의 일부가 궁예에게 등을 돌림으로써 궁예는 정변을 막을 수 없었던 것으로 믿어지는 것이다.[102]

〈趙仁成〉

99) 金周成, 〈高麗初 淸州地方의 豪族〉(《韓國史硏究》 61·62, 1988), 166~172쪽 참조.

100) 《高麗史》 권 1, 世家 1, 태조 원년 6월 무오.

101) 《高麗史》 권 92, 列傳 5, 王順式 附 堅金.

102) 洪承基는 918년 정변이 기본적으로 친위쿠데타의 성격을 지닌 것으로 파악하고 그에 대한 자세한 분석을 시도한 바 있다(洪承基, 〈高麗 太祖 王建의 執權〉, 《震檀學報》 71·72, 1991).

Ⅳ. 사상계의 변동

1. 유교사상의 변화
2. 불교의 변화
3. 풍수지리 · 도참사상

Ⅳ. 사상계의 변동

1. 유교사상의 변화

1) 유교사상의 발달

통일신라의 유교사상은 무열왕계 왕권의 전제정치 확립과정에서 발달하였다. 하대에도 계승되어 元聖王 때 讀書出身科의 실시(788년)[1]나 「5廟制의 변화」 등 유교정치이념의 구현을 꾀한 사례를 볼 수 있다.[2]

유교정치가 왕권의 전제화를 확립하는 데 기틀을 마련하였지만, 그러나 전제정치는 율령정치라는 틀 속에서 이룩된 것이며 왕의「도덕적 행위」라는 명분과 君臣간의 합의를 전제로 하는 것이었다. 따라서 왕 자신도 道德政治 규범 속에 얽매인 결과가 되어 도덕정치 규범에 대한 반성이 잇따라 스스로 겸양지덕으로 禪讓의 조서를 내리기도 하였다. 즉 宣德王은

> 과인(선덕왕)은 본래 본성에 덕이 없어 大寶(왕위)에 뜻이 없었으나 추대를 벗어나지 못해 왕위에 올랐을 뿐이다. 즉위 이래로 모든 일이 순조롭지 못하고 민생이 곤궁에 빠졌으니, 이는 모두 자신의 부덕으로 백성들의 여망에 부합치 못한 것이며 정치가 천심에 벗어난 것이다. 이에 항상 왕위를 선양하고 밖으로 退居하려 했으나 여러 신하들이 매번 정성껏 말림으로써 여의치 못하고 이 지

---

1) 李基白, 〈新羅骨品制下의 儒教的政治理念〉(《新羅思想史研究》, 一潮閣, 1986), 226쪽.

2) 신라 五廟制의 성격에 대해서 邊太燮은 시조(미추왕)로, 다시 직계조상신으로 바뀌는 과정으로 풀이하였으며, 특히 神宮의 의미를 骨에서 族으로의 변화로 파악한 바 있다(邊太燮, 〈廟制의 變遷을 통하여 본 新羅社會의 변천과정〉, 《歷史教育》 8, 1964, 59~66쪽). 그러나 崔光植은 신궁의 주신을 天地神으로 간주하였으며, 사상적 통일에 따른 국가의식의 성장으로 파악하고 있다(崔光植, 《고대 한국의 국가와 제사》, 한길사, 1994, 205~213쪽).

경(중병)에 이른 것이다(《三國史記》 권 9, 新羅本紀 9, 선덕왕 6년 정월).

라 하여「부덕의 소치」로 讓位의 뜻을 나타내고 있다. 이와 같은 신라왕의 정치반성은 眞聖女王 때에도 있어 당시의 도덕정치의 풍조를 엿볼 수 있다.[3)]

2) 숙위학생의 활동

통일신라시대 유교사상은 왕권의 전제화 과정에서 발달하였으며, 나아가 유교사상에 대한 이해의 수준을 보다 높이는 데 기여한 인물은 渡唐留學生들이었다. 즉 하대에 이르러 도당유학생의 수가 증가하면서 많은 유학자들이 배출되어 활약하였다. 이들 중에 憲德王 13년(821)에 金雲卿이 宿衛學生으로서 당의 賓貢科에 합격하기도 하였다.[4)] 신라는 이미 善德王 9년(640)에 유학생을 당의 國子監에 입학시켜 선진문물을 습득케 하였으며,[5)] 그 후 金風訓의 예에서 알 수 있듯이 필요시에 유학생이 파견된 바 있었다.[6)] 그러나 구체적으로 유학생 파견방법에 대한 기록은 없다. 당의 빈공과가 설치된 후 그곳에 합격한 인명의 기록만이 있을 뿐이다.《東史綱目》에는 崔利貞·李同·崔致遠·崔愼之 등 19명의 명단이 보이고 있으며,[7)] 근래의 연구로 그 숫자가 45명에 이르게 되었다.[8)]

숙위학생들의 활동으로 신라는 "성현의 교화를 이어받아 미개한 습속을 고쳐 예의의 나라가 되었다"[9)]고 할 정도였다. 즉 이들은 당의 정치·문화수용에 많은 영향을 주었다는 것을 짐작할 수 있다. 이들 유학생들은 당의 문인들과의 교류와 詩友를 통해 신라인의 전반적인 학문과 문장의 수준을 높히기도 하였다.[10)] 또한 숙위학생들의 파견으로 유학 외에도 曆·算·醫·天

3)《三國史記》 권 11, 新羅本紀 11, 진성여왕 11년.
4)《玉海》 권 116, 選擧 3, 咸平賓貢.
5)《三國史記》 권 5, 新羅本紀 5, 선덕왕 9년.
6) 申瀅植,《韓國古代史의 新硏究》(一潮閣, 1984), 438~441쪽.
7) 安鼎福《東史綱目》 권 5 上, 진성여왕 기유 3년.
8) 李基東,《新羅骨品制社會와 花郞徒》(一潮閣, 1984), 290~291쪽.
金世潤,〈新羅下代의 渡唐留學生에 대하여〉(《韓國史硏究》 37, 1982).
9)《三國史記》 권 12, 新羅本紀 12, 말미.
10) 李基東, 앞의 책, 298~301쪽.

文 등 기술학문에 대한 이해가 넓어져 內省에 천문박사·의학 등 전문기관이 설치될 수 있었다. 더구나 숙위학생들은 당나라에서 빈공과에 합격하였고 그 후 실제 당의 관직생활을 경험한 장본인들로서 엄격한 신분사회인 신라사회에 「실력위주의 풍토」를 가져오는 데 선구적 역할을 한 것은 주목할 일이다.11)

또한 도당유학생들의 활동으로 생각할 것은 유교정치이념의 구현을 통한 왕권강화의 지원이다. 주로 6두품 계열인 이들은 골품제의 모순을 깨달은 선각자로서 자신이 익힌 학문과 지식을 현실에 반영시키려는 의욕을 분명히 갖고 있었다. 이들의 입장은 反眞骨的인 관료로서 왕권에 결탁할 필요가 있었다.12) 따라서 이들은 中事省·宣敎省 등 근시기구를 확장하여 측근정치를 지향하면서 국왕의 권력집중에 이론적 뒷받침을 하게 되었음도 물론이다.13)

그러나 이들 지적 집단은 진골귀족들의 반발에 부딪침으로써 자신의 뜻이 신라사회에서 받아들여지기 불가능하다는 것을 곧 깨닫게 되었다. 여기서 숙위학생들은 귀국거부 또는 은둔생활을 강요받기 마련이며 "재주를 펴지 못하여 침울하다"14)고 하면서 자학적 방랑생활을 하게 되었다.15)

이들이 비록 당시에는 정치적으로 큰 역할을 하지는 못하였으나 실력위주로 등용한다는 과거제도의 필요성을 제기하였다. 물론 과거제도의 실시와 이에 의한 광범위한 인물발탁은 무엇보다도 豪族세력을 극복하고 왕권강화를 추진하는 광종 때에 와서 雙冀의 건의에 의해서 처음 실시되었다. 그러나 신라말 숙위학생들의 주장과 요청에서 이미 그 배경이 이루어질 수 있었다고 여긴다. 그러므로 숙위학생들에 의한 유교정치이념의 제창은 고려왕조 건국에 있어서 왕권강화의 바탕이 되었으며, 실력위주의 인물선발 필요성의 제시는 과거제도 창설의 배경이 된 것이다.16)

---

11) 申瀅植, 〈宿衛學生의 修學과 活動〉(《統一新羅史硏究》, 三知院, 1990), 242쪽.
12) 李基白, 앞의 책, 62쪽.
13) 李基東, 앞의 책, 263쪽.
14) 安鼎福, 《東史綱目》 권 5, 효공왕 2년 11월.
15) 申瀅植, 앞의 책(1984), 451쪽.
16) 申瀅植, 위의 책, 459쪽.

3) 유교사상의 변화

통일신라는 무열왕계 왕권의 확립으로 유교사상의 구체적 정착이 마련되었고, 유교가 전제왕권의 정치이념으로서의 구실을 담당함으로써 한국유학사에 새로운 계기가 이룩되었다. 신라말에 이르러 도당유학이 진척됨에 따라 숙위학생들이 다수 배출됨으로써 유학에 대한 깊은 이해와 실력위주의 풍조가 유행하여 신라사회 발전에 큰 계기를 이루었다.

나말의 유교사상의 변화는 유교정치이념을 추구하면서 아울러 불교·풍수사상·도교 등과의 융합에 따른 사상계의 움직임이다. 나말 유교사상의 변화를 반영한 인물은 孤雲 崔致遠이다. 그는 《桂苑筆耕集》 등의 문집과 〈四山碑銘〉 등 禪師들의 碑銘을 남겼다. 그는 景文王 8년(868)에 입당 수학한 후 경문왕 14년에 裵瓚(예부시랑)의 고시하에 賓貢及第하였다. 이어 宣州溧水縣尉와 承務郎侍御史內供奉을 거쳐 黃巢亂 때 高駢의 從事官으로 〈檄黃巢書〉를 쓴 바 있었다. 그는 憲康王 11년(885)에 귀국한 후 富城郡(현재 서산군)太守로서 賀正使로 발탁된 바 있으나 신분적 한계로 인한 정치적 불만에서 진성왕 8년(894)에 時務策 10여 조를 바친 후 별다른 정치활동이 없었다. 때를 잘못 만나 자신의 뜻과 실력을 펴지 못하여 산림과 강변을 소요하며 自傷不遇한 생활을 하게 되면서 결국 海印寺에 은거하게 되었다. 그 곳에서 그는 승려와 道士들과 벗하며 일생을 마쳤다.

최치원이 당으로 유학을 떠난 목적은 단순히 과거합격에 있었던 것만은 아니었다. 12세의 소년을 떠나 보낼 때 "10년 안에 급제하지 못하면 내 아들이 아니다"라고 한 부친의 절규 속에서 골품제에 대한 한 맺힌 불만이 엿보이고 있다.[17] 이러한 사실은 薛罽頭의 다음과 같은 말에도 잘 드러나 있다.

> 신라에서는 사람을 쓰는데 먼저 骨品을 따지므로 정말 그 족속이 아니면 비록 큰 재주와 뛰어난 공이 있더라도 한계를 넘지 못한다. 나는 멀리 中華國에 가서 불출의 지략을 발휘하고 버상한 공을 세워 스스로 영화의 길을 열고 관

17) 《三國史記》 권 46, 列傳 6, 崔致遠.

복에 劍佩를 갖추고 천자 곁에 출입하였으면 원이 없겠다(《三國史記》 권 47, 列傳 7, 薛罽頭).

최치원도 이러한 신분적 극복을 위한 도전이었다 하겠다. 적어도 그를 학문의 길로 가게 한 부친의 뜻은 설계두의 경우와 같을 수밖에 없었다.

그러나 그는 학문 수련과정에서 당나라의 정치적 혼란을 목도하였으며 신라의 정치적 모순을 깨닫게 되면서 당시 유행하던 詞章學의 입장에 머물 수는 없었다.

수없이 생각해 보아도 학문하는 것만 같지 못하다. 평생에 노력한 것이 오히려 헛될까 두려워 출세의 길에 경쟁하지 않고 다만 유교의 도를 따랐다.… 孔夫子의 가죽 끈이 세 번 끊어지도록 학문에 전념한 경지에 이르고자 한다.… 오직 道가 장차 없어지는 것을 근심할 뿐 어찌 사람들이 나를 쉽게 알아주지 않았음을 말하겠는가(崔致遠, 《桂苑筆耕集》 권 17, 再融啓).

최치원은 유학의 본질 이해 위에서 출세만을 위한 학문을 무가치한 것으로 보고 오직 '道의 존폐'에 관심을 두었던 것이다. 그의 이러한 道學的 성격은 당시 신라사회의 모순에 대한 비판적 사고에서 더욱 강화되었으리라 여겨진다. 위로 빈번한 왕위계승전과 진골귀족의 횡포, 지방에 할거한 호족들의 무모한 도전, 그리고 草賊·赤袴賊의 반란을 통한 농민층의 동요 등은 유교의 중심사상인 「인간」에 대한 자각을 더욱 강하게 하게 되었을 것이다. 따라서 그의 사상은 신분적 한계에서 오는 반골품적인 것은 사실이나 그가 반신라적인 인물은 아니었다.[18] 신라 왕실에 대한 끊임없는 애착과 왕권에 대한 옹호는 그를 반호족적 입장으로 만들었으며, 그는 문한직에로의 참여나 국사편찬을 통해 유교정치 구현을 꾀한 것이다. 결국 그는 반신라적 인물이 아니라 호국과 구국을 위한 정치사상을 제시하였던 것이다.

하늘이 귀하게 여기는 것은 사람이며, 사람이 으뜸으로 삼는 것은 도이다. 사람이 능히 도를 넓힐 수는 있는 것이므로, 도는 사람을 떠나서 있는 것은 아니다. 그러므로 도가 존중되면 사람은 자연히 귀하게 된다(《孤雲先生文集》 권 1, 善安住院壁記).

18) 李在云, 〈崔致遠의 政治思想硏究〉(《史學硏究》 50, 1995), 105쪽.

그는 仁道에 의한 '인간이 하늘을 근원으로 하여 도를 실천하는 존재'임을 시사하면서 나말의 사회모순을 인도주의로 극복하기 위해 '大同의 敎化'를 내세우고 있다. 특히 그는 '도는 인간에게 있다'는 〈中庸〉의 정신에서 사람의 내면적인 自己同一性인 도를 바탕으로 '인간에게는 국경이 없다'는 평등과 대동의 진리를 강조하고 있다.[19] 그러므로 〈賀殺黃巢表〉에서 다음과 같이 말하고 있다.

> 征은 있으되 戰은 없어야 하는 것이 실로 王道에 부합하는 것이다.…영원히 干戈(무기)를 녹여 농기를 만듦이 마땅할지어다(崔致遠, 《桂苑筆耕集》 권 1, 賀殺黃巢表).

즉, 평화사상과 왕도정치를 지향하여 平和·恤民·勸農 등으로 그 기저를 이루게 하여야 한다는 주장을 하였다.[20]

신라말에 이르러 유교사상은 불교·풍수사상 등 여러 종교와 갈등을 일으키기보다는 서로 융합되어 있었다.[21] 최치원은 불교와 유교가 서로 모순된 관계가 아니라 '詩를 쓸 때 표현(글)이 그 뜻(志)을 해하지 않는 것'처럼 양자는 조화를 이루는 것으로 보았다.

> 如來와 周公·孔子는 출발은 비록 다르지만 마지막에는 하나로 돌아가는 것으로 서로 이치를 같이하는 것이다. 양자를 겸수하지 못하는 것은 두 가지를 다 받아들이지 못하기 때문이다. 沈約이 이르기를 공자는 단서를 열었으며 석가는 그 극치를 다하였으니 그 위대함을 아는 자(양자를 겸수한 자)라야 비로소 至道(극치)를 말할 수 있다(崔致遠, 〈雙谿寺眞鑑禪師大空塔碑〉, 《朝鮮金石總覽》 上, 1919, 67쪽).

유교를 발단(시초)으로, 불교를 극치(끝맺음)로 보아 양자간의 조화를 통한 하나로 간주한 것이다.[22] 따라서 그는 孔子와 子貢과의 관계를 釋迦와 迦葉과의 그것과 비유하면서 '무언 속의 마음의 일치'를 제시하였다.[23] 그러므로

---

19) 崔一凡, 〈孤雲崔致遠의 思想硏究〉(《道原柳承國博士華甲紀念論文集 東方思想論攷》, 1983), 306~307쪽.
20) 申瀅植, 앞의 책(1984), 452쪽.
21) 崔英成, 《崔致遠의 思想硏究》(아세아문화사, 1990), 63쪽.
22) 崔一凡, 앞의 글, 308쪽.
23) 崔致遠, 〈雙谿寺眞鑑禪師大空塔碑〉(《朝鮮金石總覽》 上, 朝鮮總督府, 1919, 67쪽).

유교의 인도주의나 불교의 득도과정은 방법상의 차이뿐이라는 주장이다.

① 3畏는 3歸와 비교되며, 5常은 5戒와 같은 것이다. 왕도를 실천하는 것이 佛心에 부합되는 것이다(崔致遠, 〈聖住寺朗慧和尙白月葆光塔碑〉, 《朝鮮金石總覽》 上, 79쪽).

② 人心은 곧 佛心이며 부처의 뜻과 유교의 仁은 통하는 법이다(崔致遠, 〈鳳巖寺智證大師寂照塔碑〉, 《朝鮮金石總覽》 上, 88쪽).

유교와 불교가 서로 통하는 것이라는 최치원의 주장은 나말의 유교사상이 변해가는 과정을 엿보게 한다.

나말의 유교는 불교 외에도 老莊思想 및 道敎의 영향을 받았고, 선종의 새로운 지적 훈련을 받는 등 그 정신세계의 변동은 결국 3교의 습합된 觀念形態라는 지적을 간과할 수 없다.[24] 최치원이 말년에 해인사에서 도교관계 인물과 교류하였다는 사실에서도 도교와의 관련을 엿볼 수 있다. 이러한 최치원의 도교와의 관계는 인간을 벗어난 자연으로의 회귀가 아니라 인간 내면 속에 있는 우주의 본체와 통할 수 있는 경건한 자세로서 인간의 완성이라는 도덕적 종교관에 있는 것이다.[25] 이러한 나말의 유교와 도교의 만남은 문성왕 때의 金夷魚와 金可紀의 경우에도 엿볼 수 있다. 즉 김가기는 神仙之術에 몰입되었다는 사실 외에도[26] 〈全唐詩〉에 그가 도교에 빠져 終南山에서 道服을 입고 수행을 하였다는 데에도 잘 나타나 있다.[27]

이와 같이 나말의 유교사상은 당시 혼란한 사회상을 치유하고 무너진 왕권을 회복하는 방도로써 강력한 왕권의 확립과 도덕정치의 회복에 관심을 두게 되었다. 따라서 그 방편으로 3교의 접목을 통한 인간성의 회생을 요구한 것이다. 또한 나말의 유교사상은 고려초에 이르러 나말에 이루지 못한 과거제도 실시나 국사 편찬을 가능하게 한 사상적 분위기를 마련하였다고 본다.

〈申瀅植〉

24) 金哲埈, 〈新羅 貴族社會의 基盤〉(《人文科學》 7, 서울大, 1962), 270~271쪽.
25) 崔一凡, 앞의 글, 314쪽.
26) 申瀅植, 〈宿衛學生考〉(《韓國史論文選集》 2, 1976), 339쪽.
27) 《太平廣記》 권 35, 金可紀.

2. 불교의 변화

1) 교학 불교의 전개

(1) 화엄종

신라 하대에 지방호족이 대두된 사회 분위기 속에서 禪宗이 크게 유행하자 敎宗은 상대적으로 위축될 수밖에 없었다. 景德王대에 表訓은 하늘과 지상을 오르내리면서 천기를 누설하였으므로 天帝가 하늘 문을 막아, 이후로부터 신라에서는 성인이 나오지 못했다고 했다[1]. 이것은 교종 불교가 떨치지 못함으로써 표훈 이후에 유명한 승려가 나오지 못했음을 간접적으로 알리는 緣起說話이다.

그러나 「默守」를 내세우는 선종은 교종의 논리를 초월하려는 것이며, 그것을 부정하려는 것이 아니어서, 空觀의 이해와 實踐修行을 함께 修學하는 華嚴思想을 전적으로 부인하지는 않았다. 대체로 초기의 禪師들은 화엄사상에 심취했다가 그 논리의 한계를 깨닫고 선종 수행으로 기울어지고 있었다. 그래서인지 신라 하대에 화엄종 승려들이 계속 활동하고 있었다.

의상은 十刹에 傳敎할 것을 명했는데, 10찰은 太伯山의 浮石寺, 伽耶의 海印寺, 毗瑟山의 玉泉寺, 金井山의 梵魚寺, 智異山의 華嚴寺, 鷄龍山의 岬寺, 毋岳山의 國神寺, 中岳 公山의 美里寺, 迦耶峽의 普願寺, 朔州의 華山寺이다. 이러한 10찰은 신라 義湘系 화엄종에 속해 있었으므로 신라 하대에 華嚴宗勢가 계속 유지되어 왔음을 알려준다. 10찰을 중심으로 화엄종 승려들이 상당히 활동했을 것이지만, 그들의 활동을 알 수 있는 것은 해인사의 경우에서이다. 왜냐하면 崔致遠이 해인사와 깊은 인연을 맺으면서 거기에 住錫한 승려들의 행적을 기록으로 남겼기 때문이다.

이외에도 신라 하대에 화엄종 승려들의 활동이 계속 이어져 갔다. 元聖王대에는 화엄종 승려로 생각되는 智海·妙正·緣會 등이 있었다. 지해는 皇龍

---

1) 《三國遺事》 권 2, 紀異 2, 景德王 忠談師 表訓大德.

寺에서 《華嚴經》을 5旬 동안 강론하였다. 지해의 법회에 참가한 묘정은 신라 왕실과 친밀하여 使臣의 행렬에 포함되었고, 唐에 파견되어 唐帝를 알현하기도 하였다.[2] 연회는 〈僧傳〉에 憲安王대의 인물이라는 설이 있기도 하지만, 원성왕대에 靈鷲寺에 머물면서 〈朗智傳〉을 찬술하였다.[3]

연회는 그 이름에서 화엄종 승려인 것을 알려주지만, 그 외에도 중국 淸涼山과 얽힌 연기설화를 지닌 영축사에 주석하였으며, 또한 그 곳을 《화엄경》의 十地 중 法雲地로 자처한 점 등으로 미루어 화엄종 승려임이 분명하다. 연회는 원성왕이 國師로 봉할 것이라는 소식을 듣고 멀리 떠나 숨으려 하였다. 그러던 도중에 文殊大聖과 辨才天女의 깨우침으로 말미암아 다시 돌아와 국사에 봉해졌다.[4]

연회뿐 아니라 애장왕대에는 正秀가 또한 王師에 봉해졌다가, 이어 국사에 봉해졌다. 정수는 걸식하는 한 여인이 아이를 낳으면서 얼어 죽어가자, 자기의 옷을 벗어 덮어 줌으로써 그들을 소생시켰다.[5] 물론 정수가 반드시 화엄종 승려였는지는 분명하지 않지만, 황룡사 沙門으로 기록되어 있어서 화엄종 승려일 가능성이 가장 크다. 그렇지 않다 하더라도 그가 교종 승려였음은 분명하다.

신라 하대에 화엄종 승려가 국사에 봉해지거나 또는 교종 승려가 여전히 국사에 봉해지고 있었던 것은, 당시까지도 화엄종 내지 교종 세력이 강인하게 溫存하였음을 알려준다. 그래서인지 신라 하대에 선종이 유행하는 분위기 속에서도 선사들이 화엄사상에 대해서 많은 관심을 표명하였다. 曦陽山門의 開祖인 智證 道憲은 처음 의상계 화엄종의 門徒였던 梵體大德에게 출가하였다. 그런 다음 그는 瓊儀律師에게 具足戒를 받았으며, 浮石山으로 들어가 불교를 익혔다. 신라 하대에 선사들의 대부분은 처음 화엄사상에 대해 관심을 가졌다.

해인사를 창건한 자는 順應이며 그 佛事는 利貞에 의해 완성되었다. 또

---

2) 《三國遺事》 권 2, 紀異 2, 元聖大王.
3) 《三國遺事》 권 5, 避隱 8, 朗智乘雲 普賢樹.
4) 《三國遺事》 권 5, 避隱 8, 緣會逃名 文殊岾.
5) 《三國遺事》 권 5, 感通 7, 正秀師救氷女.

비슷한 시기인 900년 경에 賢俊과 定玄이 해인사에 住錫하고 있었다. 또한 9세기 후반에 景文王의 청에 의해 決言은 鵠寺에 주석하면서, 그것을 중창하여 元聖大王의 명복을 빌기 위한 大崇福寺로 개칭하였다. 결언이 해인사에 거주하였는지는 분명하지 않다. 나말에 해인사에는 화엄종의 두 司宗이 있었다. 한 사람은 觀惠公으로 후백제의 渠魁인 견훤의 福田이 되었고, 또 한 사람은 希朗公으로 고려 태조의 복전이 되었다.

두 사람은 信心을 받으면서 香火願을 청했는데, 이미 願함이 달랐으니 마음인들 하나일 수 없었다. 그 후 문도에 이르러서는 점차 물과 불이 되어 갔다. 하물며 法味가 각각 달리 전수되었으니, 그 폐단이 오래되어 없애기 어렵게 되었다. 세상 사람들이 관혜공의 法門을 南岳으로, 희랑공의 법문을 北岳으로 불렀다.[6] 이러한 남·북악의 대립은 고려초에 북악의 法孫인 均如에 의해 統合되었는데, 적어도 신라말에는 화엄종이 남악과 북악으로 나뉘어 교리 논쟁을 하고 있을 정도였다.

1977년에 통일신라시대의《화엄경》을 寫經한 두루말이가 학계에 알려져 그것을 분석하는 과정에서, 신라말 화엄종 내의 대립 양상을 보다 구체적으로 지적하기에 이르렀다. 이 두루말이는 唐譯 80권《화엄경》을 사경한 것인데, 景德王 14년(755)에 완성되었다.[7] 이로 말미암아 화엄사의 緣起祖師가 실존 인물임이 밝혀지기에 이르렀고, 의상의 화엄사상에 대한 대립적인 존재로서 연기의 화엄사상을 설정하게 되었다. 그 결과 신라 화엄의 주류가 의상계였다면 비주류는 연기계이었으며, 북악파가 태백산의 부석사를 근거로 한 의상계였다면, 남악파는 지리산의 화엄사를 근거로 한 연기계의 화엄종이었다고 했다.[8]

신라말의 남·북악파의 대립을 북악인 浮石寺를 중심으로 하는 화엄종과 남악인 화엄사를 중심으로 하는 화엄종파 간의 대립으로 보는 관점에 서 있으면서도, 이와는 달리 파악하여 북악파가 의상계라면 남악파는 法藏系라고

---

6) 赫連挺, 〈均如傳〉 4, 立義定宗分者.

7) 文明大, 〈新羅 華嚴經 寫經과 그 變相圖의 연구〉(《韓國學報》 14, 1979), 53쪽.

8) 崔柄憲, 〈고려시대 華嚴學의 變遷—均如派와 義天派의 대립을 중심으로—〉(《韓國史研究》 30, 1980), 66쪽.

주장하기도 한다. 900년을 전후한 시기에 決言·賢俊·최치원 등이 법장의 화엄학을 강조하였음을 들면서, 남·북악의 대립은 의상계와 법장계의 오랜 갈등이 그 배경이 된 것이며, 남·북악 화엄 교학의 차이는 의상의 화엄 교학과 법장의 그것과의 차이를 통해서 어느 정도 짐작할 수 있을 것이라 했다.[9] 곧 의상의 화엄 교학이 실천적인 것임에 비해 법장의 그것은 衒學的이라는 것이다.[10] 사실 이러한 지적은 화엄종의 주류인 의상계 외에 비의상계가 있었다[11]는 사실을 확인해 준 셈인데, 그러한 주류와 비주류의 대립이 신라말에까지 존재했다는 결론을 내리게 한다.

신라 중대에 화엄종의 주류는 의상계였으며 방계로 원효계는 물론 慈藏系도 있었을 법하다. 다만 신라 화엄종의 비의상계를 緣起系나 法藏系라 하여, 그것을 남악파와 연결시키려는 경향은 보다 철저한 사료의 검증을 거쳐 이루어졌으면 한다. 사실 남·북악파의 분열을 알려주는 〈균여전〉의 분위기는 그것이 의상계 華嚴宗團 내에서 계파로 나뉜 것이라는 인상을 풍기고 있다. 신라말에 해인사는 의상계 문도에 의해 창건된 사찰이므로, 해인사 내에 거주하는 문도들의 대립은 의상계 내의 문도들의 사상 경향의 차이에서도 고려되어야 하며, 이러한 사료의 분위기가 잘못되었다고 생각했을 경우 왜 그렇게 기록되었을 지에 대한 충분한 자료 검토를 선행해야 할 것이다.

신라 중대 초기에 성립하는 화엄 교단 내의 주류와 비주류의 대립은 나말에까지 계속해서 그대로 내려왔을 지는 의문의 여지가 있다. 한편 의상의 화엄사상은 전체보다는 가장 근본적인「하나」를 중시하려는 橫盡法界論을 펴면서 性起論的 입장을 견지하였다. 반면 법장의 화엄사상은 원칙적인 하나보다는 전체의 각 부분 부분을 아울러 중시하려는 竪盡法界論을 펴면서 緣起된 諸法相의 차별을 하나 하나 부각시켜 가려 하였다. 이렇듯 서로 대조적이어서, 후대의 화엄 사상가들은 어느 누구라도 의상과 법장의 화엄사상을

9) 金相鉉, 〈新羅 華嚴學僧의 系譜와 그 活動〉(《新羅文化》 1, 東國大 新羅文化研究所, 1984), 81~82쪽.
10) 金相鉉, 위의 글, 83쪽.
11) 金知見, 〈新羅 華嚴의 系譜와 思想〉(《學術院論文集》 人文社會篇 12, 1973).
———, 〈新羅 華嚴學의 主流考〉(《崇山朴吉眞博士華甲紀念 韓國佛敎思想史》, 1975).

절충하고 조화하는 면에서 논리를 전개시키고 있다. 따라서 의상계 승려로서 법장의 화엄사상 경향을 받아들이려는 입장은 충분히 있을 수 있겠지만, 그것을 법장계 화엄종파의 存續으로 상정하여 의상계 화엄종파와의 끈질긴 대립으로 파악하려는 문제도 재고하여야 할 것이다. 어쩌면 최치원이 〈義湘傳〉과 아울러 〈法藏傳〉을 찬술하고 있는 태도는 그 두 사상 경향의 융합과 절충을 의도한 때문에 나타났을 것이다.

신라말 오대산의 華嚴結社에는 오히려 화엄 종단 내의 주류와 비주류가 함께 참가하고 있는 듯한 인상을 준다. 본래 오대산은 자장의 문수신앙을 배경으로 설정되었는데, 그가 말년에 문수 眞身을 기다렸던 淨岩寺가 있던 곳은 지금의 영월군에 속해 있다. 그 뒤 오대산 신앙은 월정사를 중심으로 지금의 오대산의 다섯 봉우리에 각각 결사하여 성립되었다. 오대산 결사의 성립을 《三國遺事》에서는 聖德王 4년(705)이라 하였다.[12] 아마 이 때에는 五臺 중 中臺인 眞如院이 開創되었을 법하다.

문수의 常住處였던 오대산은 뒤에 5대의 각 대에 진신이 상주하는 곳으로 되었다. 곧 東臺에 觀音, 南臺에 地藏, 西臺에 無量壽, 北臺에 釋迦, 中臺에 文殊가 거주하였다. 오대산의 다섯 頂上이 각각 5如來의 상주처로 된 것은 唐 澄觀에 의해서였다. 또 그것이 여래의 住處地로 되는 과정에서 密敎의 영향을 받게 되는데, 오대산 신앙을 밀교의 도량으로 성립시킨 자는 당의 不空이다.[13] 징관과 불공이 생존했던 시기는 8세기 중엽이므로 신라 오대산 사적이 확립되는 시기는 하대에 가서야 가능해진다. 특히 월정사 내지 오대산 사적에 깊이 연고되어 있는 信義나 有緣·信孝 등은 신라말에 활동했던 인물들이다.

5대의 결사는 한꺼번에 이루어졌다기보다는 시대를 달리하여 각각 이루어졌다. 그 결사가 완전히 갖추어지는 것은 왕건에 의해서였다. 고려말 閔漬가 撰한 〈五臺佛宮山中明堂記〉에 의하면, 왕건이 월정사로 法燈이 전해진 오대산의 각 臺에 특별히 供養하여, 그것을 恒規로 삼는 내용을 전하고 있다.[14]

---

12) 《三國遺事》 권 3, 塔像 4, 臺山五萬眞身.

13) 朴魯俊, 〈唐代 五臺山信仰과 不空三藏〉(《嶺東文化》 3, 關東大 嶺東文化硏究所, 1988), 34~35쪽.

오대산 신앙 속에는 자장의 사상 전통이 강하게 반영되어 있다. 그러나 자장이 말년에 은거하여 문수의 진신을 보려 했던 淨巖寺는 오대산 신앙의 중심 道場인 월정사가 아니며, 또 그는 문수로부터 따돌림을 받고 죽어 갔다. 자장은 처음 오대산 신앙과 반드시 밀착되어 있었던 것은 아니지만, 뒤에 월정사 중심의 오대산 신앙이 결성될 때에 자장계 불교 신앙이 중요하게 고려되었다.

오대산 신앙의 형성에 중요한 역할을 한 것은 의상계 화엄종이었다. 동대에 관음이 중요시된 점이나 5대의 각각에 圓通의 부처상을 모시는 점 등은 의상계 화엄사상의 특성으로 이해될 수 있다. 오대산 사적의 성립에 실제로 깊이 관여한 자는 신효인데, 그는 의상계에 속한 인물로 생각되며, 그 뒤 월정사에 거주하는 유연이나 신의 등도 의상계 화엄종에 속한 인물로 파악된다. 또 자장은 말년에 의상계 화엄종으로부터 배척을 받았는데,[15] 오대산 사적에서는 자장계와 다른 불교 종파의 반목을 찾아볼 수 없다. 이 점은 오대산 사적이 형성될 당시에 자상계와 의상계 화엄종 사이의 갈등은 정리되었음을 알려준다.

(2) 법상종

통일 이후 신라 사회에서는 화엄종과 더불어 법상종도 크게 유행하고 있었다. 그렇지만 법상종세는 화엄종세를 능가하지 못했을 뿐 아니라 신라 하대에 선종이 성행하는 분위기 속에서 위축될 수밖에 없었다. 諸法相의 差別을 그대로 인식하려는 법상종의 교리는 禪宗과 맞지 않았다. 그렇지만 신라 하대에 법상종 승려들도 계속해서 활동하고 있었으며, 특히 선종 승려라 하더라도 桐裏山門과 같은 풍수지리사상을 수용한 선사들은 唯識思想에 정통하였다. 그런가 하면 圓朗禪師 大通은 충주 月光寺에 주석하였는데, 그 절은 법상종의 學僧이었던 道證이 창건하였다.

신라 중대 이래 법상종은 두 계통의 교단이 성립되어 있었다. 하나는 미

14) 閔漬, 〈五臺佛宮山中明堂記〉(李能和 編, 《朝鮮佛敎通史》 下, 新文館, 1918), 138쪽.
15) 金杜珍, 〈慈藏의 文殊信仰과 戒律〉(《韓國學論叢》 12, 國民大 韓國學硏究所, 1990), 28쪽.

륵을 주존으로 하여 아미타를 부존으로 모시는 교단과 또 하나는 미륵을 주존으로 지장을 부존으로 모시는 교단이다.[16] 전자에 속한 인물로 太賢을 들 수 있고 후자에 속한 대표적인 인물로 眞表를 들 수 있다. 법상종의 이 두 교단은 신라말까지 이어져 내려갔다. 다만 신라말에 전자에 속한 인물을 구체적으로 찾기 어렵기 때문에 법상종 계통의 造像 양식이 미륵·미타의 兩尊에서 미륵·지장의 양존 형식으로 바뀌었으며,[17] 그에 따른 법상종의 교단세력이 바뀌어간 것으로 이해되기도 한다.

그러나 미륵·지장의 조상 형식은 진표에 의해 이루어졌는데, 그와 비슷한 시기이거나 아니면 조금 늦은 시기에 白月山 南寺의 양존은 미륵과 미타로 모셔지고 있다. 신라말 이후에 미륵과 미타의 양존을 모시는 법상종 교단이 위축되는 데에는 弓裔가 이 교단에 속해 있었기 때문이다. 궁예는 왕이 되기 이전에 世達寺의 중이 되어 善宗이라는 법호를 가지고 있었다. 법호를 가졌다는 면에서 보면 궁예는 불교사상에 대해 상당한 조예를 가지고 있었다. 그렇지만 궁예의 불교관은 심히 왜곡되어 전하고 있다. 왕건이 정변을 일으켜 고려를 건국하면서, 궁예는 부정적으로 기록되었고 그의 불교관도 미신적으로 윤색되었다.

궁예는 스스로를 미륵불이라 칭했으며 머리에는 金幘을 쓰고 몸에는 方袍를 입었으며, 長子를 靑光보살, 次子를 神光보살이라 했다. 또한 그는 경진 20여 권을 저술하였는데, 그 말이 요망하여 다 신빙할 수 없었다. 때로는 단정히 앉아 불경을 강론하니 僧 釋聰이 말하기를 "다 邪說 怪談으로 훈계가 될 수 없다"고 하자, 궁예가 듣고 화를 내어 그를 鐵椎로 쳐죽였다.[18] 그러나 이러한 기록 속에서 그의 불교에 대한 진실한 면을 찾을 수 있다. 궁예는 후삼국시대 한반도의 삼분의 일을 지배한 지도자로서의 力量을 가진 인물이고, 그의 불교 신앙도 그런 면에서 재평가되어야 한다.

---

16) 文明大, 〈新羅 法相宗의 成立 問題와 그 美術 (下)〉(《歷史學報》 63, 1974), 158~160쪽.

17) 文明大, 위의 글, 160쪽. 또한 신라말·고려초에 太賢系 법상종 세력은 약해졌으며 眞表系 법상종이 흥하였음은 金南允, 〈新羅 中代 法相宗의 成立과 信仰〉(《韓國史論》 11, 서울大, 1984), 146쪽에서도 지적하고 있다.

18) 《三國遺事》 권 1, 王曆 1, 後高麗 弓裔.

궁예는 스스로를 미륵불이라 했는데, 차자에게 붙여진 신광보살은 아미타를 가리킨 것으로 이해된다. 뿐만 아니라 장자를 지칭한 청광보살은 관음이다.[19] 이렇게 되면 궁예는 법상종 중 미륵과 아미타를 모시는 교단에 속해 있었는데, 이 교단에서는 관음을 중요하게 받들었다.[20] 白月山 南寺는 努肹夫得과 怛怛朴朴이 修道하여 각각 미륵과 미타의 兩尊으로 모셔진 법상종파에 속한 사찰이다. 그런데 이 절의 〈兩聖成道記〉에는 두 사람의 수도가 무르익을 즈음에 관음이 여인으로 현신하여 그들을 시험하고는 각각 미륵과 미타로 成佛하도록 도와주고 있다.[21] 미륵과 미타를 모시는 太賢系의 법상종파에서는 관음이 중시되어 신앙되었는데, 이 三尊은 곧 궁예의 부자가 스스로 표방한 삼존과 일치한다. 이 점은 궁예의 법상종 신앙이 백월산 계통의 법상종 전통을 이었음을 알려준다.

궁예로 이어진 법상종파는 관음을 중시하면서 淨土를 희구하는 경향을 가졌다. 이 교단에서 강조한 삼존은 정토3불이기도 하다. 또한 瑜伽에서 받드는 관음은 靑頸大悲王으로 나타났기 때문에, 궁예의 장자가 청광보살로 관념된 것은 바로 청경대비왕의 관념을 표방함이며, 다음 대의 明王으로 등장한다는 의지의 표현이다.[22] 그렇기 때문에 차자가 아닌 장자를 특별히 관음으로 관념하였다.

미륵과 지장의 양존을 모시는 법상종파도 金山寺를 중심으로 계속 이어져 내려왔다. 甄萱은 神劍의 亂 이후 금산사에 유폐되었다. 금산사는 후백제의 政變에 깊숙이 관여된 것으로 보아, 적어도 왕실과는 어느 정도 밀접하게 관련되었을 것이다. 그 외에도 高城郡의 鉢淵寺나 속리산의 吉祥寺, 공산의 桐華寺도 법상종 사찰로서, 신라말에 이르기까지 법상종의 법맥이 이어져 내려

19) 神光에는 두 가지 뜻이 있는데, 하나는 諸佛의 光明을 뜻하고 또 하나는 미타불이 내는 광명을 의미한다. 그 중 前者는 제약적인 의미로 쓰여진 것이 아니기 때문에 신광보살은 아미타를 상징한 것으로 생각된다. 아울러 靑頸觀自在보살은 관음의 變相 중의 하나이기 때문에, 청광보살은 관음으로 불려질 수 있다.

20) 金杜珍, 〈高麗初期의 法相宗과 그 思想〉(《韓沽劤博士停年紀念 史學論叢》, 1981 ; 《均如華嚴思想硏究》, 一潮閣, 1983, 117쪽).

21) 《三國遺事》 권 3, 塔像 4, 南白月二聖 努肹夫得 怛怛朴朴.

22) 金杜珍, 앞의 책, 221~222쪽.

왔다. 또한 진표의 제자로 永深·寶宗·信芳·體珍·珍海·眞善·釋冲 등이 있었는데, 모두 山門祖가 되었다고 한다.[23] 이로 보면 신라말에 진표계의 법상종 계통의 사찰이 상당수 존재했음을 알 수 있다.

미륵과 지장의 양존을 모시는 법상종파에서는 계율을 중시하였다. 이런 면은 이미 진표의 교학에서 뚜렷하게 나타났다. 진표는 처음 지장으로부터 淨戒를 받았으나 거기에 만족하지 않고 懺悔法을 더 닦은 결과, 미륵으로부터 《占察經》兩卷과 아울러 189개의 證果 簡子를 전수 받았다.[24] 이 때 그가 받은 것 중에 강조된 것은 189개의 간자 중 제8과 제9의 兩 간자였다. 그것은 미륵의 손가락 뼈로 만들었으나 나머지 간자는 沈檀木으로 만들었다고 했다. 189개의 간자는 인간이 處하게 되는 189개의「因果應報相」을 말하는데, 그 중 제8과 제9는 지금까지 얻었던 모든 계율과 앞으로 얻을 모든 계율을 의미하는 것이다.

법상종파에서는 계율이 강조될 소지가 있으며 미륵신앙 내에서도 戒가 중요시되고 있다. 미륵의 說法 중 3분의 2 이상이 계율에 관한 것으로 되어 있다. 미륵이 출현하여 교화하는 전륜성왕의 통치는 혼란해지기 때문에, 계율을 강조하여 대중을 龍華 이상세계로 濟度하고 있다. 인간이 도솔천에 왕생하기를 원하거나 미륵보살전에 왕생하기를 원할 때에는 반드시 계를 지녀야 한다. 또한 〈瑜伽論本事分〉 중에 나타나는 菩薩戒의 說主가 미륵으로 나타나 있다. 일반적인 戒本인《梵網經》은 出家·在家者에게 모두 적용될 수 있는 것임에 대해, 유가 보살계는 주로 출가자를 위한 것이며 전자보다 더 엄격한 셈이다.

진표가 미륵으로부터 받은 간자는 永深을 거쳐 心地에게로 전해진다. 그러나 그것이 심지에게로 전해지는 과정이 순조로웠던 것은 아니다. 공산에 거주하던 심지가 속리산에서 영심이 개설한 證果法會에 참석하려 했으나, 법회장 내에 들어가도록 허락 받지 못하고 정원에서 參禮했다. 뿐만 아니라 공산으로 돌아가는 도중에 호주머니 속에 들어있는 간자를 발견한 심지는 두

23)《三國遺事》권 4, 義解 5, 眞表傳簡.
24) 위와 같음.

번이나 영심에게 돌아가 간자를 돌려주었다. 결국 이것은 부처의 뜻이라 하면서 영심은 간자를 심지에게 전하였다. 그리하여 진표의 간자는 공산의 동화사에 보관되었다. 심지는 헌덕왕의 왕자였으며, 동화사가 신라말에 왕실의 원찰이었음을 생각할 때, 후백제의 수중에 있게 되는 金山寺와 같은 교단이면서도 갈 길을 달리했던 것 같다.

간자를 중시한 미륵과 지장을 받드는 법상종파에서는 占察法이 중시되었다. 그래서인지 그것은 법상종으로서 보다는 점찰법회라는 새로운 종파로 이해하여야 한다고 주장되기도 한다.[25] 간자가 점치는 기구이기 때문에 간자를 통해 인간의 운세에 관한 상을 얻어내는 것이므로, 간자를 던져서 상을 얻어내는 것이 相敎로서는 우수한 것이라 하였다.[26] 말하자면 一然은 점찰법도 법상종의 한 예배 형식임을 분명히 한 셈이다. 또한 미륵과 지장 兩尊 중 미륵이 더 殊勝하게 나타나는 한, 그것은 지장이 說主인 점찰경의 내용을 중심사상으로 펴고 있는 것은 아니다. 그러나 점찰법회는 중요하게 경배되었다. 이미 진표계 법상종의 開創祖라 할 수 있는 圓光의 敎學에 占察寶가 등장하고 있으며, 심지에게도 그런 면은 강하게 나타나 있다.

그런데 진표계의 간자가 후삼국의 혼란 속에서 없어졌다가 다시 나타나는 과정은 王建이 三韓을 통합하는 緣起설화를 형성시키고 있다. 고려 말기 金寬毅가 찬술한《王代宗錄》권 2에 "羅末에 大德 釋冲이 眞表律師의 袈裟 一領과 戒簡 189枚를 태조에게 바쳤다. 지금 桐華寺에 전하는 간자와 같은 것인지 다른 것인지 알 수 없다"[27]고 했다. 석충은 분명 진표계 법상종에 속했던 승려로 이해될 수 있는데, 어쩌면 궁예에게 죽임을 당하는 석총과 동일인인 듯하다.

궁예가 지은 經論은 20여 권이나 되는 방대한 것이다. 그것은 간단히 요망하고 邪說이며 怪談으로 치부되어야만 하는 것은 아니다. 그 경전은 궁예의 불교사상의 깊이를 알려주는 것으로 아마 미륵과 미타를 모시는 법상종

25) 金煐泰, 〈新羅 占察法會와 眞表의 敎學研究〉(《佛敎學報》 9, 1972), 99쪽.
26)《三國遺事》권 4, 義解 5, 眞表傳簡.
27)《三國遺事》권 4, 義解 5, 心地繼祖.

파의 입장에서 저술된 것임은 분명하다. 그렇다면 그것을 비판한 석총은 화엄종을 비롯한 타종파에 속해 있거나, 아니면 진표계 법상종파의 승려였음이 분명하다. 혹은 석총이 진표계 법상종파에 속한 석충이라면, 궁예의 불교신앙은 진표계 법상종으로부터 반발을 받고 있었다고 하겠다.

신라말에 법상종 내의 양 교단 사이에 대립과 갈등이 존재하였는가를 분명히 하기는 힘들다. 다만 미륵과 미타를 모시는 교단은 고려초에 그 법맥이 전승되지 못하고 단절되지만, 미륵과 지장을 모시는 교단은 고려초에 仁州李氏들의 후원을 받으면서 현종 이후 크게 성행하였다.[28] 고려 초기에 활동한 寬雄이나 融哲 등은 모두 진표계 법상종에 속한 승려였으며, 융철의 제자인 鼎賢이 고려초에 법상종 승려로서 國師에 封해졌으며, 관웅의 제자인 海麟이 그 뒤를 이어 智光國師로 봉해졌다.

궁예와 연결되었기 때문에 고려초에 미륵과 미타를 모시는 태현계 법상종파가 위축되어 쇠잔하여졌을 것임은 분명하다. 반대로 금산사를 중심으로 진표계의 법상종파는 크게 떨치게 되었다. 신라 하대에 궁예의 미륵신앙을 진표계로 보려는 견해도 있다.[29] 진표가 설악산 지역에서 포교활동을 한 기록이 이러한 추론을 이끌어 내었다. 그렇다고 하더라도 고려초에 진표계 법상종이 성행했음을 알려주기에는 충분하다. 慧德王師 韶顯은 물론, 그의 스승인 智光國師 해린이나 그보다 약간 시대가 앞서는 정현 등은 모두 진표계 법상종 승려로서 仁州李氏와 연결하여 교세를 크게 떨치고 있었다. 다만 소현이 海東六祖를 설정하고 아울러 태현을 언급하고 있다. 물론 태현이 해동6조 속에 반드시 들어 있었는지는 더 추구되어야 하겠지만, 법상종 내에서의 위치로 보아 진표계가 아니더라도 언급할 수밖에 없었을 듯하다. 그러나 이러한 사정으로 보아 신라말에 두 교단의 세력이 각각 법맥을 계승시키면서 독자적으로 활동했으며, 그 사이에 은근한 대립과 갈등이 충분히 존재했을 것으로 생각된다.

---

28) 金杜珍, 앞의 책, 113~115쪽.

29) 金惠婉, 〈新羅下代의 彌勒信仰〉(《成大史林》 8, 1992), 22~28쪽.

2) 선종의 흥륭

(1) 북종선의 전래와 남종선의 도입

신라 하대에 지방호족이 등장한 사회 분위기 속에서 禪宗이 유행하였다. 경전을 부정하면서 佛性을 自己 내에서 찾으려는 선종사상은 개인주의적 경향을 지녀서, 당시 중앙정부의 거추장스런 간섭을 뿌리치면서 지방의 독자적 세력 기반을 구축하려던 지방호족의 구미에 어울리었다. 자연 선종은 지방호족 세력의 비호를 받으면서 대두하였다. 그런데 후삼국 시대의 혼란을 수습한 고려정부는 지방호족 세력을 編制하면서 국가체제를 정비하여 갔다. 자연 지방호족과 밀착되어 있던 선종에 대한 분석은 중세 고려사회가 성립되어 가는 면을 이해하는 데 도움을 줄 것이다.

신라에 선종이 도입되는 것은 도의에 의해서였다. 그러나 당시 사람들은 경전을 숭상하고 불타에 귀의하는 법에만 익숙하여, 無爲한 선풍에 관심을 갖지 않고 그것을 허황한 것으로 여겨 숭상하지 않았다. 그리하여 도의는 설악산으로 은둔하였다. 도의가 陳田寺로 나아가 숨게 되는 것은 당시 유행한 교종 불교의 신앙적 분위기 속에서 환영받지 못하고 배척되었기 때문이다. 教學 불교에서는 도의의 선종을 「無爲任運」의 종파라고 비판하였다. 그러한 비판은 도의가 처음으로 남종선을 도입하였기 때문에 나타난 것이다.

사실 도의 이전에 북종선을 비롯하여 이와 비슷한 禪風은 전해져 있었고, 이들이 특별히 비난을 받은 것 같지는 않다. 도의 이전에 신라 승려인 恒秀禪師가 海西에 도달하여 여러 곳을 다니다가, 西堂 智藏에게 묻기를 "서당의 법이 만약 東夷로 흘러간다면 어떤 아름다운 징조가 있는지, 그 妙讖을 들려주실 수 있겠습니까"30)라고 하였다. 그러자 지장은 靑丘의 도의가 禪法을 전파하여 드러낼 것이라 하였다. 곧 항수선사가 일찍이 중국에 유학하여 지장에게 나아가 선법의 東流에 대해 질문하고 있었다.

30) 李桓樞, 〈毗嚧庵眞空大師普法塔碑文〉(李智冠, 《校勘譯註 歷代高僧碑文》 高麗篇 1, 伽山文庫, 1994), 104쪽.

도의 이전에 중국으로 유학간 항수선사에 대해서는 더 이상 자세하게 알려주는 기록이 전하지 않는다. 그가 중국에서 신라로 귀국하였는지도 불분명하다. 그렇지만 항수선사는 도의 이전이거나 그 비슷한 시기에 우리 나라 禪僧들이 중국에서 비교적 활발하게 활동하였음을 알려주기에는 충분하다. 그러고 보면 도의 이전에 신라의 승려들이 북종선에 상당히 접했던 점을 유념할 수 있다. 도의보다 시대가 약간 앞서는 神行이나 또는 法朗이 북종선의 도입에 큰 역할을 하였다.

법랑은 중국에 들어가 선종의 4祖인 道信의 법인을 받았는데, 신행은 그의 문하였거나 아니면 傳法 문인이었다. 그런데 신행의 법문은 중국에 들어가지 않고도 山門을 開創한 智證대사에게로 이어져 있다. 이 점은 도의가 남종선을 도입하기 이전에 북종선이 상당히 퍼져 있었을 것으로 생각하게 한다. 신행은 경주 출신으로 俗姓은 김씨였으며, 신라 중고시대의 留學僧이었던 安弘의 從曾孫으로 당대의 명문가 출신이었다. 안홍이 당에서 가지고 온《승만경》·《楞伽經》은 그에게 많은 영향을 끼쳤을 것으로 생각된다.[31]

신행은 30세를 전후하여 출가에 뜻을 가지고 있었지만 실제로는 48세(751년)의 늦은 나이에 출가하였으며, 법상종 승려인 運精에게 구족계를 받았다. 그 후 중국 선종4조 도신의 제자였던 법랑에게서 북종선을 수학하였다. 그는 경덕왕 15년(756)에 入唐하여 神秀의 法孫인 志空에게서 3년 동안 사사하고는 동왕 18년 경에 귀국하였으며, 혜공왕 15년(779)에 입적하기까지 20년 동안 斷俗寺에 머물면서 북종선을 전하는 데 힘썼다.

북종선의 사상 경향은 교종 불교와 크게 마찰을 빚었던 것은 아니다. 북종선의 所依 경전인《능가경》은 지난날의 사고 방식을 버리고 如來의 法身을 찾으려 했으며, 신행은 도신의 사상적 특징인「守一不移」를 중시하여「安心」과「看心」을 수행 방법으로 제시하였다.[32] 이러한 사상 경향은 교학 불교의 사상과 반드시 배치되는 것은 아니다. 실제로 신라 하대사회에 전래되어 있었던 북종선은 교종 불교와 연계되어 있었던 듯하다. 신행이나 그의 제

---

31) 呂聖九,〈信行의 生涯와 思想〉(《水邨朴永錫敎授華甲紀念 韓國史學論叢》上, 1992), 342~343쪽.

32) 呂聖九, 위의 글, 352~355쪽.

자였던 三輪은 법상종 사상에 익숙해 있어서 유식에 대한 이해를 깊이하였으며, 그외의 북종선 사상은 화엄사상이나 밀교사상과도 연관된다고 했다.[33]

본래 단속사는 경덕왕이 전제주의로의 개혁정치를 단행할 당시, 그 주도 세력으로 王黨派에 속했던 李純·信忠 등이 실각하여 지리산으로 은거하면서 창건한 절이다.[34] 이순이나 신충 등은 비록 개혁정치에서는 물러 나와 있었을 지라도 경덕왕과는 밀착된 인물들이다. 그러므로 단속사는 지리산 기슭에 세워졌을 지라도 신라 중앙귀족과 연관을 가진 절이다. 그러한 전통을 가진 단속사에 신행이 주석하고 있었음은 곧 북종선이 당시 귀족세력으로부터 외면되지 않았을 것으로 생각하게 한다.

교종 불교나 중앙귀족 세력과도 친밀할 수 있었던 북종선이 유행하고 있었던 사실이 道義의 남종선을 수용하는데 반드시 유리하게 작용한 것 같지는 않다. 어쩌면 먼저 들어와 있었던 북종선은 뒷날 도의의 남종선이 퍼져나가는데 일정한 역할을 담당했을 수 있겠지만, 그것이 도입되는데 능동적으로 작용한 것 같지는 않나. 그렇다면 도의 이전에 창수선사의 존재는 북종선과 연결시켜 생각할 수는 없을 듯하다.

도의의 남종선이 도입되는 것과 연관하여 眞鑒선사를 주목해 볼 필요가 있다. 도의가 먼저 중국에 가서 道를 구하던 중에, 마침 입당 유학한 慧昭와 우연히 만나 서로 반가워하며 법을 구하는 친구가 되었다. 그러다가 도의는 먼저 귀국하였는데, 혜소는 終南山에 들리기도 하고, 혹은 禪 수행을 하면서 3년을 더 머물다가 귀국하였다.[35] 중국에서의 유학 기간 동안에 만난 도의와 혜소는 南宗禪風의 진작이라는 면에서 상당한 공감대를 가졌을 것이다. 혜소가 馬祖 道一의 法嗣인 神鑒의 법인을 받아 귀국한 점도 두 사람의 선풍이 가까웠음을 생각하게 한다.

혜소는 귀국한 후 지리산 쌍계사에서 禪門을 開創했는데, 그의 선문이 도의의 선풍과 어떻게 연관되는지에 대해 알려 줄 만한 직접적인 자료는 보이

---

33) 呂聖九, 위의 글, 360~365쪽.
34) 李基白, 〈景德王과 斷俗寺·怨歌〉(《韓國思想》 5, 1962 ; 《新羅政治社會史研究》, 一潮閣, 1974, 220~223쪽).
35) 崔致遠, 〈雙谿寺眞鑒禪師大空靈塔碑文〉(《校勘譯註 歷代高僧碑文》 新羅篇), 130쪽.

지 않는다. 다만 혜소의 선풍은 뒷날 鳳巖寺의 曦陽山門을 성립시키는데 어느 정도 영향을 준 것으로 생각된다. 왜냐하면 고려 초기에 찬술되는 靜眞대사 兢讓의 비문에는 지증대사 道憲이 혜소의 법맥을 이은 것으로[36] 되어 있기 때문이다. 智證大師碑에는 도헌이 신행의 북종선을 이은 것으로 기록되었는데, 희양산문이 긍양 때에 와서는 혜소로 법맥을 잇게 되는 이유에 대해서는 간단히 언급될 수 있는 것은 아니다.[37]

희양산문의 성립에 북종선은 물론 혜소의 선맥이 관여하고 있음[38]은 중국에 유학하지 않고 우리 나라에서 독자의 선문을 성립시키는데 북종선이 작용했을 것이지만 혜소의 선풍도 큰 영향을 준 것으로 생각된다. 다만 도의의 남종선은 교학 불교나 먼저 들어와 있었던 북종선으로부터 직접 환영받지는 않았다. 그렇지만 비슷한 시기에 도입된 혜소의 남종선이 수용되었던 사회 분위기는 비록 도의로 하여금 설악산의 진전사로 은둔하게 만들었을 지라도, 그 곳에서 상당한 규모의 禪門을 구축할 수 있었다.

(2) 선종 유행의 사회적 기반

가. 선종의 대두

불타의 교리는「禪」과「敎」를 모두 포함하고 있으며, 그것이 어느 시기에 누군가에 의해 특징적으로 포용되면서, 敎가 강조되기도 하고 禪이 중요시되

36) 李夢游, 〈鳳巖寺靜眞大師圓悟塔碑〉(《朝鮮金石總覽》上), 197쪽.

37) 金煐泰, 〈曦陽山禪派의 成立과 그 法系에 대하여〉(《韓國佛敎學》4, 1979), 29~31쪽.
金映遂는 道憲이 신행의 法孫인 慧隱뿐 아니라 慧昭로부터도 법을 받았다고 하여(金暎遂, 〈曹溪禪宗에 就하여—五敎兩宗의 一派, 朝鮮 佛敎의 根源—〉,《震檀學報》9, 1938, 159쪽), 희양산문이 북종선과 남종선으로부터 모두 법을 받았다고 하였다. 이후 이 설은 학계의 정설이 되었다. 그런데 김영태는 도헌이 혜소로부터 법인을 받은 사실은 문제가 있다고 보고, 그것은 고려초 남종선이 불교계를 주도하자 북종선에서 남종선계로 법계가 고쳐진 것이라고 하였다.

38) 추만호, 〈선종 법맥 승계의 특징과 북종의 법계 변신〉(《나말려초 선종사상사 연구》, 이론과 실천, 1992), 149쪽.
희양산문은 실제로 고려초 긍양에 의해 성립되었으며, 그는 남종선계의 법맥을 갖고 있었다. 그가 법계 변신을 시도하는 것은 남종선 일색인 당시 불교계의 분위기와 고려 초기의 정치·사회 상황을 감안한 것이며, 실제로 희양산문의 저류에는 북종선의 흐름이 있었다.

기도 하였다. 선종은 靈山 설법에서 석가가 말없이 꽃을 들자 迦葉만이 그 뜻을 알았다는 데서 기원하며, 마음에서 마음으로 전하기 때문에 佛心宗이라고도 한다. 중국에서는 達磨가 그것을 전한 뒤 惠能·神秀 등에 의하여 선양되었다. 우리 나라에서도 禪的인 사고는 일찍부터 있었다. 元曉는 모든 현상이 마음 작용임을 깨달았다.[39] 그것은 곧 선과 통하는 것이지만, 정작 선종의 유행은 신라 하대에 가서야 가능해졌다.

선종은 「不立文字」과 「見性悟道」를 내세운다. 경전에 의하지 않고 자기 내에 존재하는 불성을 깨치고자 하였다. 그러기 위해 「外息諸緣」 즉 밖으로부터의 모든 인연을 끊고 깊숙한 山間에 파묻혀 수행하는, 이른바 坐禪을 행한다. 절대적인 불타에 귀의하려는 것이 아니라 각자가 가진 불성의 개발을 중요시하였다. 이러한 선종사상은 개인주의적 성향을 지녀, 중앙정부의 거추장스런 간섭을 배제하면서 지방에 웅거하여 독자적인 세력을 구축하려는 지방호족의 의식 구조와 부합하게 되었다.[40] 신라 하대 선종의 유행은 지방호족이 대두된 사회상과 떼어 생각할 수 없다.

신라 중대 무열왕계가 의도한 전제정치는 귀족세력의 반발을 받으면서 점차 실패로 기울게 되었다. 혜공왕대가 되면 族長으로 생각될 수 있는 96角干이 서로 다투는 속에, 왕은 난중에 살해되고 전국이 혼란의 도가니 속으로 빠져들었다. 이러한 혼란 속에 왕위를 차지하려는 권력쟁탈전에서 패배한 중앙 귀족이 지방의 연고지에 내려와 지방호족이 되었다. 이들이 落鄕豪族이다.

한편 신라 중대 이래로 村의 長에 불과한 村主들이 중앙정부의 통제력이 약해진 틈을 타서 꾸준히 그 지위를 향상시켜 왔다. 신라 하대에 이르면 그들은 하나 내지 수개의 성을 다스리는 지방호족 세력으로 성장하여 城主나 將軍으로 자처하였다. 이들이 土着豪族이다. 그 외에 海上貿易으로 富를 축적한 軍鎭勢力이 있었다. 그들은 경제적으로나 군사적으로 지방에서 강한 기반을 가졌을 뿐 아니라 地方民과 쉽게 결합할 수 있어서, 사회의 명망과 권

39) 元曉가 西學하기 위해 가던 중 비를 만나 길가의 토굴로 피해 쉬면서 해골 바가지의 물을 먹었다. 그날 저녁 그 곳이 무덤인 줄을 몰랐을 때에는 편히 잠들었으나, 다음날 그것을 알고부터는 귀신을 보았으며 구토증이 일어났다. 곧 원효는 모든 것이 마음 작용이라 하여 유학을 포기하였다.

40) 金杜珍, 〈朗慧와 그의 禪思想〉(《歷史學報》 57, 1973), 44~46쪽.

세를 한꺼번에 쥐고 있었다. 이와 같이 신라 하대에 중앙 왕실의 권위가 떨어지면서 지방호족이 대두하여 그 사회를 움직여 가는 분위기 속에서 선종은 크게 유행하였다.

나. 선사들의 신분과 단월세력

선사들은 중앙의 지배층에서 몰락한 六頭品 이하의 하급 귀족 출신이거나 중앙 진출이 불가능한 지방호족 출신이다. 나말여초에 선종 승려로 30인 정도의 비문이 전하고 있어 그 행적을 알 수 있는데, 그 중 약 절반이 金氏이다. 아마 김씨가 아닌 나머지는 6두품 이하의 신분층에 속해 있었고, 김씨라 하더라도 王都 출신이 아닌 선사들은 6두품 이하의 신분층에 속해 있었다. 그러나 崛山寺 梵日의 祖父인 述元이 溟州도독을 지냈으며, 實相寺 秀澈의 曾祖父는 蘇判을 지낸 진골이었다.

이들은 아마도 조부 때까지만 하더라도 진골이었으나 6두품으로 떨어졌을 것으로 추측된다. 특히 朗慧의 가계는 본래 진골이었으나 그 아버지 範清 때에 6두품으로 떨어지고 있는데,[41] 그 이유에 대해서는 확실하게 단정할 수 없다. 낭혜가 무열왕의 8대손이어서 七世代 동일 친족 집단의 傍系에 속해 있었기 때문이거나,[42] 아니면 범청이 金憲昌의 亂에 가담했었기 때문에 난이 평정된 후 6두품으로 떨어졌을 가능성이 크다.[43]

9산문 중 비교적 먼저 성립된 실상산문의 건립에 宣康太子나 端儀長翁主(경문왕의 누이)와 같은 왕실세력이 관여하기도 하였지만, 9산선문은 지방호족의 세력 기반을 배경으로 성립되었다. 迦智山門의 건립에 金彦卿 등 중앙 귀족이 관여하였는데, 당시의 선강태자나 중앙귀족들도 왕위쟁탈전에서 패퇴하였을 경우, 낙향호족의 처지와 다를 바 없다.[44] 曦陽山門은 沈忠과 加恩縣 장군인 熙弼에 의하여 건립되었고, 鳳林山門의 건립에는 進禮城 軍主인 金律

41) 崔致遠, 〈聖住寺朗慧和尙白月葆光塔碑〉(《朝鮮金石總覽》 上, 1919), 74쪽.
42) 金哲埈, 〈新羅時代의 親族集團〉(《韓國史硏究》 1, 1968 ; 《韓國古代社會硏究》, 知識產業社, 1975, 163~164쪽).
43) 金杜珍, 앞의 글(1973), 26~27쪽.
44) 高翊晉, 〈新羅下代의 禪傳來〉(《韓國古代 佛敎思想史》, 東國大 出版部, 1989), 535쪽.

熙와 金海府 進禮城軍事 明義將軍인 金仁匡 등 加耶系 김씨 세력이 관여하였으며, 須彌山門의 건립에는 왕건 및 그 외척인 皇甫氏 세력이 후원하고 있었다. 보령은 金仁問의 受封地로서 그 후손인 金昕의 세력 근거지였으며, 그가 聖住寺를 건립하고 낭혜를 주지하게끔 하였다. 김주원계 세력을 배경으로 실제 강릉지방을 다스리고 있던 王順式은 굴산문을 후원하고 있었다.

9산문의 선사들은 때때로 왕실의 부름을 받고 이에 응하는 경우도 있었다. 그러나 그들은 왕실과의 관련보다 지방호족과의 연계에 더 유의하였다. 경문왕의 부름에 응한 낭혜나 大通·智證 등이 왕실에 계속 머물지 않고 산문으로 돌아오고 있으며, 그 뒤의 부름에는 아예 응하지도 않았다.

다. 산문의 규모

禪宗山門의 규모는 대단히 크다. 성주사는 佛殿 80칸, 행랑 800여 칸, 水閣 7칸, 庫舍 50여 칸으로 무려 1,000칸에 이르는 거대한 사찰이었다.[45] 사자산문의 折中 澄曉大師塔碑의 건립에는 강릉·원주·竹山·공주·제천·진천·예천 등의 지방 세력과 촌주가 동원되었다. 곧 사자산문의 세력은 강원도 일대는 물론, 멀리 충청도 지역까지 미치고 있었다. 가지산문의 후원자인 金彦卿은 私財로 鐵 2,500근을 내어 盧舍那佛 1軀를 주조하고는, 望水里 南里宅으로부터 금 160分과 租 2,000斛을 공출하여 그것을 장식하였다.

선종 사원은 막대한 토지를 가지고 있었다. 경문왕 12년(872)에 세워진 桐裏山의 慧哲大師碑에 의하면, 당시 泰安寺에는 2,930石 4斗 5升 5合의 식량을 비축하고 있었으며, 田畓이 494結 39負 있었고, 坐地가 3결, 下院代가 4결 72부, 柴地가 143결, 鹽盆이 43결이었으며, 그 밖에 奴가 10인, 婢가 13인, 福田이 40인이나 있었다고 한다. 희양산문의 토지는 동리산문의 그것보다 더 많았다. 지증대사비에 의하면 도헌은 희양산문을 개창하기에 앞서 경문왕 4년에 단의장옹주가 자신의 受封地인 토지와 노비를 사원에 기증함을 보고 감격하여, 莊 12區, 토지 500결을 이 절에 희사하였다. 성주산문의 토지는 이보다 더 많았지만, 다른 산문의 토지도 이와 비슷했다.

희양산문에 딸린 막대한 토지는 12개소의 莊舍로 나뉘어져 있었으므로, 사

45) 〈崇嚴山聖住寺事蹟〉(《文化財》 4, 1969).

원에 딸린 莊園은 여러 개의 장사를 갖고 있었다. 나말여초에 雲門寺는 왕건으로부터 500결의 토지를 받았는데, 거기에 딸린 장생표가 東嘉西峴·西北買峴·南阿尼岾 등 11개 지역에 있었으므로, 그 토지는 11개 지역에 분산되어 있었다.[46] 장원에 딸린 장사의 경영에는 소속 승려를 知莊으로 파견하여 관리하였다. 경기도 豐德이거나 아니면 영월에 있었다고 추측되는 世逵寺의 장사가 강릉 지방에 있었기 때문에 本寺에서는 僧 調信을 지장으로 파견하여 경영하였다.[47]

선종 사원에서는 많은 문도가 거주하고 있었다. 성주산문의 경우 낭혜의 이름있는 제자가 2,000인이나 되었으며, 麗嚴의 제자가 500인, 玄暉의 제자가 300인이나 되었다. 迦智山門 體澄의 門人으로 英惠 등 800여 인이 있었고, 眞空의 제자가 400여 인이 되었다. 실상산문 洪陟의 門徒로 1,000여 인이 있었고, 秀澈의 문인으로 수백 인이 있었다. 봉림산문 審希의 문인에 500인이 있었고, 燦幽의 제자가 500인이었다. 동리산문 혜철의 제자는 수백 인이었다. 사자산문 折中의 제자에 1,000인이 있었고, 굴산문 行寂의 문인으로 500인이 있었다. 적게는 수백 인에서 많으면 2,000인에 이르기까지의 선종산문에 소속된 문도는 상인이나 流亡 농민은 물론, 심지어 群賊의 무리까지를 포용하고 있었다.[48]

신라 하대의 동란기에는 곳곳에 군적의 무리들이 있었고, 이들이 당시 비교적 부유한 사원을 약탈하는 경우가 종종 있었다. 낭혜·현휘·도헌·절중·윤다의 비문에는 이들이 住錫한 각 산문에 군적이 침입하였음을 알려주는 기록이 전한다. 특히 그 중 藍浦의 군적이 성주산문에 쳐들어왔으나 낭혜의 설법으로 100인이 출가하여 道를 얻게 되었다. 군적의 무리가 산문 세력으로 흡수되는 데에는 산문 자체가 무력을 갖추었기 때문이라고 추측되고 있다.[49] 밀양의 奉聖寺에 머물고 있던 寶壤의 戰略에 따라, 왕건은 청도 지방에서 후백제 세력을 크게 물리치고 있다. 보양은 雲門宗 계통의 선

46) 金杜珍, 〈王建의 僧侶結合과 그 意圖〉(《韓國學論叢》 4, 1981), 142~143쪽.
47) 《三國遺事》 권 3, 塔像 4, 洛山二大聖 觀音 正趣 調信.
48) 崔柄憲, 〈新羅下代 禪宗九山派의 成立〉(《韓國史硏究》 7, 1972), 111~112쪽.
49) 金杜珍, 앞의 글(1973), 34~35쪽.

승이었는데, 전략을 겸비하고 있음은 선종 사원 자체의 무력을 통솔하기 위해서였다.

(3) 선종산문의 성립

가. 가지산문

迦智山門은 道義에 의해 개창되었다. 도의는 선덕왕 5년(784)에 중국에 들어가 馬祖 道一의 제자인 西堂 智藏의 法印을 받아, 헌덕왕 13년(821)에 귀국하여 陳田寺에 거주하였다. 이 때에는 敎學 불교가 성하여 세상이 경전의 가르침에 젖어 있었다. 無爲한 선종은 허탄하다고 하여 받아들여지지 않자, 그는 山林에 은거하고 말았다.

도의는 법을 廉居에게 전하였다. 염거는 설악산의 億聖寺에 거주하면서 법을 體澄에게 전하였다. 그런데 禪林院의 弘覺선사는 염거의 제자로서 억성사에 머무르고 있었다. 그는 왕실의 부름을 받아 대궐에 들어가서 법문을 강설한 후, 다시 억성사로 나아가 憲康王 6년(880)에 그 곳에서 입적하였다. 그러므로 억성사지는 정확하게 알 수는 없으나, 홍각선사의 비가 있는 선림원지였을 것으로 추론되기도 한다.[50]

체징은 僖康王 2년(837)에 중국에 들어갔다가 文聖王 2년(840)에 귀국하였다. 처음 그는 武州의 黃壑寺에 머무르다가 憲安王 3년(859)에 왕의 요청으로 寶林寺에 이주하였다. 이 때부터 金彦卿 등 신라 중앙귀족의 후원을 받으면서 사원 세력이 커져서 迦智山門을 형성하게 되었다. 그러므로 가지산문의 성립에는 왕실이나 중앙 귀족세력의 도움이 있었던 것으로 이해되기도 한다.[51]

체징의 제자에 逈微·英惠 등이 보이나 행적을 알 수 있는 자는 형미이다. 형미는 진성왕 5년(891)에 중국에 들어가 雲居 道膺의 법을 받고 孝恭王 9년(905)에 귀국하였다. 그는 왕건의 歸依를 받아 같이 開京으로 갔다가 궁예로부터 박해를 받았던 것으로 추측된다. 도의의 법맥을 직접 이어 받지는 않았지만, 眞空은 설악산 陳田寺에 들러 도의의 靈塔을 배알하고, 제자의 예를

50) 權悳永, 〈新羅 弘覺禪師碑文의 復元 試圖〉(《伽山李智冠스님華甲紀念論叢 韓國佛敎文化思想史》 上, 1992), 641쪽.

51) 李啓杓, 〈新羅下代의 迦智山門〉(《全南史學》 7, 1993), 287~291쪽.

갖추었으므로 가지산문과 연결된다. 진공은 스승 없이 스스로 깨우침을 주장하면서 교학 불교를 부정하였다.

나. 실상산문

9산선문 중 가장 먼저 개창된 것은 實相山門이다. 開祖者 洪陟의 자세한 행적은 알기 힘들다. 그도 중국 서당 지장의 법을 얻어 홍덕왕 6년(826)에 귀국하였는데, 宣康태자의 도움을 받았다. 홍척은 홍덕왕 5년 무렵에는 지리산에 잠시 머물렀으며, 희강왕 원년(836) 경에는 설악산으로 이주하였다. 이 때 秀澈이 그의 문하로 들어왔다. 뒤에 어느 왕 때인가 확실하지는 않지만, 왕실의 부름이 있자 수철은 스승을 수행하여 경주에 이르기도 하였다.[52]

수철은 端儀長翁主의 도움을 받아 실제로 실상산문을 성립시켜 갔다. 홍척 당시에 실상사라는 寺名이 나타나 있지는 않았다. 수철이 홍척의 문하로 들어간 이후 그가 머무르거나 관련이 있는 절은 지리산의 知實寺, 양주의 深源寺, 그의 제자들이 지리산 북쪽에 세운 法雲寺 등을 들 수 있다. 아마 수철은 그 중 지실사를 확장하여 실상사로 개칭하였을 것으로 추측된다.[53] 봉림산문의 개조자인 현욱이 희강왕 2년부터 4년 동안 남악 실상사에 머물다가 혜목산으로 옮겼다. 9산선문 중 실상산문은 비교적 왕실과 밀착되었다.

수철 외에 홍척의 제자로 片雲이 있는데, 그에 대해서는 행적이 잘 알려져 있지 않다. 편운의 浮屠塔이 지금 실상사의 남쪽 曹溪庵 舊址에 있는데, 그 정면에 '創祖洪陟弟子 安峯創祖 片雲和尙浮屠'라는 銘文이 있다. 곧 편운은 실상사에서 分立하여 安峯寺의 開山祖가 되었다.[54] 수철의 제자로 歆光이 있었으며, 그가 수철화상의 비문을 지었다.

다. 동리산문

서당의 법을 받아 개창한 나머지 하나는 桐裏山門이다. 개조자 慧哲은 신무왕 원년(839)에 중국으로부터 돌아와서 泰安寺를 건립하여 거주하였는데, 처음에는 왕실과 연결되어 있었다. 늦어도 문성왕 8년(846)부터 혜철이 주지로 있던 古

52) 추만호, 앞의 책, 77쪽.
53) 추만호, 위의 책, 78쪽.
54) 金映遂, 앞의 글, 152쪽.

寺였던 태안사가 동리산문의 중심 도량이 되었다. 문성왕이 그에게 나라를 다스릴 施策을 묻자 封事 몇 條를 올렸는데, 그것이 모두 施政의 急務라 하였다.

혜철에게는 道詵과 □如라는 제자가 있었다. □여는 혜철의 태안사를 이어 받았으나 그의 행적은 알려져 있지 않으며, 그의 제자에 廣慈 允多가 있다. 윤다는 왕건의 귀의를 받았는데, "道는 몸 밖에 있지 않고 佛은 마음 속에 있다"고 했다. □여와는 달리 도선은 태안사에 머무르지 않고 광양에 玉龍寺를 다시 건립하였다. 풍수지리에 정통한 도선의 행적은 신비에 쌓여 있는 면이 많아 그대로 믿기는 어렵다.

도선은 개성 중심의 풍수지리를 제창함으로써, 왕건이 고려 국가를 건설하여 후삼국의 혼란을 수습하는 데 이념을 제공하였다고 주장되었다.[55] 지금 남아 있는 나말여초의 풍수지리설은 개성 중심임이 사실이나, 당시의 모든 풍수지리설이 개성 중심의 것만 있지는 않다는 주장도 있다. 오히려 그것은 지방을 明堂이라 함으로써 지방호족 세력을 정당화하려는 경향을 가졌기 때문에, 지방호족은 저마다의 풍수지리설을 가졌을 가능성이 있다.[56]

도선의 풍수지리설이 뒷날 부회되면서 동리산문 계통의 사찰을 정확하게 분간하기 어렵게 되었다. 그러나 米岾寺·道詵寺·三國寺·雲巖寺 등이 동리산문에 속한 사원이며, 대체로 구례·곡성·광양·영암 등 동부 全南 지역 일대에 퍼져 있었다. 그 외 남원의 穿道寺와 전주의 南福禪院 등이 동리산문에 속해져 있었을 가능성이 크다.

도선의 제자인 慶甫는 진성왕 6년(892)에 중국에 들어가 洞山良价의 제자인 匡仁의 法印을 받고, 景明王 5년(921)에 甄萱의 도움을 받아 귀국하여 전주 남복선원에 머무르고 있었다.[57] 이 때 그는 분명히 견훤과 연결되어 있었다. 도선 계통의 풍수지리가 일찍부터 개성 중심이었다는 데 대하여 의심을 제기할 수 있다. 936년에 경보가 왕건과 만나고 있는 것을 보면, 그가 왕건과 연결되는 것은 아마 뒤에 다시 白鷄山 옥룡사로 이주하고 난 뒤였다. 어

---

55) 崔柄憲, 〈道詵의 生涯와 羅末麗初의 風水地理說〉(《韓國史硏究》 11, 1975), 121~125쪽.

56) 金杜珍, 〈羅末麗初 桐裏山門의 成立과 그 思想—風水地理思想에 대한 再檢討—〉(《東方學志》 57, 1988), 44~45쪽.

57) 金廷彦, 〈玉龍寺洞眞大師寶雲塔碑〉(《朝鮮金石總覽》 上), 191쪽.

쩌면 그는 견훤의 귀순 전까지는 왕건과 연결되지 않았을 수도 있다. 경보가 왕건 쪽으로 降附하게 되는 것은 견훤이 금산사에 유폐되는 935년 전후일 것이다. 태안사의 주지였던 允多는 경보보다 일찍 왕건과 연결되었다. 이후 경보와 윤다는 고려 왕실의 귀의를 받았는데, 특히 윤다는 황주 皇甫氏와 돈독한 인연을 맺었다.

라. 사자산문

獅子山門은 道允에 의하여 개창되었다. 도윤은 헌덕왕 17년(825)에 중국에 들어가, 馬祖의 제자인 南泉 普願의 법을 받아 문성왕 9년(847)에 귀국하였다. 그는 한때 楓岳에 거주하면서 경문왕의 귀의를 받았으나 綾州의 雙峰寺로 이주하였다. 그의 제자에 折中이 있는데, 사자산 禪師 釋雲의 청으로 興寧禪院에 머무르게 되면서, 헌강왕과 정강왕의 귀의를 받았다. 사자산문으로 크게 발족되는 것은 이 때부터였다.

절중은 도윤의 法印을 이었으면서도, 慈忍이나 圓朗선사 大通과의 교류를 통해 성주산문과 관련을 맺고 있었다. 또한 개청의 제자인 弘俙大德과 교류가 있었던 것으로 보아 사자산문은 주위의 큰 산문과도 연결되어 있었다.[58] 절중 이후 사자산문은 신라왕실의 귀의를 뿌리치고는 지방호족과 연계하였다. 진성왕 5년에 그는 興寧寺에서 南行하여 武府(지금의 광주)에까지 이르렀다가 다시 올라와 守珍(지금의 강화)에 머무르고 있을 때에, 왕이 그를 국사로 봉하고자 하였으나 거절하였다. 절중은 孝恭王 4년(900)에 입적하지만, 그의 비는 이후 44년이 지난 고려 惠宗 원년(944)에 홍령사에 건립되었다. 그의 비가 건립되는 데에는 뒤에 光宗으로 왕위에 오르는 堯는 물론, 그와 대립 관계에 있던 王規 세력을 비롯해서 명주와 廣州의 호족세력이 많이 참가하였다.[59] 절중의 제자에 慶猷·如宗 등이 있다.

마. 성주산문

聖住山門은 朗慧에 의하여 개창되었다. 낭혜는 설악산 五色石寺에 나아가 法性선사에게서 得道하였으며, 부석사 釋登大德에게서 화엄경을 수학하였다.

58) 朴貞柱, 〈新羅末 高麗初 獅子山門과 政治勢力〉(《震檀學報》 77, 1994), 15~16쪽.
59) 朴貞柱, 위의 글, 31~35쪽.

그는 헌덕왕 13년(821)에 중국에 들어가 馬祖의 제자인 麻谷 寶徹의 법인을 받아 문성왕 7년(845)에 귀국하고는, 같은 무열왕계의 후손으로서 남포 지역의 호족인 金昕과 결합하여 성주산문을 열었다. 낭혜는 무열왕의 8대 후손으로서 진골 신분에서 강등된 六頭品 출신이었다. 김흔은 신무왕의 반정을 둘러싼 왕위쟁탈전에서 그의 사촌 형제인 魏昕과 더불어 대립하였다. 이 싸움에서 민애왕을 도운 김흔은 중앙에 있지 못하고 지방의 세력 근거지인 보령으로 내려갔다.

성주산문은 김흔이 김인문의 유산을 물려받아 그것을 경영하기 위해 개창되었는데, 당시로서는 거대한 재력과 인력을 갖추고 있었다. 낭혜는 지방에서 독자의 산문을 이루었지만 처음에는 왕실의 부름에 응하기도 하였다. 경문왕 11년(871)에 왕실의 부름을 받아 대궐에 이르렀으며, 곧 이어 왕실이 경영한 尙州의 深妙寺를 禪那別館으로 만들어 그 곳에 거주하기도 하였다. 그 뒤에도 낭혜는 헌안왕과 정강왕의 귀의를 받았다. 그렇지만 그는 끝내 왕실보다는 지방호족과의 결연에 더 유의하였다.

나말여초에 성주산문이 가장 번창하여 낭혜의 제자들이 많이 알려져 있다. 여엄·대통·深光·慈忍·靈源 등은 모두 그의 제자들이다. 대통은 문성왕 18년(856)에 중국에 들어가 仰山 澄虛의 法印을 받아, 경문왕 원년(866)에 귀국하였고 忠州 月光寺에 거주하였다. 월광사는 무열왕계 후손의 경제적 도움을 받은 道證에 의해 창건되고 있는 것으로 보면, 성주산문과 연결된 절이다. 여엄은 중국에 들어가 雲居의 법인을 받아 효공왕 13년(909)에 귀국하면서, 康萱 및 왕건과 연결되었다. 낭혜의 법인을 정통으로 계승한 자는 심광인데, 그에 대해서는 자세한 행적을 알기 힘든다.

심광의 제자인 玄暉는 효공왕 10년(906)에 중국에 들어가 道乾(아마 道虔)의 법인을 받아 태조 7년(924)에 귀국하였는데, 왕건의 귀의를 받아 國師에 봉해졌고 충주 淨土寺에 거주하였다. 정토사는 고려 통일 이전에 이미 왕건의 세력권 내에 들었던 사원이겠지만, 직접적으로는 忠州劉氏들에 의해 경영되었다.[60] 이 때 현휘는 왕건을 위해「法王의 敎化」에 대해 강론하면서, 賢士를

60) 蔡尙植, 〈淨土寺址 法鏡大師碑 陰記의 分析—高麗初 地方社會와 禪門의 構造와 關聯하여—〉(《韓國史硏究》 36, 1982), 43쪽.

등용하는 문제 등 구체적인 정책을 건의하였다. 또한 그는 특히 선종사상의 입장에서 화엄사상을 융합하려는 사상 경향을 가졌다.

바. 굴산문

崛山門은 梵日에 의해 개창되었다. 그는 홍덕왕 6년(831)에 중국에 들어가, 마조의 제자인 鹽官 齊安의 법인을 받아 문성왕 8년(846)에 귀국하였다. 굴산문의 단월은 金周元系 세력이었다. 김주원은 원성왕과의 왕위 다툼에서 패하였기 때문에, 그의 아들 중 金憲昌이나 손자인 梵文은 신라 정부에 반기를 들었다. 그러나 다른 후손들, 예를 들어 宗基나 그 아들인 璋如·貞茹 등은 신라 정부에 협조하여 중앙 정계에 깊숙이 관여하고 있었다. 말하자면 굴산문의 단월 세력인 김주원계는 반신라적 성향을 가지면서도 중앙 정계에 실력자로 참여하고 있었으며, 주위의 여건이 달라지면 언제라도 신라 정부에 등을 돌릴 수 있었다.

굴산문의 단월 세력은 이와 같이 二律的인 성격을 가졌고, 또 그 교단의 세력 규모가 컸다. 강릉의 굴산사 외에 春川의 建子庵을 비롯하여 봉화의 太子寺, 삼척의 三和寺 등 영동 일대에 그 세력이 미치고 있었으며, 이 지역 내에 있었던 화엄종 사찰은 굴산문 소속으로 흡수되어 갔다. 그래서인지 범일의 입적 후 굴산문 내에는 서로 다른 길을 추구하는 교단이 생기게 되었다. 그리하여 지장선원은 반신라적 성향을 지녔는가 하면, 태자사는 신라 왕실과 밀접한 관계를 유지하였다.

범일의 제자에 行寂·開清·信義 등이 있었다. 행적은 경문왕 10년(870)에 중국에 들어가, 石霜 慶諸의 법인을 받아 헌강왕 11년(855)에 귀국하였다. 처음 그는 김해부의 金忠子(蘇忠子)·金律熙(蘇律熙)의 후원을 받았고, 신덕왕 4년(915)에 왕의 요청으로 實際寺에 거주하였는데, 이 절은 왕건과 연결되어 있었다. 행적은 곧 이어 石南山寺로 옮겨 주석하였는데, 그 이듬해에 이 절에서 입적하였다. 석남산사는 奉化에 있었던 太子寺이다. 개청은 범일의 문하에 있다가 진성왕 3년(889)에 강릉 地藏禪院에 거주하였는데, 이 때 溟州軍事 王順式과 인연을 맺었다. 지장선원을 후원하고 있는 왕순식은 김주원의 후손으로 생각된다.[61] 궁예가 강릉을 점령하였을 때 일부 김주원계 세력의 협조를 얻었는데, 왕순식도 그런 세력 중에 포함될 수 있다.62) 궁예의 세력권 내에 있었기 때문에 개청은 왕건과 결연되는 시기가 늦을 수밖에 없었다. 한편 신의는 五臺山 慈藏의 舊居(후의 月精寺)에 거주하고 있었다. 이로 보면 굴산문은 강릉과 오대산 일대에 세력을 미치고 있었다.

사. 희양산문

曦陽山門의 개창자는 智證 道憲이다. 그는 9산문 중 유일하게 중국에 들어가지 않고 山門을 성립시켰다. 일찍이 신라의 法朗은 중국 4조 雙峰道信의 법맥을 받아와서 神行에게 전하였고, 그는 다시 遵範에게, 준범은 다시 慧隱에게 전하였다. 지증은 혜은의 법을 이어 받았으므로 北宗禪의 법맥을 이은 셈이다. 그러나 兢讓대사의 비문에 의하면 지증은 마조의 제자인 神鑑의 법인을 받아온, 雙谿寺 慧昭의 법인을 이은 것으로 되어 있다. 지증이 생시에 혜소와 어떤 인연을 맺었는지 현재로서는 자세히 밝히기 힘들다.

지증의 제자에 楊孚가 있는데 그는 충남 공주의 西穴院과 경남 康州의 伯嚴寺에서 禪風을 드날리고 있었지만,63) 더 이상의 행적이 자세히 밝혀져 있지 않다. 양부의 제자에 긍양이 있다. 그는 효공왕 4년(900)에 중국에 들어가 석상의 제자인 道緣 谷山의 법인을 받아, 태조 7년(924)에 귀국하였으며 왕건의 귀의를 받았다. 그 뒤 그는 惠宗·定宗·光宗의 귀의를 계속 받으면서 왕정을 돕기도 하였다. 신라말의 혼란기를 겪으면서 희양산문은 賊黨의 침입을 받아 폐허가 되었는데, 긍양이 이를 재건하였다. 긍양의 제자에 逈超가 있으나 행적이 알려져 있지 않고, 그 제자에 智宗이 있다. 지종은 광종대에 중국 延壽의 문하로 나아가 法眼宗을 받아왔다.

아. 봉림산문

鳳林山門의 개창자는 玄昱이다. 그는 헌덕왕 16년(824)에 중국에 들어가 마조의 제자인 章敬 懷暉의 법인을 받아 희강왕 2년(837)에 귀국한 뒤, 경문

61) 金杜珍, 〈新羅下代 崛山門의 形成과 그 思想〉(《省谷論叢》 17, 1986), 310~312쪽.
62) 金杜珍, 위의 글, 315쪽.
63) 추만호, 앞의 책, 68쪽.

왕의 청으로 慧目山의 高達寺에 거주하였다. 그의 제자에 審希가 있다. 심희는 舊加耶 왕족의 후예인 新金氏로서 그의 신분적인 한계로 말미암아 중앙 정계로의 진출이 어렵게 되자, 당시 경문왕과 밀접한 관련을 맺고 있었던 현욱에게 출가하였다.[64] 심희는 혜목산에서 松溪禪院으로 나아가면서 진성여왕의 청을 거절하고, 김해 지방의 加耶系 김씨 세력인 金仁匡·김율희 등과 연결하여 봉림사를 열었다.[65]

심희가 왕실의 청을 거절한 것은 송계선원의 단월 세력이 반신라적 성향을 띠고 있었기 때문이었다. 진성여왕을 이어 왕위를 계승한 효공왕은 봉림사에 머물고 있는 심희에게 귀의하여, 그의 도움으로 김해 지역의 호족 세력과 우호적인 관계를 유지하고자 하였다.[66] 그리고는 곧 이어 심희는 왕건과 연결되어 918년에 고려 왕실에 나가기도 하였다. 심희의 제자에 景質·融諦·찬유 등이 있다. 그 중 융체는 尙州 公山의 三郎寺에서 禪風을 휘날렸다. 찬유는 진성왕 6년(892)에 중국에 들어가 無學의 제자인 大同 子祥의 법인을 받아, 태조 4년(921)에 귀국하고 왕건의 청으로 혜목산에 거처하였으며, 혜종·정종·광종의 귀의를 받았다. 그의 문하에 昕弘·同光·幸近·訓善·傳印·金鏡 등이 있었다.

자. 수미산문

9산문 중 가장 늦게 성립된 須彌山門의 개창자는 利嚴이다. 그는 진성왕 10년(896) 중국에 들어가 青原 行思의 法脈을 이은 雲居의 법인을 받아 효공왕 15년(911)에 귀국하였다. 그는 처음 김해부 지군부사인 김율희의 도움을 받았으나, 뒤에 왕건의 청으로 해주의 廣照寺에 거주하였다. 광조사는 왕건 및 그의 외척 세력인 皇甫氏의 후원으로 성립되었다. 黃州를 근거지로 한 황보씨 세력은 고려 왕실의 先代 세력과 연결되어 있었고, 광종대에는 외척으로 그 세력을 더욱 넓혀 갔다. 그리하여 이엄의 在家 제자로 皇甫悌恭이 있었고, 그 외에 王儒·李陟良 등 전직과 현직 고관이 있었다.

---

64) 曺凡煥, 〈新羅末 鳳林山門과 新羅王室〉(《震檀學報》 78, 1994), 45~49쪽.
65) 崔柄憲, 〈新羅末 金海地方의 豪族勢力과 禪宗〉(《韓國史論》 4, 서울大, 1978), 403~404쪽.
66) 曺凡煥, 앞의 글, 53~54쪽.

이엄과 더불어 砥平 菩提寺의 大鏡 麗嚴, 長湍 五龍寺 法鏡 慶猷, 강진 무위사 先覺 逈微 등 4인은 모두 운거의 법인을 받아와 왕건과 연결되고 있어서, 이들을 海東 四無畏士라 불렀다. 이들의 사상 경향은 고려 왕정을 보익하는 성격을 지녔다. 그리하여 이엄은 "王者는 四海를 집으로 삼고 萬民을 자식으로 삼아 무고한 무리를 죽이지 않는다"고 하였다. 이들이 靑原 行思의 법맥인 운거의 법인을 받아온 것은 그들의 사상이 敎禪一致的인 경향을 띠는 것과 연관된다. 그의 제자에 處光과 道忍 등이 있으나 모두 행적이 잘 알려져 있지 않다.

차. 기타 산문

9산선문 외에 혜소는 도의나 홍척과 비슷한 시기에, 하동의 雙谿寺에서 산문을 이루어 번창하고 있었다. 혜소는 哀莊王 5년(804)에 중국에 들어가 神鑑의 법인을 받고는, 홍덕왕 5년(830)에 귀국하였으며 魚山梵唄를 전하였다. 특히 쌍계사에는 六祖의 影堂이 있는데, 신라 金大悲가 慧能의 머리를 취해오게 하는 연기설화와 연고하여 주목된다.

고려 왕건의 先代 세력과 연결을 가진 順之는 五冠山 瑞雲寺에서 潙仰禪風을 펴고 있었다. 왕건과 연결된 寶壤은 청도의 雲門寺에서 산문을 이루고 있었는데, 그의 선풍은 雲門宗 계통이었다. 이들 외에도 9산선문 중에 들어가지 않으면서도 산문을 이루고 있었던 자들이 많았다. 신라말의 普耀선사는 吳越로부터 대장경을 싣고 왔는데, 海龍王寺를 열어 그 開山祖가 되었다. 해룡선문도 무신란 이후 고려 후기에까지 그 명맥을 유지하고 있었다.

지금껏 논해온 것과는 달리 나말여초에 9산선문이 형성되어 있지 않고, 모두 曹溪宗으로 불렸다는 주장도 있다.[67] 9산문은 고려 후기 禪宗界를 반영하는 것이지 나말여초의 선종계를 망라한 체계가 아니라 했다. 다만 그것은 嗣子傳承되는 독립된 산문을 이루고 있었으며, 9산문 외에 선종산문이 더 있었던 것은 분명하다.

---

67) 許興植, 〈禪宗九山門과 禪門禮儀文의 問題點〉(《歷史敎育》 5, 慶北大, 1983), 124쪽.

(4) 선종사상의 경향

나말여초 선종사상의 경향은 진성여왕을 전후하여 크게 변하고 있다. 진성여왕 이전의 그것은 개인주의적이었고, 왕실과 지방호족의 쌍방에 관계를 가지고 있었다. 초기 선종은 왕실과의 관계를 고려하는 측면에서 교학적 경향을 완전 부정하지 않았다. 도의는 화엄의 4종 法界와 55善知識의 行布法門 외에 따로 祖師禪道를 설하였는데, 화엄의 4종 법계를 손안에 든 법계라 하고 55선지식의 행포법문을 水中의 물거품이라 하였다. 그의 法孫인 體澄은 「性」과 「相」이 다르지 않음과 마음이 족하면 뜻이 일어남을 설하였다.

도의와 비슷한 시기의 홍척은 北宗禪的인 경향을 지녔다. 그는 "靜하였을 때에 산이 세워지고 움직일 때에 골짜기가 應한다. 無爲의 이익됨은 다투지 않고 이긴다"[68]고 하였다. 곧 홍척의 禪風은 무위하여 모르는 사이에 저절로 되는 것이라기보다는 오히려 기운찬 것이다. 이 점은 그가 남종선을 받아왔다 하더라도, 북종선의 영향을 짙게 간직하고 있음을 알려준다. 희양산문을 연 道憲은 다른 산문들과는 달리 태사공의 문구를 인용하는 등 유학에 밝았고, 六異와 六是를 제창하였다. 6이는 禪僧으로서의 특별한 인연을 나타내는데, 탄생·금기·出家 및 律戒와 훈계 등을 받을 때의 특이함을 말한다. 6시는 佛事의 당연성을 나타내는데, 대체로 왕실의 청을 거절하면서 단월 세력과 연결되는 면과 사원 경제의 당연성을 말한다.

진성여왕 이후가 되면 선종사상은 祖師禪의 優位를 주장해 가는 경향을 지녔다. 《禪門寶藏錄》에는 낭혜의 선사상인 〈無舌土論〉이 전한다. 「有舌土」가 불토인 應機門으로 敎門이라면, 「無舌土」는 祖土인 正傳門으로 禪門이다. 敎學은 마치 百官이 모두 그 맡은 바 직무를 수행하여 일이 처리되는 것에 비유된다면, 禪學은 天子가 말없이 廟堂 위에 팔짱을 끼고 앉아만 있어도 천하가 안정되는 것에 비유되었다. 그것은 교문보다도 선문이 우월하다는 것이다.[69]

---

68) 崔致遠, 〈鳳巖寺智證大師寂照塔碑〉(《朝鮮金石總覽》 上), 90쪽.

69) 물론 禪과 敎가 분리될 수 있는 것은 아니다. 그렇지만 교종불교가 성행한 분

굴산문을 개창한 梵日은 평상의 마음이 바로 道理라 하였는데, 석가가 보리수 아래에서 깨침은 진실한 것이 아니며, 그 뒤 眞歸祖師를 만나 깨친 것이 바로 祖師禪이라 하였다. 곧 如來禪보다 우월한 것이 조사선이었다.70) 선과 교를 비교하여 선을 우월하게 보려는 이러한 선종사상 경향은 선사들이 왕실보다 지방호족 쪽으로 기울어지는 분위기와 연관되어 있다.71)

후삼국 정립기가 되면 선종사상은 개인주의적인 면보다 「外化」에 비중이 두어졌고, 따라서 지방의 대호족들이 주위의 군소 지방세력을 포섭 동화해 감을 합리화하였다.72) 그것은 「一心」을 중심으로 하여 「외화」함을 주장했다. 범일의 제자 행적이 「일심」을 강조하려는 것도 이러한 선사상의 경향과 관련이 있다. 그는 "一心을 보존하라"든가 "한번 지켜 잃지 말라"고 하였다. 심희의 제자인 찬유도 일심을 강조하여 "同一한 眞性이 一心이며, 일심을 근본으로 삼아야 한다"라고 하였다.

이러한 선종사상의 경향은 왕건이 고려 국가를 건설하여 후삼국을 통일하는 과정에서, 더욱 강화되어 敎禪一致의 사상을 가능하게 하였다. 왕건의 先代 세력과 결연된 순지는 四對八相·兩對四相·四對五相 등 相論과 三遍成佛論·三遍實際論 등의 사상을 남겼다. 3편성불을 논하면서 頓悟와 漸修를 통한 성불을 주장했는데, 순지는 그 경지가 모두 같다고 함으로써 교선일치의 사상 경향을 보여주었다. 이어 그는 頓證實際에서 「內證外化」 사상을, 廻漸證實際에서 교선일치 사상의 이론적 근거를 제시하였다.73) 고려초의 교선일치 사상은 선종의 입장에서 교종을 통합하려는 경향과 교종의 입장에서 선종을 통합하려는 경향이 있다.

위기 속에서 선종이 들어와 정립되는 과정에, 교종의 교리와 비교하여 선종의 우위를 내세우려 했다. 그것이 祖師禪의 건립이다. 일단 선종산문이 건립된 이후 불교계는 교와 선의 교섭문제를 정리해야 하는 숙제를 안게 되었다.

70) 진귀조사설은 《海東寶藏錄》 속에 전하는 내용을 고려 후기의 天頙이 다시 인용한 것이다. 진귀조사설에서와 같이 강하게 祖師를 강조하는 것은 의문의 여지를 간직하고 있다. 그렇지만 그것이 특별히 梵日의 사상으로 인용된 것은 그의 사상경향이 조사선을 수립하려는 성격을 가졌음에서 가능했을 것이다.

71) 金杜珍, 앞의 글(1973), 40쪽.

72) 金杜珍, 〈了悟禪師 順之의 禪思想—그의 三遍成佛論을 中心으로—〉(《歷史學報》 65, 1975), 35~51쪽.

73) 金杜珍, 〈了悟禪師 順之의 相論〉(《韓國史論》 2, 서울大, 1975), 109~111쪽.

3) 미륵신앙

(1) 미륵의 출현과 말법신앙

석가가 현세불이라면 미륵은 來世佛이다. 석가를 이어 중생을 제도하는 미륵에 대한 신앙은《彌勒上生經》·《彌勒下生經》·《彌勒成佛經》에서 집중적으로 설명되고 있다. 이 세 경전이 전하는 미륵신앙은 실제 긴 기간을 거치면서 여러 개의 많은 설화로 이루어져 있다. 특히 미륵신앙은 轉輪聖王의 治世와 얽혀 있다.

阿逸多와 미륵이 부처 앞에서 수도하여 후에 아일다는 전륜성왕으로 태어나게 된다. 그는 이웃 국가를 정벌하고는 그 땅을 佛法으로 통치하기 때문에 이 세상은 살기 좋은 이상세계가 된다. 이 때 미륵이 化生하여 전륜성왕의 불법통치를 돕는다. 곧 미륵의 출현은 전륜성왕의 통치를 돕고 그의 出家를 이끄는 것이지만, 그러한 이상세계가 도래하기까지 이 사회는 매우 혼탁해져 있게 된다. 미륵이 출현하기 이전의 전륜성왕이 통치하는 사회는 극도로 혼란한 것이다.

미륵 출현 이전 전륜성왕의 통치가 혼란으로 이어지는 상황에 대해서는 《미륵하생경》에 잠깐 언급되어 있지만,《長阿含經》등 小乘 경전에는 비교적 자세하게 기록되어 있다.[74] 전륜성왕의 輪寶가 바뀌어 가면서 그에 따라 백성들이 빈궁하여 절도를 일으키고, 그것이 계기가 되어 살인과 전쟁·죄악·배신이 난무하면서 자연 인간의 수명까지 단축되는 극도의 혼란을 맞게 된다. 이러한 사회에 출현한 미륵은 엄격한 戒律을 강조하고[75] 그것으로써 인간을 제도함으로써 현실사회에 이상세계를 도래시킨다고 한다. 미륵신앙은 혼탁한 末法사회를 배경으로 하여 이상세계를 건설하려고 하기 때문에, 현실사회를 개혁하려는 사상으로 나타나게 된다. 미래에 우리가 사는 이 사회가 바로 이상세계가 되기 위해서, 미륵신앙은 사회 모순을 개혁하려는 사상 경

---

74)《長阿含經》권 2, 轉輪聖王修行經 등에 자세히 나와 있다.

75) 金三龍,〈百濟彌勒信仰의 性格과 그 歷史的 展開〉(《韓國彌勒信仰의 硏究》, 同和出版公社, 1983), 101쪽.

향을 지녔다. 그런데 이러한 미륵신앙은 시대에 따라서 그것의 모든 내용이 표출되어 강조된 것이 아니라, 특정한 모습이 당시의 사회 상황과 연관되어 중요시되었다.

삼국시대에는 백제사회에 미륵신앙이 크게 유행하였다. 무왕이 龍華山 아래에 彌勒寺를 창건한 것은 그 땅에 미륵불의 이상세계를 실현하려는 의도를 나타내고 있다.[76] 현실사회가 이상세계로 고쳐지기 위해서는 당대 사회의 혼란과 그것을 개혁하려는 사상이 나타나야 한다. 그런데 백제 미륵신앙에서는 현실사회의 혼란을 강조하고 있지는 않지만 그 혼란을 제도하려는 계율을 강조하고 있다.[77]

백제 미륵사상의 전통을 이은 진표에게서도 이런 면은 비슷하게 나타나 있다. 그는 미륵불로부터 직접 계율을 받고자 열망하였다. 다만 이상세계의 건립을 꿈꾸면서 계율을 강조하는 미륵신앙은 비록 혼란한 사회의 개혁을 직접 거론하지 않았다고 해서 그러한 사상 경향이 없었던 것은 아니다. 어쩌면 백제 미륵신앙 속에서 사회개혁 사상은 수면 밑에서 꿈틀거리고 있었고, 그것이 수면 위로 부상하지 않았을 뿐이다.

사회개혁 사상은 신라 하대에 오면서 점점 부각될 수 있었다. 당시에 末法사상이 크게 퍼져 있었던 것은 미륵신앙의 사회개혁 사상과 연관될 수 있다. 진성여왕은 角干 魏弘에게 《三代目》이란 향가집을 편찬하게 했는데, 그것은 그들이 上代·中代·下代의 3대 중 하대에 살아간다는 말법의식을 나타내고 있다.[78] 이러한 말법의식은 신라 하대 禪師들의 碑文 속에 더욱 뚜렷하게 나타나 있다. 선사들의 행적은 비록 말법시대에 태어났지만, 애써 중생을 제도한 것으로 부각되었다.

말법시대를 의식하면서 교종 불교를 개혁하려던 선종 승려들이 미륵불의 출현을 기다리는 경우가 자주 나타나 있다. 우선 북종선을 전한 神行禪師는 스스로 隱居하여 禪修行을 닦았던 곳인 단속사에 대해서 摩訶迦葉이 미륵을

---

76) 위와 같음.

77) 金杜珍, 〈百濟의 彌勒信仰과 戒律〉(《百濟研究叢書》 3, 忠南大 百濟研究所, 1993), 72~74쪽.

78) 이러한 시대의식은 최치원이 智證大師碑에서 신라불교사를 시대 구분하여 헌덕왕대 이후 자신이 사는 시기를 제3기로 파악하고 있는 것과 연결될 수 있다.

기다린 곳으로 비유하였다.[79] 이러한 비유는 신행이 주석하기 이전부터 전해오는 것으로 비교적 널리 알려져 있었다. 어쩌면 신행은 가섭이 미륵을 기다리듯이 미륵불의 출현을 원하였는지도 모른다. 그런가 하면 봉암사의 지증대사는 미륵불로 칭송되기도 했다. 곧 경문왕 4년(864)에 端儀長翁主는 지증대사를 當來佛이 하생한 것으로 공경하였다.[80]

그외에 해주의 廣照寺에서 수미산문을 개창한 利嚴이나 光陽 玉龍寺의 慶甫 등도 자기들이 住錫할 곳을 鷄足山으로 비유하면서 미륵이 출현해 줄 것을 기약하였다.[81] 이들 선사들의 탑비에 나타난 미륵신앙은 마하가섭이 계족산에서 석가모니의 법의를 받고 미륵불의 출현을 기다리는 경전의 내용과 관련되어 선사들을 마하가섭에 비유하였고, 미륵불의 하생을 기다리며 그들의 역할을 과거와 미래를 이어주는 중개자로서 강조한 것이다.[82]

이러한 것은 말법시대와 관련하여 구세주로서의 미륵신앙이 신라 하대의 선사들에게 나타난 것으로 이해된다.[83] 그러나 그들이 내세운 이상세계의 건설은 신라 하대의 사회 혼란을 지적하면서 사회개혁 사상을 내세웠던 것은 아니다. 신라 하대의 미륵신앙이 이상세계의 건설과 연고되어 유행했음은 調信의 경우에 나타나 있다. 조신은 世達寺의 승려로서 그 절에 딸린 莊舍가 溟州의 㮈李郡에 있어서 그 곳의 知莊으로 파견되었다. 그는 太守인 金昕公의 딸을 연모하여 觀音 앞에서 그녀와 인연을 맺어줄 것을 빌었는데, 꿈에서 그 소원이 이루어진다. 조신은 40여 년을 그녀와 생활하면서 인생의 고락을 다 경험하고는 마지막에 서로 헤어짐으로써 꿈을 깬다.

조신은 꿈에서 인생의 갖가지 幸苦를 맛보았다. 그 중 15세된 자식이 죽자 蟹縣嶺에 그를 묻었는데, 뒤에 그 곳을 파니 돌미륵이 나왔다. 그리하여 私財를 기울여 淨土寺를 창건하였으며, 그 후에는 그가 간 곳을 모른다고 했다.[84] 물론 죽은 자의 輪廻還生을 위해 무덤 앞에 돌 미륵상을 안치하는 신

79) 金獻貞, 〈斷俗寺神行禪師碑〉(《朝鮮金石總覽》 上), 115쪽.
80) 崔致遠, 〈鳳巖寺智證大師寂照塔碑〉(위의 책), 92쪽.
81) 金惠婉, 앞의 글, 18~19쪽.
82) 金惠婉, 위의 글, 20쪽.
83) 위와 같음.
84) 《三國遺事》 권 3, 塔像 4, 洛山二大聖 觀音 正趣 調信.

앙은 이미 신라 중대에도 유행하고 있었다.[85] 그렇지만 신라 중대의 미륵신앙에서와는 달리 조신은 정토사를 창건하여 淨土에 나아가고자 하였다.

조신은 현실사회에서 이상세계를 추구하는 미륵정토를 추구하였다. 일반적으로 미타와 미륵·관음은 淨土三佛이라 하는데, 실제로 관음은 중생을 정토로 이끄는 역할을 했다. 그렇다면 조신이 받든 관음불도 정토와 얽힌 것으로, 미륵의 이상세계를 현실사회에 구현하려 하였다. 그렇지만 그에게 있어서도 당대 사회의 혼란상이나 사회개혁사상이 구체적으로 나타나 있지는 않다. 후삼국시대가 되면서 신라 국가체제를 부정하고 그것을 뒤흔들려는 기운이 팽배해지면서, 미륵신앙은 현실사회를 개혁하려는 경향을 뚜렷하게 지녀갔다.

(2) 궁예의 이상세계 건설

미륵신앙이 이상세계의 건설을 전제로 하여 현실사회를 개혁하려는 경향을 뚜렷하게 표방한 자는 弓裔였다. 물론 궁예는 법상종 계통의 승려로서[86] 자신을 미륵불로, 두 아들을 각각 청광보살과 신광보살이라 했다. 그러한 궁예의 미륵신앙은 미신적인 것으로 윤색되어 있다.

그는 외출할 때에 항상 白馬를 타고 彩色 비단으로 말갈기와 꼬리를 장식했으며, 童男童女를 시켜 깃발·양산·香花를 받들고 앞에서 인도하게 하였다. 또 비구 200여 명을 시켜 梵唄를 부르며 뒤를 따르게 했다. 그런가 하면 궁예 4년(915)에 부인 康氏는 그가 非法을 많이 행하기 때문에 정색하고 간하였다. 궁예는 이를 미워하여 "네가 다른 사람과 通姦하니 웬일이냐"[87]고 하면서 부인을 죽였다.

궁예는 머리에 金幘을 쓰고 方袍를 입었으며 스스로를 미륵불이라 했다. 이런 그의 모습은 金輪寶를 쓴 전륜성왕의 모습을 떠올리게 한다. 善宗이란

---

85) 《三國遺事》 권 2, 紀異 2, 孝昭王代 竹旨郎條에 "公曰 殆居士誕於吾家爾 更發卒修葬於嶺上北峯 造石彌勒 一軀安於塚前"이라 하여, 竹旨嶺에 거처하였던 居士가 죽어 자신의 아들인 죽지랑으로 환생할 것이라는 믿음을 가졌기 때문에 述宗公은 거사를 장사지내고 그 무덤 앞에 돌 미륵상을 안치하였다.

86) 金杜珍, 앞의 책, 117쪽.

87) 《三國史記》 권 50, 列傳 10, 弓裔.

法號를 가지고 방포를 입은 모습은 전륜성왕의 출가를 의미하며, 그의 輪寶가 옮겨감을 말한다. 이 때부터 인간의 수명은 줄어들고 거짓과 사기와 도적이 횡행하면서, 전쟁과 살인이 그치지 않은 혼란한 사회에 들게 된다.[88] 궁예의 미륵신앙은 이와 같이 전륜성왕의 윤보를 내세워 신라사회의 혼란을 강조하는 것이었다. 이미 진성여왕대는 草賊이 난무하는 혼란한 시대에 들어 있었으며, 이전 시대에서와는 달리 궁예의 미륵신앙은 바로 그러한 사회 혼란을 조장함으로써 신라국가를 붕괴시키는 촉매제로 작용하였다.

그런데 궁예가 외출할 때의 모습은 龍華樹 아래에서 미륵이 행한 3회의 설법 장면을 연상시켜 준다. 3회의 설법으로 미륵불은 이미 法輪을 굴리고 하늘과 사람을 제도한 다음 제자들을 이끌고 翅頭末城으로 들어간다. 이 때 길거리에는 가지가지의 幡蓋를 세우고 여러 가지의 香을 태워 그 연기가 구름같으며, 帝釋은 여러 天王과 더불어 佛德을 노래로 찬양하고, 하늘의 꽃들을 비오듯 뿌려 부처님을 공양한다.[89] 궁예가 白馬를 채색 비단으로 장식한 것이나 동남동녀로 깃발·양산·향화를 받들고 범패를 부르게 한 것은 바로 龍華 이상세계의 실현을 의도한 것이다.[90]

弓裔는 이상세계의 실현을 위해 현실사회를 개혁하려 하였다. 그가 미륵불로 자칭한 것은 그 만큼 현실사회의 개혁사상을 강하게 표출한 것이다.[91] 부인 강씨가 비판하자 그는 신통력을 강조해서 부인을 살해하였다. 여기서는 단순히 신통력이라 되어 있으나, 같은 내용을 《고려사》에서는 彌勒觀心法이라 했다.[92] 궁예의 미륵관심법은 이상세계를 건설하기 위해 현실사회를 개혁하려는 것으로, 미륵의 功德 神力과 통할 수 있지만 이후 미륵신앙이 신비주의에 몰입되게 하였다.

궁예가 표방한 미륵신앙은 어쩌면 이상세계의 건설보다는 현실사회의 개혁에 더 치중되어 있었다. 고려 건국 이후 그것은 용납될 수 있는 것이 아니어서, 미륵신앙은 香徒 조직을 통해[93] 비밀결사를 결성시킴으로써 사회체제

88)《長阿含經》권 2, 轉輪聖王修行經 참조.
89) 鳩摩羅什譯, 《佛說彌勒下生成佛經》.
90) 金杜珍, 〈弓裔의 彌勒世界〉(《韓國史市民講座》 10, 1992), 32쪽.
91) 金杜珍, 위의 글, 116쪽.
92)《高麗史》권 1, 世家 1, 태조.

를 부정하는 반란세력과 연결되는가 하면, 민간신앙과 연결되어 신흥종교를 일으키기도 하였다.

4) 유·불·선 3교의 융합

(1) 유·불 2교의 교섭

儒教가 신라사에서 중요하게 되는 것은 중대의 전제주의가 성립하면서부터였다. 유교는 주로 六頭品 지식인을 중심으로 수용되었는데, 신라 중대에 왕실이 왕권을 강화하기 위해 眞骨귀족을 억압하는 대신 그들과 이해를 달리한 6두품 귀족을 측근 세력으로 키워 나갔다. 자연 6두품 귀족들은 진골귀족과 함께 불교에 대해서도 비판적 입장을 취하였다.

신라 중대에 유교적 정치이념이 도입되면서 불교 및 유교의 논리는 각각 독자의 영역을 가지면서 서로 비판하기에 이르렀다. 그리하여 신라 전통적인 진골귀족의 입장을 대변하는 金大問은 유교의 논리를 비판적으로 보았음에 대해,[94] 薛聰은 불교 논리에 대해 은근히 비판적이었다. 설총은 元曉의 아들로서 유학자였다. 그는 유학자로 자리하는 과정에서 정신적 고민을 느껴왔고, 그 결과 불교 논리를 비판하는 입장에 섰을 것으로 생각한다.[95] 불교에 대한 비판은 强首에게서 더욱 분명하게 나타났다. 그는 불교를「世外教」라 배척하고는 유교를 배우려한다고 하였다.[96]

불교와 유교의 논리가 가장 차이를 보이면서 서로 대조적으로 비교된 것은 세외교와 세내교였음이 분명하다. 물론 유교가 세내교라고 언급된 것은 아니라 하더라도 불교의 세외교와 비교하여 그렇게 생각된다. 강수가 불교를 세외교라 한 것은 출가하여 入山 수도하는 면을 이름이다. 속세를 떠나 출가

---

93) 李泰鎭, 〈醴泉 開心寺 石塔記의 分析—高麗前期 香徒의 一例—〉(《歷史學報》 54, 1973) 41쪽.

94) 李基白, 〈金大問과 그의 史學〉(《歷史學報》 77, 1978 ; 《韓國史學의 方向》, 1978, 一潮閣, 14쪽).

95) 李基白, 〈新羅 骨品體制下의 儒教的 政治理念〉(《大東文化硏究》 6·7, 1970 ; 《新羅思想史硏究》, 1986, 一潮閣, 226쪽).

96) 《三國史記》 권 46, 列傳 6, 强首.

하면 천륜과 인륜을 저버리게 된다. 그럴 경우 불교와는 달리 유교는 세내교로서 자리하게 되었고, 불교의 출가는 孝道와 부합할 수 없게 되었다.

신라 중대 이래에 유학자들의 불교에 대한 비판은 효도에 대한 것이었다. 곧 출가하게 되면 누가 어버이를 모시느냐는 것이다. 이러한 비판은 귀족들과는 달리, 홀어머니를 모시고 날품으로 그날그날의 생계를 이어가야 하는 서민들에게는 심각한 사회문제로 등장하였다. 그리하여 유학자들의 비판에 대한 불교계의 대응이 「孝善雙美」 신앙으로 나타났다. 그것은 佛家의 수도와 儒家의 효도를 함께 닦음으로써, 양자 사이의 조화를 모색하려 했다.[97] 그리하여 대체로 귀족들인 在家 신자들은 부모를 위한 佛事를 일으켜 공덕을 쌓음으로써 효도를 수행했는가 하면, 眞定과 같이 서민으로서 출가한 승려는 그 출가로 인해 부모가 극락으로 왕생하는 것이 효도를 수행하는 것이라 하였다.

신라 하대에 효도와 수도는 결코 대치될 수 없었다. 信孝거사가 효도와 출가 후의 수도를 함께 닦고 있었다. 신효거사는 幼童菩薩의 化身이라 불리웠다. 그의 집은 公州에 있었는데 효성을 다해 그 어머니를 봉양하였다. 그 어머니는 고기가 아니면 먹지 않으므로, 거사는 고기를 구하려고 돌아다니다가 절에서 학 다섯 마리가 노는 것을 보고 활을 쏘았다. 학 한 마리가 날개의 깃을 떨어뜨리고 갔는데, 거사가 그것으로 눈을 가리고 사람을 보니 모두 짐승으로 보였다. 이에 고기를 구하지 못하고 자기의 넓적다리 살을 베어서 어머니께 바쳤다. 그 뒤에 그는 중이 되어 자기 집을 내놓아 절로 삼았는데, 孝家院이 그것이다.[98]

신효는 신라말에 공주에 살았던 인물로서 사람이 業報에 의해 畜生으로 태어날 수도 있기 때문에, 결국 고기를 좋아하는 어머니께 자기의 허벅지 살을 드리는 효도를 행하였다. 그런 후 그는 출가하여 뒤에 月精寺를 크게 일으켰는데, 그가 자기의 집을 희사하여 경영한 절을 효가원이라 했으며 또한 그는 儒童보살 곧, 孔子의 화신이라 불렀다. 이로 보면 신효거사는 신라 하

97) 李基白, 〈新羅 佛敎에서의 孝觀念—『三國遺事』孝善篇을 중심으로—〉(《東亞研究》 2, 1983 ; 앞의 책, 1986, 278쪽).

98) 《三國遺事》 권 3, 塔像 4, 臺山月精寺五類聖衆.

대에 불교신앙과 유교의 효도를 조화시키고 있었다.

그런데 신효거사의 행적은 신라 중대의 대표적인 효행 신앙을 편 向德이나 聖覺의 故事와 일치하는 점이 많다.[99] 물론 향덕이나 성각의 고사는 불교와 유교윤리를 함께 지니는 것이면서도, 어쩌면 향덕은 그 이름으로 보아 유교윤리가 강요되는가 하면 성각이라는 뜻은 불교의 수행이 조금 더 뚜렷하게 나타났다.[100] 그리하여 신라 하대에는 효도를 숭앙하던 사원이 산재해 있었다. 신효가 세웠다는 효가원은 말할 것도 없거니와, 흥덕왕대에 孫順이 자기 집을 내놓아 창건한 弘孝寺도 그런 절이었다.[101]

신라 중대 이래 유교의 비판에 대한 불교계에서의 대응이 효도와 수도를 조화하려는 경향을 형성시켰지만, 신라 하대에 그러한 분위기는 사회 전반에 넓게 확산되어 있었다. 헌강왕이 喪을 당함에 대해 "藤文公은 禮를 다하여 居喪함으로써 끝내 자기를 극복할 수 있었고, 초나라 莊王은 때를 기다려 政事를 닦음으로써 그 실로 사람을 놀라게 하였다. 하물며 性情이 中國風을 답습하고 몸소 불교의 교리에 젖으시니, 조상을 높이 받드는 의리를 행했고, 부처님께 귀의하는 정성을 激發시켰다"[102]고 하였다. 헌강왕이 상복을 입고 조상을 받드는 효행과 함께 佛道를 실천하고 있음을 보여주고 있다. 효도와 불도의 실천을 국왕이 몸소 행하고 있으며, 바로 그 점을 높이 칭송함은 신라 하대에 그것이 사회윤리로서 확산되어 갔음을 말해준다.

그리하여 승려들도 유교에 대해 깊이 이해하고 있었다. 鳳巖寺의 지증대

99) 聖覺은 신라 菁州 사람인데 史에 그 氏族이 전하지 않는다. 그는 세상의 명예나 벼슬을 즐겨하지 않고 스스로 居士라 하여 一利縣의 法定寺에 의탁하여 살았는데, 뒤에 집에 돌아가 어머니를 봉양하였다. 어머니가 늙고 병들어 나물 밥을 먹기 싫어하므로 자기의 다리 살을 베어 먹였고, 죽게 되자 정성껏 佛事를 행하여 祭를 올렸다(《三國史記》 권 40, 列傳 8, 向德 聖覺). 또한 向德故事도 허벅지 살을 어버이에게 공양했다는 면에서 信孝의 孝行과 비슷하다.

100) 金杜珍, 〈新羅義湘系 華嚴宗의 '孝善雙美' 信仰〉(《韓國學論叢》 15, 1992), 23쪽.

101) 《三國遺事》 권 5, 孝善 9, 孫順埋兒 興德王代條에는 품을 팔아 살아가는 孫順이 늙은 어머니의 반찬을 빼앗아 먹는 자기 아들을 묻으려 하였다. 땅을 파자 마침 石鐘이 나오므로 이상히 여겨 묻는 일을 중단하고는 집으로 돌아왔다. 그 종을 매달아 치니 마침 종소리를 듣고 손순의 효행을 안 홍덕왕이 그를 포상하였으며, 뒤에 그는 집을 내놓아 弘孝寺라 하였다.

102) 崔致遠, 〈崇福寺碑文〉(《校勘譯註 歷代高僧碑文》 新羅篇), 237쪽.

사는 유교에 매우 밝았다. 그의 행적은 크게 「六異」과 「六是」로 나뉘어 기술되었는데, 「6이」가 그의 생애 중에 있었던 이적을 적은 것이라면, 「6시」는 주로 그의 옳은 행동을 기록한 것이다. 물론 지증대사의 「6시」로 제시된 것은 나아가고 물러나는 옳음과 은혜를 알아 은혜를 갚는 옳음, 狂氣를 억제하고 개발하는 옳음, 쓰거나 버리는 데의 옳음 등으로 불교 수행이면서도 유교의 가르침을 생각하게 한다. 또한 지증대사의 「6이」는 불교신앙상의 이적을 지적하려는 것이지만, 그 중의 효도와 感泣의 이적이나 마음을 격려하는 이적, 아홉번 생각하게 하여 훈계를 내리는 이적 등은 유교적인 교훈을 떠올리게 한다.[103]

신라 하대에 불교와 유교를 함께 닦으려는 경향은 최치원의 글에서 강조되었다고 할 수 있다. 앞에서 들은 헌강왕이나 지증대사에 관한 서술이 모두 최치원에 의해 작성되었다. 그렇다고 하더라도 나말여초에는 많은 禪師들의 비문이 현존하는데, 그것을 작성한 자들은 모두 유교 知識人이었고 그들 또한 불교에 대해 깊이 이해하고 있었다. 이로 보면 신라말에 불교와 아울러 유교를 함께 이해하려는 경향이 확산되어 있었다. 특히 慈寂禪師는 일찍부터 불경을 열람하고, 유교 또한 정통하였다.[104] 유·불을 함께 이해하려는 경향은 비단 지증이나 자적선사에게 한정되었다기보다는 신라말의 선사들에게 일반적으로 나타났다.

(2) 유·불·선 3교의 조화

우리 나라에 道教 내지 神仙사상은 일찍부터 들어와 있었다. 우선 檀君神話에 桓因의 서자인 桓雄이 太伯山頂에 神市를 건설하여 神政을 펴고 있다. 곧 그것은 단군신화가 도교의 神仙說과 방불한 면을 보이는 모습이다. 그런데 신라 개국신화에서는 신선사상이 보다 더 뚜렷하게 들어 있다. 경주의 서쪽 仙桃山에 聖母祠가 있는데, 그 神母는 중국 帝室의 딸로 이름을 娑蘇라 하였다. 그녀는 일찍이 신선술을 터득해서 海東으로 와 오래 머물다가 끝내

103) 崔致遠, 〈鳳巖寺智證大師寂照塔碑〉 참조.
104) 〈境清禪院慈寂禪師凌雲塔碑〉(許興植 編, 《韓國金石全文》 中世上, 亞細亞文化社, 1984), 314쪽.

는 선도산 신모가 되었는데, 세상에 전해지기로는 朴赫居世와 閼英이 이 신모의 소생이라고 했다.[105]

선도산 신모에 관한 신앙은 고려시대에까지 퍼져 있었다. 金富軾이 李資諒의 수행원으로 宋에 들어갔을 때 佑神館에 설치되어 있는 女仙像을 보고는, 그것이 선도산 신모였다는 말을 들었다고 했다.[106] 이렇듯 신선사상은 일찍부터 발생하여 삼국시대는 물론 통일신라나 고려시대 또는 후대에까지 유행하면서 전승되었다. 통일신라시대에 신선사상의 유행과 함께 주목되는 것은 노자의 《道德經》 등의 서적이 流入된 점이다. 효성왕 2년(738)에 唐의 사신인 邢璹은 노자 《도덕경》 등의 서적을 가져와 王에게 바쳤다.[107]

신라 하대사회에 신선사상의 전개는 도덕경의 유입과 밀접한 관련을 가졌을 지라도, 반드시 그것과 연계하여 유행했던 것은 아니다. 어쩌면 그것은 신라 고유의 土着사상이나 신앙에 근거하였으며, 유교나 불교신앙과 융합하여 유행한 듯하다. 유·불·선 3교가 융합하여 신라 토착의 고유한 정신을 만들었다는 것은 鸞郎碑의 序文에 "나라에 玄妙한 道가 있으니 그 이름은 風流이다. 敎를 만든 근원은 仙史에 자세히 실려 있거니와 그 핵심은 유·불·선 3교를 포함하고 중생을 교화하려는 것이다. 말하자면 집에 들어오면 부모에게 효도하고 벼슬하면 나라에 충성하는 것은 魯 司寇(孔子)의 가르침이요, 無爲한 일에 처하고 不信의 敎를 행하는 것은 周 柱史(老子)가 으뜸으로 세운 바이며, 모든 악한 일을 행하지 않고 착한 일만 수행하는 것은 竺乾太子(釋迦)의 교화이다"라고 하였다.[108]

최치원은 花郎徒의 정신을 본래 신라에 고유하게 있었던 玄妙한 道 즉, 風流道에서 구했는데, 그것의 근원은 仙敎에 있었지만[109] 그 추구하는 바는 유·불·선 3교의 가르침에 의한 것이라 하였다. 道義를 연마하고 歌樂으로써 즐기며, 山水를 유람하여 먼 지방도 안가는 데가 없었다는 화랑도의 수련방식은 선교의 수양에 근원하였지만, 그들이 행하는 정신은 유·불의 교의에

105) 《三國遺事》 권 5, 感通 7, 仙桃聖母隨喜佛事.
106) 위와 같음.
107) 《三國史記》 권 9, 新羅本紀 9, 효성왕 2년 4월.
108) 《三國史記》 권 4, 新羅本紀 4, 진흥왕 37년.
109) 車柱環, 《韓國道敎思想硏究》(서울大 韓國文化硏究所, 1978), 113쪽.

투철하였다. 화랑도의 정신이 비록 신라 하대의 최치원에 의해 유·불·선 3교의 융합으로 이루어진 것이라는 점이 강조되었을 수도 있지만, 신라의 風流道는 오래 전부터 있어 왔다.

풍류도의 전승은 신라 토착사회에 유교와 불교가 유입되어 정착된 후에, 그것을 융합하려는 경향을 용이하게 하였다. 사실 신라 불교신앙 속에는 많은 土着的인 신앙이 가미되어 있다. 그런 경향은 일찍부터 나타났다. 의상이 창건한 洛山寺의 관음은 月水帛을 빠는 여인으로 등장하였으며 성덕왕 당시에 여인으로 化生하여 努肹夫得과 怛怛朴朴을 각각 미륵과 미타의 兩尊으로 성불시킨 관음도 모두 토착의 地母神 신앙과 연계되어 있다. 그러한 관음은 선도산 신모신앙과 연결이 가능하며, 그 설화 속에 등장한 월수백이나 해산 후 아기를 목욕시킨 金液은 여성의 생리와 관련된 仙家의 玄水로 이해되고 있다.[110]

신라 불교신앙 내에 융합되어 있는 토착신앙은 대체로 선교신앙적인 것으로 생각될 수 있을 법한데, 그것은 선·불 2교를 보다 쉽게 융합할 수 있게 했다. 신라 하대에 오면 선·불 내지 도·불을 같이 이해하려는 경향이 확산되어 갔다. 성덕왕 당시에 重阿飡인 金志誠은 산수를 즐겨 隱士로서의 선가적 삶을 살아갔지만,[111] 돌아가신 부모와 가족들을 위해 미륵존상과 미타불상을 조성하였다. 김지성에서 뿐만 아니라 당시에 仙(道)家와 불교사상을 조화하려는 경향은 확산되어 있었다.

장흥 보림사에서 실제로 가지산문을 성립시킨 체징은 도교의 「道」를 선종불교의 깨달음과 연계시켜 같이 파악하였다. 〈도덕경〉에 "上士는 도를 들으면 숭상하여 받들고, 中士는 도를 들으면 보존한 듯 잃은 듯하며, 下士는 도를 들으면 손바닥을 문지르며 웃으니, 웃지도 아니하면 족히 道라 여길 수 없다"고 하였다.[112] 그것은 도교와 불교를 같이 이해하려는 것이다.

신라 하대에 선사들이 사원을 開創하려 할 때에 風水地理를 살피고 있었는데 그러한 이해의 밑바닥에는 仙敎的 사고가 깊이 베어 있었다. 王建은 圓

110) 鄭璟喜, 〈三國時代 社會와 仙道의 硏究〉(《史學硏究》 40, 1989), 81쪽.
111) 〈甘山寺彌勒菩薩造像記〉(《朝鮮金石總覽》 上), 35쪽.
112) 金穎, 〈寶林寺普照禪師彰聖塔碑〉(위의 책), 61쪽.

朗禪師가 月光寺에 머물 것을 요청하면서 "(이 山은) 일찍이 金剛에 기록되어 있으며, 仙記에도 이름이 전하여 오는데, 맑고 시원한 샘물이 있고 뭉게뭉게 안개가 피어오르며, 널리 빼어난 정기를 품고 있는 것이… 傳에 갖추어 실려 있다. 禪師는 거기에 머물도록 하라"[113]고 하였다. 나말의 원랑선사 大通은 충주의 月光寺에 주석하였는데, 그 곳은 금강에 기록되었고 仙史에도 이름이 전해옴을 내세웠다.

月嶽山은 "맑고 시원한 샘물이 있고 뭉게뭉게 안개가 피어오르며, 널리 빼어난 정기를 품고 있다"[114]는 풍수적인 사상과 함께, 그 옛날 신라가 삼국통일을 완수함에 있어서 이 山으로서 모든 재앙을 없게 할 수 있었다는 공로를 기리고 있다.[115] 모르긴 하되 월악산이 선사에 기록되는 내용은 바로 이런 면이었다. 대통이 월광사에 주석하는 데에는 선교신앙이 깊게 드리워져 있는 셈이며, 신라 하대에 사원이 건립되는 데에 선교신앙이 작용하고 있었다.[116]

또한 진성여왕이 왕위를 계승함에 대해 최치원은 "엎드려 생각건대 大王 전하는 형제자매의 德이 아름다울 뿐 아니라 王家의 계보가 심히 밝고 좋아, 빼어난 坤德을 본받아 천륜을 계승하였다. 진실로 이른바 신기한 구슬을 품고 돌을 다듬어 이지러진 부분을 메우고 착한 일을 닦지 않음이 없었다. 그런 까닭에 《寶雨經》의 부처님 말씀으로 뚜렷하게 授記함과 《大雲經》의 王偈와의 완연한 부합을 얻게 된 것이다"[117]라고 하여, 《보우경》과 《대운경》의 내용을 들어 칭송하였다. 그런데 그 두 경전은 순수한 불경이라기보다는 唐의 則天武后가 부처로부터 미리 授記한 내용을 담고 있는 일종의 仙記에 가까운 것이다.

이미 신라 중대 이래 불교와 유가사상을 함께 아우르려는 경향이 지속되

---

113) 金穎, 〈月光寺圓朗禪師大寶禪光塔碑〉(《校勘譯註 歷代高僧碑文》 新羅篇), 224쪽.
114) 위의 책, 214쪽.
115) 위와 같음.
116) 예를 들면 崇福寺가 건립되는 데에 風水地理的인 사고가 깊이 배어 있는데, 그 곳을 元聖王陵으로 조성한 사실에서 王室의 福山과 佛門의 德海를 조화하려는 신앙이 곁들어 있다.
117) 崔致遠, 〈崇福寺碑文〉(《校勘譯註 歷代高僧碑文》 新羅篇), 239쪽.

어 왔고, 이와 함께 불교와 도교 내지 仙家사상을 조화하려는 신앙이 퍼져 있었다. 신라 사회에 유·불·선 3교를 융합하려는 사상은 이러한 분위기 속에 무르익었다. 이미 제시한 화랑도의 정신은 선교에 그 근원을 두었고, 그 내용은 유·불·선 3교를 융합한 것이라 하였다. 그렇지만 3교를 융합하려는 그러한 정신은 유·불이나 또는 불·선과 같은 두 종교의 교류와 융합 과정을 거치면서 보다 분명하게 강조되었다.

그러므로 풍류도의 3교 융합정신이 최치원에 의해 특별히 강조되어 기록되어 있다. 최치원은 "孔子는 仁에 의거하여 德을 의지했고 老子는 白을 알면서 黑을 지킴이로다. 二敎가 한갓 天下의 格式이라 자칭하지만, 부처님과 실력을 겨루기 어렵도다. 千萬里 밖 서역을 비추었고, 一千年 후에 東國을 밝힘이로다. 鷄林의 지대는 금오산 곁에 있고 仙과 儒는 옛부터 기록함이 많았다"[118]고 하였다.

또한 그는 "五常을 방위로 나누어 東方에 配對한 것은 仁이요, 유·불·선 3교에서 각각 이름을 내세웠는데 淸淨한 경지를 나타낸 이가 부처님이다. 仁의 마음이 곧 부처요, 부처를 지목해서 能仁이라 함은 이를 法받은 것이다. 東夷의 유순한 성품의 바탕이 迦毘羅國의 자비하신 부처님의 敎海를 이르게 하니, 이는 돌을 물에 던지고 비가 모래를 모으는 것과 같이 자연스러운 것이다. 하물며 동방 제후의 外守者로 우리보다 더 크고 신령스러운 나라가 없음이라. 국민성은 이미 살리기를 근본으로 삼고, 풍속도 또한 서로 양보하는 것을 으뜸으로 한다. 和樂한 태평의 봄이요. 隱隱한 上古의 敎化로다"[119]라고 하였다.

최치원은 지증대사비에서 유·불·선 3교의 融合 논리를 제시하고 있다. 우선 지증대사비의 序에서 유·불 2교가 융합될 수 있음을 「仁」의 논리로 설명하였다. 그것은 유교의 「인」을 매개로 불교의 자비를 아우르고자 하여, 부처를 「能仁」으로 표현하였다. 그런데 이러한 유·불의 융합 논리는 五常으로 설명되었다. 곧 동방이 인에 해당되기 때문에, 東夷의 유순한 성품이 상

118) 崔致遠, 〈鳳巖寺智證大師寂照塔碑〉(《朝鮮金石總覽》 上), 95쪽.
119) 위의 책, 88~89쪽.

고로부터 내려오는 은은한 교화여서 부처의 敎海를 가져오게 하였다는 것이다. 이로 보면 유·불·선 3교의 융합 논리는 仙敎的인 바탕 위에 유·불의 2교를 아우르는 것이다.

또한 최치원은 지증대사비의 讚에서 신라에는 이미 유·불의 2교가 융합되어 내려오고 있음을 지적하였다. 그런 기반 위에 불교가 전래되어 3교가 융합됨을 넌즈시 제시하였다. 여기서의 유·선 2교의 융합은 물론, 그 연원이 오래된 것을 추구하여 선교가 바탕을 이룬 것으로 파악되어야 한다. 그렇다면 지증대사비의 찬에 나타난 유·불·선 3교의 융합도 그 바탕을 이루고 있었던 것은 선교였음이 분명하다. 3교 융합에서 선교가 바탕을 이루고 있었음은 화랑도정신을 풍류도로 파악하여 그 근원을 선교에서 구한 것과 통하는 것이다.

다만 지증대사비의 찬에서는 유·불 2교에 비해 불교의 덕을 더 높여 설명하였다. 이 점은 물론 지증대사를 찬하려는 것이었기 때문에 나타난 것으로 파악될 수도 있겠다. 그렇지만 한편으로 그것은 유·불·선 3교를 융합하려는 주체를 설정하려는 것으로도 이해할 수 있다. 신라 하대의 3교 융합사상은 그 근원은 선교에 바탕하였지만, 점차로 그 논리가 갖추어지면서 불교의 융합 논리를 중시하게 되었다.

신라 하대에 유·불·선 3교의 융합사상은 유·불이나 유·선 또는 선·불 등의 교의가 서로 교섭을 가지면서 조화를 이루어 가는 과정에서 성립되었다. 비록 그것이 성립되었을 당시의 사회는 지방호족이 할거하여 신라국가의 혼란이 가중되고 있었을지라도, 지방을 중심으로 새로운 질서를 모색해가고 있었다. 3교 융합사상은 이러한 사회 분위기와 무언가 연결되어 전개되었다. 따라서 유·불·선 3교의 융합사상은 전적으로 신비적인 선교를 가장 중시하려는 혼돈된 것이라기보다는, 그 안에 보다 세련된 융합논리를 갖추면서 전개된 것이다.

〈金杜珍〉

3. 풍수지리·도참사상

1) 풍수지리설의 도입

민족문화를 논하고자 할 때 환경, 즉 풍토에 대한 이해는 중요하다. 문화가 영위되면서 先人들은 지리를 살펴서 생활 속에 그것을 이용해 왔다. 처음에는 경이로운 숭배의 대상이었던 자연에 대한 이해가 경험과학에 의한 지식으로 체계화되었다. 風水地理說은 이렇게 하여 성립되어 갔다. 풍수지리는 도읍·궁택·무덤의 터를 잡기 위해 점을 치는 일종의 관상학인 까닭에 相地學으로 규정되며, 본래는 地母神的인 신앙에서 나온 것이다.[1] 뒤에 그것은 도읍이나 집터의 형태적인 지리에 음양오행의 형이상학적 이론을 부여하고, 그 밖에 천문·방위 등의 사상을 첨가하였으며, 유가의 윤리사상과 결합되어 상당한 발달을 보았다.[2] 그렇지만 풍수지리의 밑바탕을 이루고 있는 것은 산수의 형세를 살펴서 인간생활에 이용하려는 인문 지리적 지식으로서 이미 상고대에서부터 활용되어 왔다.

삼국시대 이전에도 풍수지리는 전래되어 신앙되었다. 脫解가 半月城 쪽으로 정착하는 기사에서 풍수지리적 지식이 이용되고 있음을 알 수 있다. 동해안으로 들어와 漢祇部에 머무른 탈해가 하루는 吐含山에 올라가 거주할 만한 땅을 선정하려 했다. 그는 학문에 정박했고 겸하여 지리를 알았는데, 양산 아래 瓠公의 집터가 길한 땅임을 알고, 위계를 써서 그 곳을 빼앗아 거주하였다. 탈해가 길한 땅으로 내세운 "한 봉우리가 3일의 달과 같다"[3]는 표현은 반월성을 가리킨 것이겠지만, 그 곳은 풍수지리설에 입각해서 선정되었다.

탈해에 관한 기사만으로 삼국시대 초기에 풍수지리설이 유행하였다고 할

1) 李丙燾,《高麗時代의 硏究—特히 圖讖思想의 發展을 중심으로—》(乙酉文化社, 1947; 亞細亞文化社, 1980, 21~22쪽).
2) 李丙燾, 위의 책, 23~26쪽.
3)《三國遺事》권 1, 紀異 2, 第四脫解王.

수는 없다 하더라도, 당대에 풍수지리적 지식이 공공연하게 이용되고 있었음을 생각할 수는 있다. 성읍국가에서 출발한 고구려·백제·신라가 삼국시대 초기에 국도를 선정하는 과정에서 이런 모습을 충분히 살펴볼 수 있다. 고구려의 儒理王은 祭儀에 쓸 돼지가 달아나자 그것을 추격하다 보니, 졸본보다 더 좋은 地勢를 발견하고 마침내 그 곳으로 천도하였다. 거기가 바로 國內城이다. 국도 건설의 필요조건인 땅이 기름지다든가 山河가 險高하여 적의 침입을 방비하기에 편리하다든가와 같은 기준이 있었는데, 그러한 기준에 맞는 도읍지를 구하려는 과정에서 이른바 풍수지리적 지식이 활용되었다.

풍수지리적 지식은 국도의 설정에만 작용한 것이 아니라 궁실이나 왕릉·사찰 등의 터를 선정하는데 중요하게 쓰였다. 원성왕릉을 위시하여 오늘날 전해지는 대부분의 왕릉이나 寺址가 모두 풍수지리설의 조건을 구비한 곳에 위치해 있다. 또 귀족들이 별장을 희사하여 개인의 원찰로 만들었는데, 그러한 원찰이 빼어난 산수를 배경으로 하고 있음을 볼 때, 그들의 私邸 역시 풍수지리적인 지식을 고려하여 터를 잡았을 법하다.

김유신의 증손인 金巖은 당나라에 숙위로 머물 때 스승을 만나 陰陽家法을 배워 통달하였고 스스로 둔갑법을 저술하였다고 하므로, 풍수지리설에 대한 이해가 깊었다는 것을 알 수 있다. 신라 중대에는 당문화와의 교류가 잦아져서 曆書의 제작이나 산학·율학·의학 등의 수준이 높아졌고, 음양오행에 기초한 천문학을 담당하는 사람들에 의해 풍수지리설의 이해가 심화되어 갔다. 김암도 역시 이 방면에 종사한 司天博士였다. 이후 나말에 이르기까지 풍수지리는 사상적인 발전을 거듭하였다.

2) 유식론적 선사상의 성립

풍수지리설이 한창 퍼져나가고 있던 신라 하대사회에서는 선종사상이 지방호족 중심으로 수용되어 유행하고 있었다. 道詵 역시 선종 승려였다. 그런 면에서 풍수지리설은 나말 선승들의 일반적인 사상 경향으로 나타났다고 할 수 있다. 이러한 경향은 선사들이 스승을 찾아 여러 사원을 두루 찾아다닌 수행경험에서 나타난 현상으로 보아왔다.[4] 그러나 이러한 주장은 재고되어야 한다. 여러 선지식을 찾아 고행과 수련을 쌓는 과정은 승려 일반의 문제이지, 선승들에게 한정된 것은 아니다. 오히려 선수행의 방법은 좌선에 있으며, 그것은 「外息諸緣」 즉, 세속과 인연을 끊으면서 각자가 가진 불성을 깨우치려는 것이다.

한편 풍수지리설은 밀교의 영향으로 형성되었다고 파악하기도 한다. 풍수지리설, 특히 도선의 그것은 裨補思想에 力点을 두고 있으며, 圖讖이 아닌 밀교적인 방법에 근거하였다고 한다.[5] 그리하여 도선이나 그의 스승인 慧哲은 물론, 혜철의 스승인 중국의 智藏까지도 밀교에 조예가 깊은 밀교승으로 규정하고 있으며, 도선이 백운산에 절을 짓고 약사여래를 모신 것은 이를 알려준다고 하였다.[6] 도선이나 혜철·지장 등이 밀교승인 것 같지는 않지만, 풍수지리설의 상지법이나 占地法이 밀교와 무관하지는 않다. 그렇지만 상지나 점지와 같은 占察敎는 넓은 의미에서의 相宗에 속한 것이다. 왜냐하면 그것은 山水의 형상을 들어내어 相을 보여주는 것이기 때문이다. 곧 풍수지리설은 밀교적인 것으로만 이해되기보다는 더 광범한 사상을 내포하고 있는 것으로 해석될 수 있다.

풍수지리는 桐裏山門의 사상풍토와 연관시켜 이해되어야 한다. 동리산문의 사상 경향으로 유식 즉, 법상종 사상이 중요시됨을 유념할 필요가 있다. 동리산문의 개창자인 혜철은 중국에서 지장의 法印을 받아왔는데 그 지장은 心識을 강소했다. 지장의 스승 道一은 자기의 마음이 바로 불심이며, 모든 법이 마음에 따라 생긴다고 하여 三界唯心의 사상에 기인한 선사상을 주장하였다. 이러한 유식론적 선사상이 동리산문의 사상적 특징으로 정립되었다.[7] 혜철은 선수행을 하면서 계율을 함께 닦았고 「一識」에 대한 깨침을 강조하고 있다. 이러한 사상 경향은 도선의 제자인 慶甫에게도 나타나는데, 그는 知識과 戒律을 함께 닦도록 강조했다.[8]

---

4) 崔柄憲, 〈道詵의 生涯와 羅末麗初의 風水地理說—禪宗과 風水地理說의 관계를 中心으로—〉(《韓國史硏究》 11, 1975), 134~137쪽.

5) 徐閏吉, 〈道詵과 그의 裨補思想〉(《韓國佛敎學》 1, 韓國佛敎學會, 1975), 66~67쪽.

6) 徐閏吉, 위의 글, 67~69쪽.

7) 金杜珍, 〈羅末麗初 桐裏山門의 成立과 그 思想—風水地理思想에 대한 再檢討—〉(《東方學志》 57, 1988), 26~28쪽.

사실 선종사상은 坐禪하면서 「默守」를 중시하기 때문에 화엄종 등 法性宗 사상과는 친해질 수 있으나, 法相宗인 유식사상과는 맞지 않는다. 반면 풍수지리설은 산천의 형세를 살피는 것이기 때문에 色界의 인식을 강조하는 법상종 사상과는 친밀할 수 있다. 풍수지리설이 동리산문의 도선에 의해 체계화되는 이유가 바로 이러한 데서 찾아질 수 있다. 동리산문 외에 청도 雲門寺의 寶壤은 풍수지리설을 포용하고 있었다. 왕건이 犬城을 공격할 때에 어려움을 겪자, 보양은 "개가 밤에는 지키나 낮에 지키지 않으며, 앞은 수비하나 뒤는 수비하지 않는다"[9]고 하면서, 왕건으로 하여금 밤에 뒤를 공격하라고 일렀다. 보양은 선승이지만 유식사상과 깊이 연관된 인물로 이해된다. 그가 圓光이나 또는 大鵲岬寺를 세운 知識祖師와 혼동되고 있는 점이 이를 알려준다.[10] 원광이나 지식은 법상종 승려이다. 풍수지리설은 도선, 특히 동리산문의 사상 경향과 부합되는 것이지만, 보다 넓은 의미에서 유식사상과 관련이 있는 선종 승려에 의해 수용되었다.

3) 지방호족 중심의 국토 재구성안

도선은 중국에서 一行으로부터 풍수지리설을 전수 받았다고 하나, 이것은 사실이 아니다.[11] 도선은 중국에 유학한 적이 없다. 다만 일행과 얽힌 연기설화는 도선의 풍수지리설이 일행의 사상과 무언가 연관되었기 때문에 생겨났을 것이다.[12] 우선 일행은 혜철의 사상에 영향을 준 楊筠松의 문도이다. 양균송의 제자에 曾文遷이 있으며 증문천의 제자가 일행인데, 그들은 실증법을 사용함으로써 풍수지리설의 획기적인 전환점을 마련했다.[13]

---

8) 金杜珍, 위의 글, 28~29쪽.

9) 《三國遺事》 권 4, 義解 5, 寶壤梨木.

10) 원광의 교학이 법상종과 연결될 수 있는 것임은 분명하다. 다만 知識祖師는 그 명칭으로 보아 唯識系에 속한 승려였을 것으로 생각된다.

11) 今西龍, 〈新羅僧道詵に就いて〉(《高麗史硏究》, 近澤書店, 1944), 82~83쪽에서 도선은 스승인 혜철과 혼동되어, 혜철의 入唐이 그에 대한 기록으로 나타났을 것으로 추론하였다.

12) 崔昌祚, 《韓國의 風水思想》(民音社, 1984), 47쪽.

13) 崔昌祚, 위의 책, 45~47쪽.

일행은 성덕왕 23년(724)에 칙명으로 남쪽은 交州로부터 북쪽은 鐵勒에 이르기까지 각 지역의 위도를 측량하여《舊唐書》律曆志에 편입된 大衍曆을 저술하였다. 또한 그는 당나라를 지세에 따라 貨殖·用文·用武의 땅으로 크게 세 부분으로 나누어 전국토를 관찰하였던 대단히 과학적인 인물이었다. 일행의 풍수지리설은 전국토를 용도별로 편제하는 방법을 제시했는데, 도선의 풍수지리설에서도 역시 이런 면이 강조되었다. 풍수지리는 산수의 順逆을 살피는 과정에서 합리적인 인문지리학으로 성립되었다.

풍수지리설의 기본 요소는 山(곧 龍)·水로 이루어져 있다. 산수의 정기가 응결된 곳인「穴」과 그 곳을 중심으로 한 형세인「砂」로써 일단 明堂을 결정하게 된다. 풍수지리설은 전국 지세의 순역을 살펴서 명당을 설정하려는 것이다. 전국 산수의 순역을 살피는 과정은 경험 과학에 근거하여 전국토를 올바르게 또한 정확하게 이해하게 한다. 그리하여 구체적인 인문지리적 지식이 쌓이면서 지방의 어떤 곳을 명당으로 설정하게 되었다.

풍수지리는 이미 설정된 명당인 어느 지방을 국가의 중심부에 두면서, 그 곳을 중심으로 전국토를 재편성하게 했다. 말하자면 풍수지리는 명당을 설정하기 위해 전국 지세의 순역을 지정함으로써, 명당으로 지목된 지역을 중심으로 한 전국토의 재구성안이다.[14] 풍수지리설에 의해 성립된 지방 중심의 이러한 국토관은 신라의 전통적 국토관을 크게 바꾸는 것이었다. 신라인들은 경주를 국토의 중심에 둔 영토관을 갖고 있었으나, 풍수지리설은 국토관을 경주 중심에서 지방 중심적인 것으로 옮겨가게 하였다. 이러한 국토관의 변화는 결코 간단하게 이루어진 것이 아니며, 그렇게 되기까지 경험과학에 기초한 세련된 지성이 작용하고 있었다.

신라말에 지방호족이 대두된 분위기 속에서 풍수지리설이 유행해 가는 이유는 바로 이런 데서 찾아진다. 그것은 한 지방을 명당으로 혹은 국토의 중심부로 설정함으로써, 그 곳에 웅거하고 있었던 지방호족 세력을 옹호하는 성격을 가졌다.[15] 그러나 현재 남아 있는 풍수지리설은 도선계의 것이고, 지방호족 중심이었다기보다는 왕건에게 봉사하고 있었던 것으로 나타나 있다.

---

14) 金杜珍, 앞의 글, 43쪽.
15) 金杜珍, 위의 글, 43~46쪽.

그 결과 나말의 풍수지리설은 왕건에게 후삼국을 통일하는 이념을 제공하려는 것이었다고 규정되기도 한다. 이러한 주장은 역시 정확성을 잃은 것이다.

도선은 왕건과 직접 연결되어 있지는 않았으나, 그의 碑文에는 왕건의 아버지인 隆建과 만난 것으로 기록되어 있다. 도선이 松岳郡을 지나면서 융건에게 秘記 한 권을 전하면서, 2년 후에 귀한 아들을 낳을 것이니 그 아이가 장년이 되면 이 책을 주라고 했다. 장년이 된 왕건은 도선이 준 책을 받아보고 天命이 자기에게 있음을 알아서 도둑과 포악한 무리를 없애버린 다음 국가를 이룩했다고 한다.[16] 모르긴 해도 도선의 비문 중 가장 믿을 수 없는 부분이 이 기록일 것이다. 그 뒤 고려시대의 기록에는 왕건이 도선과 직접 만났다고 하는 윤색된 부분이 나오게 되었다.[17]

도선이 융건과 만났다는 사실은 믿을 수 있는 것이 아니다. 도선이 만약 왕건의 先代와 연결되어 있었다면, 그의 제자인 경보가 견훤과 연결되었을 까닭이 없다. 경보는 중국에 유학하고 돌아올 때에 견훤의 도움을 받아 전주 지역으로 들어오고 南福禪院에 머물렀다. 그가 光陽의 玉龍寺에 주지가 된 것 역시 견훤의 배려에 의한 것이었다.[18] 아마 도선이 개창한 옥룡사를 비롯한 동리산문은 견훤의 세력권 속에 들어와 있었을 법하다. 그럴 경우 도선의 풍수지리설이 애초부터 왕건과 연결된 것이라기보다는 오히려 견훤과 관계를 가진 것으로 생각하는 것이 자연스럽게 보인다.[19]

사실 후삼국의 혼란기에 지방에 웅거한 강력한 대호족들은 상당수가 그들 세력 기반에 봉사하는 풍수지리설을 가졌을 가능성이 있다. 그렇지만 그것은 삼한을 통일한 고려국가에 의해 정리될 수밖에 없었고, 그 결과 松岳 중심 이외의 풍수지리는 남겨지기 어렵게 되었다.[20] 말하자면 고려통일 이전에는

---

16) 崔惟淸, 〈玉龍寺先覺國師證聖慧燈塔碑〉(《朝鮮金石總覽》 上, 1919), 561쪽.

17) 도선과 왕건과의 관계는 高麗世系에 인용된 金寬毅의 《編年通錄》에 보다 상세하게 附會되었고, 閔漬의 《編年綱目》에서는 도선이 왕건을 찾아간 사실이 기록되어 있다. 곧 도선은 松岳으로 17세가 된 왕건을 찾아가, 出師置陣 및 땅을 이롭게 하고 하늘의 때를 맞추는 법과 望秩山川과 感通하여 保佑하는 이치를 말해 주었다고 한다. 이 부분은 고려시대를 통하여 계속해서 윤색되어 갔음을 알 수 있다.

18) 金杜珍, 〈王建의 僧侶結合과 그 意圖〉(《韓國學論叢》 4, 1981), 133~134쪽.

19) 金杜珍, 앞의 글(1988), 22~23쪽.

각 지방을 명당으로 설정한 상당수의 풍수지리설이 존재했다. 따라서 왕건과 직접적으로 연결되지 않았거나 혹은 다른 지방호족과 연결된 풍수지리설의 사례를 구체적으로 지적하는 작업이 이 방면의 연구를 일보 진전시키게 될 것이다.

송악 이외의 지역으로 天安과 泗川 등의 지역에 풍수지리설이 전하고 있다.[21] 이들 지역이 왕건과 전혀 관계없는 것은 아니다. 그렇지만 천안의 王字城에는 "五龍이 여의주를 다투는 지역"[22]이라는 풍수지리설이 왕건의 진주 이전에 널리 퍼져 있었다. 또 사천 지역에도 郁의 아들 詢이 등극하는 풍수지리설이 전해져 있었지만, 욱이 이 지역에 유배되기 이전부터 있었던 그 본래의 모습은 이것과 상당히 달랐을 법하다. 그런데 후삼국시대에 이들 지역에는 강력한 호족 세력이 웅거하고 있음을 유념할 필요가 있다. 사천 지역은 後唐에 사신을 파견할 정도의 독자 세력을 구축한 王逢規의 지배 아래에 들어 있었으며, 천안지역에는 한 때 왕봉규의 부하로 후당과의 교섭에 주역을 담당했던 林彦이 강력한 호족세력을 형성하고 있었다. 이러한 사례는 천안과 사천 이외의 지역에서도 강력한 호족이 웅거한 지역이었을 경우, 그 곳 중심의 풍수지리설이 존재했을 것으로 추측하게 한다.

4) 〈삼국도〉의 작성과 비보사상

도선이 내세운 풍수지리설의 중심 사상은 裨補에 있다고 주장되었다. 그런 만큼 풍수지리설에서 비보사상은 중요하다. 왕건이 자손에게 내린 訓要 10조에서 "諸 사원은 모두 도선이 점쳐서 추정한 산수의 順逆에 따라 개창하라. 도선이 말하기를 '내가 점쳐서 정한 외에 망령되이 창건한 즉, 地德을 손실시키고 박하게 하여 祖業이 길지 못하다'고 했으니, 짐은 후세의 국왕·공작이나 侯爵·後妃·朝臣들이 각각 원당이라 칭하면서 더욱 창건하여 간다면 크게 우려할 바라 생각한다"[23]라고 하였다. 곧 도선은 전국에 비보사찰

---

20) 金杜珍, 위의 글, 43~46쪽.
21) 金杜珍, 위의 글, 44쪽.
22) 《新增東國輿地勝覽》 권 15, 天安郡 古跡 懷古亭.

을 점쳐서 정해 둔 것만은 확실하다. 그것은 산수의 순역에 따라 어디어디 산수는 순하고 어디어디 산수는 역하니까, 사찰은 어느 곳에 세우라고 추정해 둔 것인 만큼, 이미 산수의 순역에 의해 전국토의 형세가 정해져 있었음이 틀림없다.

산천의 순역 형태를 토대로 비보사상을 이끌어내는 과정에서 도선이 〈三國圖〉를 그리고 있음은 중요하게 생각된다. 이러한 〈삼국도〉의 작성이 바로 국토의 재구성안이라 할 수 있다. 그것은 산수의 형세에 따라 삼한의 명당을 설정하여 그 곳을 중심으로 작성한 삼한의 지도이다. 그런데 나말의 풍수지리설이 모두 〈삼국도〉를 작성할 수 있을 정도의 국토 재구성안으로 성립된 것 같지는 않다. 그 중에는 어느 지역의 산수를 살피는데 그친 것도 있고, 또한 상당한 규모의 지역을 재편하는 성격을 가진 것도 있었다.[24]

다만 〈삼국도〉를 작성할 정도인 곧, 국토 재구성안의 성격을 띤 풍수지리설은 그렇게 많이 형성되어 있지는 못했다. 이런 종류의 풍수지리설을 수용할 수 있는 지방호족 세력은 지금의 郡單位 정도의 지역을 지배한 것이 아니라, 적어도 후삼국의 세력판도에 영향을 줄 수 있는 대호족이었음이 분명하다. 전국 규모로써 거의 완전할 정도로 작성된 국토 재구성안이 바로 도선의 풍수지리설이었다. 그렇기 때문에 그것은 그 다음 단계의 비보사상으로 나아갈 수 있었다.

풍수지리설에서 일단 陽基로 결정되어 도읍이나 궁실 등의 터로 되어 버리면, 그것은 옮겨가기가 매우 어렵거나 불가능한 속성을 지녀서, 결국 비보사상이 등장하게 될 소지를 가졌다. 비보사상은 〈삼국도〉로 작성된 전국토의 운영 원리를 모색하는 과정에서 나타난 것이며, 과감한 변혁을 바라는 것은 아니다. 비보에 대해서는 “고려가 삼국을 통합한 초기에 바꾸지 않고 이끌면서 가만히 도움을 받는 자본으로 삼아, 이에 안팎으로 사원을 많이 설치한 것이다”라고 기록되어 있다.[25] ‘바꾸지 않고 이끎’은 일단 양기로 정해져서 바꾸기 어렵게 된 국토를 효율적으로 운영하는 면을 나타내 보이는 것이겠

23) 《高麗史》 권 2, 世家 2, 태조 26년.
24) 金杜珍, 앞의 글(1988), 46~47쪽.
25) 徐居正, 《東文選》 권 70, 演福寺塔重創記.

지만, 한편으로 후삼국을 정리하면서 새로운 사회를 건설해 가는 고려의 통일정책과도 연관되어 있었다.

갑작스레 바꾸지 않고 가만히 도움을 받는 자본으로서의 비보는 멀리는 고려의 친신라적 정책과 연관될 수 있다. 후삼국의 동란을 조장하는 세력은 弓裔와 성격을 같이 하는 반신라적 인물들로 구축되어 있었기 때문에, 왕건은 친신라적 정책을 표명함으로써 통일 이후의 국가질서 회복에 노력하였다. 한편 그것은 현실적으로 왕건의 호족연합책과 표리를 이루었다. 왕건이 기존의 지방호족 세력을 해체시키지 않고 통일된 고려국가를 이룩하였을 경우, 이들로부터 도움을 받을 수도 있지만 아울러 이미 귀족으로 인정된 호족들을 통어할 필요를 느꼈다. 여기에 도선의 비보사상이 왕건의 호족연합책과 제휴될 가능성이 있게 되었다.[26]

물론 도선이 비보사상을 내세우면서 처음 작성된 〈삼국도〉에서 명당으로 규정한 국토의 중심부는 송악으로 설정되지 않았을 수 있다. 다만 전국 규모의 〈삼국도〉를 작성한 도선의 풍수지리설은 반드시 대호족이거나 아니면 후삼국 지배자의 후원을 받았을 법하다. 그런 면에서 도선의 풍수지리설은 애초에 왕건보다는 견훤과 연결되어, 그에게 통일이념을 제공한 것으로 봄이 오히려 무리가 없어 보인다. 사실 도선이 활동한 지역은 후백제의 영역 내에 있었다. 그렇다 하더라도 국토의 중심인 명당을 송악으로 대치하기만 하면, 그것은 왕건이 삼한을 통합하는 데 충분히 이념을 제공할 수 있었을 것이다. 그리하여 도선의 풍수지리설이 통일 고려왕조와 밀착하게 되었다.

5) 도참사상의 전개

도선이나 나말 풍수지리설의 참모습은 역시 산수의 순역을 살펴서 〈삼국도〉를 작성하고, 그 응용 원리로써 비보를 내세우는 것이다. 비보사상은 왕건의 호족연합책과 연결되면서, 고려초 호족세력을 편제하고 일방으로 그들을 제어하려는 왕실의 통치정책과 얽히어, 정략적으로 이용되는 면이 없지 않았다.

---

26) 金杜珍, 앞의 글(1988), 45~47쪽.

왕건과 대항할 수 있는 호족이 존재하는 지역은 지리쇠왕설에 의해 逆地로 떨어질 수 있었으며, 역한 땅을 비보하려는 조치는 바로 호족세력을 통어하면서 왕권을 집중해 가려는 왕건의 의도와 밀착될 수 있었다. 그리하여 풍수지리설은 도참적 성격을 띠어 갔다.

사실 풍수지리설과 도참은 분명히 다른 것이다. 도참은 장래의 일, 특히 인간 생활의 吉凶禍福과 盛衰·得失에 대한 예언이 징조를 보이는 것이지만, 흔히 정치와 결부되어 그 능력을 행사했으며, 그 내용 자체가 믿기 어려운 맹랑한 비기로 전해졌다. 그것은 신비한 측면에서 풍수지리와 통하는 것이어서, 고려 초기에 양자가 결합하면서 정치적 목적으로 주장되는 경우가 흔히 있어 왔다. 이리하여 고려시대에 지리·도참사상이 풍미했는데, 이런 면은 역시 부정적으로 생각해야 될 것이다.

삼국시대에 도참이 나타나지 않은 것은 아니다. 백제 멸망시에 "백제는 보름달이요 신라는 초생달이다"[27]라는 것이나 나말의 王昌瑾 설화 등은 도참으로 이해될 수 있지만, 그 안에 지리적인 요소가 들어가 있었던 것은 아니다. 지리·도참사상으로 문제가 되는 것은 고려 초기이며, 왕건의 훈요에서 찾아져야 할 것이다. 왕건은 훈요의 제8조에서 "車峴 이남 公州江 밖은 산형과 지세가 모두 거꾸로 뻗쳤으니 인심도 또한 그러하다. 저 아래 고을의 사람이 조정에 참여하고 왕이나 왕실의 인척과 혼인하여 국정을 오로지 하면 변란을 일으킬까 염려되니, 비록 양민이라 하더라도 관리로 뽑아 쓰지 말라"고 하였다. 또 제5조에서는 "西京은 水德이 순조로와 우리 나라 지맥의 근본이 되고 큰 업을 만대에 전할 땅이므로 巡駐하게 하라"[28]고 하였다.

물론 훈요는 왕건이 자손들에게 은밀하게 내린 유훈이기 때문에 거기에 충분히 참위적인 내용이 들어갈 소지를 가졌다. 이 점은 도선의 풍수지리설과 확실히 구별되어질 수 있다. 도선의 풍수지리설이 비보사상으로 흘렀지만, 참위적 성격을 띠었는지는 분명하지 않다. 왕건에 의해 풍수지리는 참위적 성격으로 자손들에게 은밀히 전달되어졌다. 평양을 중시하고 금강 이남 지역을 차별하려는 도참사상은 당시의 정치적 현실과 연관되어 있었음을 주

27) 《三國遺事》 권 1, 紀異 2, 太宗春秋公.
28) 《高麗史》 권 2, 世家 2, 태조 26년.

목해야 한다. 왕건은 한반도의 남쪽지역과는 달리, 기존의 호족세력에 의해 점거되어 있지 않았던 평양지역을 왕실의 세력기반으로 확보하려 했다.[29] 한편 고려에 가장 적대적이었던 금강 이남의 후백제지역이 逆한 땅으로 규정될 수밖에 없었을 것이다.

그러면 풍수지리설이 고려초에 왜 도참과 연결되어 정치적으로 이용되었는지가 궁금해진다. 풍수지리설은 한 지방을 국토의 중심인 명당으로 설정하여 그 곳을 중심한 국토 재구성안으로 성립되면서, 그것의 모순이 나타나기 시작하였다. 말하자면 A라는 지역을 중심한 국토 재구성안인 풍수지리설은 B라는 지역을 중심한 풍수지리설과 배치하게 된다. 왜냐하면 A지역이 명당으로 국토의 중심이 되면 B지역은 국토의 중심이 될 수 없기 때문이다. 풍수지리설의 이런 면이 지방에 웅거한 호족세력 사이의 정치 싸움을 조장하는 일익을 담당하였다.

나말에 선종과 더불어 풍수지리설은 다같이 지방호족과 연결되어 유행하고 있었으나, 고려초 풍수지리설과는 달리 선종은 계속해서 사상적으로 발전할 수 있었다. 왜냐하면 선종산문은 서로 공존이 가능하기 때문이다. 선종사상에서는 외적인 인연을 끊으면서 각자가 자기 내에 있는 불성을 깨달으려고 하기 때문에, 각각의 산문이 다른 산문을 특별히 의식하지 않는다. 그리하여 고려시대를 통하여 선종 9산문파가 그대로 그 法脈을 전할 수 있었다. 이에 비해 풍수지리설은 서로 배타적이라서 공존이 불가능하였다. 말하자면 풍수지리는 고려초 삼한을 통일한 세력, 즉 왕건에 의해 정리될 수밖에 없었다.

풍수지리설이 후삼국 통일과정에서 정리되고, 정치세력에 의해 이용되면서 더 이상의 사상적 발전을 가져오기 힘들게 되었다. 고려시대에 풍수지리가 비보사상을 거쳐 도참사상으로 흐르면서 미신적 요소를 짙게 띠어 갔다. 말하자면 비보사상은 정치적으로 이용당할 소지를 가졌다. 왕건에 의해 그것이 수용되면서 반대세력이 雄據한 지역의 인재를 등용하지 못하도록 하거나, 또는 자기의 세력기반을 확충하는 방법으로 전락하면서 비보사상은 도참으로

29) 河炫綱, 〈高麗 西京考〉(《歷史學報》 35·36, 1967), 141~146쪽.

흐르게 되었고, 그 결과 풍수지리는 더 이상의 사상적 발전을 이룩하지 못하였다.

또한 신라말 대호족이 거주하였던 지역에는 대체로 그 곳을 국토의 중심으로 생각하는 풍수지리가 존재했는데, 그것은 선종사상과는 달리 서로 배타적이어서 후삼국을 통일한 세력에 의해 정리될 수밖에 없었다. 현재 왕건 중심의 풍수지리만이 전해지는 이유가 이러한 데 있다. 신라말에 여러 갈래로 존재했던 풍수지리가 왕건에 의해 정리되면서, 다양한 사상적 발전이 저해된 셈이다. 신라말 전국토의 운영을 생각하던 방대한 영역의 풍수지리설이 사상적으로 발전하지 못하고 위축되면서 그 안에는 미신적 요소가 대신 자리하게 되었다. 그리하여 그것은 주로 도읍을 옮기거나 새로 정하려는 定都사상으로 성립되었다. 三京制를 정하려는 것과 같은 지리 · 도참의 모습이 그 전과는 달리 고려시대의 특징으로 나타났다.

풍수지리설을 새롭게 조명하려는 것은 그 합리적인 면과 미신으로 흐른 면을 분명히 하면서 先人들이 국도를 관찰하여 이용하였던 방법을 이해하려는 것이다. 그리하여 그것은 인문지리학으로 접목 · 발전하여야 할 것이다. 어느 지방의 산수가 풍수지리적 사고에 적합한가를 신비적으로 추구해 가려는 연구 경향이 없지 않다. 그러한 연구는 풍수지리설로 하여금 민족문화의 창조를 위한 에너지로 작용하게 할 수는 없는 것이다.

〈金杜珍〉

집 필 자

개 요 ………………………………………………………… 신형식

Ⅰ. 신라 하대의 사회변화

1. 중대에서 하대로 ………………………………………… 이기동
2. 귀족사회의 분열과 왕위쟁탈전 ……………………… 이기동
3. 정치개혁의 실패 ………………………………………… 이기동
4. 골품제도의 퇴화 ………………………………………… 이기동
5. 수취체제의 모순과 농민층의 피폐 …………………… 이기동

Ⅱ. 호족세력의 할거

1. 호족세력의 대두 배경 …………………………………… 정청주
2. 호족세력의 대두 ………………………………………… 정청주
3. 장보고와 청해진 ………………………………………… 최근영

Ⅲ. 후삼국의 정립

1. 후삼국기의 신라 ………………………………………… 최근영
2. 후백제 ……………………………………………………… 신호철
3. 태 봉 ……………………………………………………… 조인성

Ⅳ. 사상계의 변동

1. 유교사상의 변화 ………………………………………… 신형식
2. 불교의 변화 ……………………………………………… 김두진
3. 풍수지리·도참사상 ……………………………………… 김두진

한국사 11
신라의 쇠퇴와 후삼국

편찬간행 **국사편찬위원회**

초판1쇄 2003년 11월 30일
2쇄 2013년 6월 4일

번각발행 **탐구당**

등록일 1950년 11월 1일
등록번호 서울 제 03-00993 호
주소 서울특별시 용산구 한강대로 62 나길 6
전화 (02) 3785-2211(대표)
팩스 (02) 3785-2272
홈페이지 www.tamgudang.co.kr
전자우편 tamgudang@paran.com
ISBN 978-89-8236-577-5
978-89-8236-566-9(세트)

값 12,000 원